Wissensspeicher Wirtschaft

Wissensspeicher Wirtschaft

Herausgegeben von Otto Werk
und Rüdiger Erbrecht

Volk und Wissen Verlag GmbH

Autoren:
Dr. Wolfgang Dorow (Geld im Wirtschaftskreislauf, Grundlagen der Betriebswirtschaft)
Dr. Jürgen Klein (Arbeit und Beruf, Sozial- und Individualversicherungen)
Dr. Dietrich Steinbeck (Volkswirtschaftliche Grundlagen, Arbeit und Beruf)
Prof. Dr. Otto Werk (Verbraucher in der Marktwirtschaft, Wirtschaften im privaten Haushalt)

Die Deutsche Bibliothek - CIP - Einheitsaufnahme

Wissensspeicher Wirtschaft / hrsg. von Otto Werk und Rüdiger Erbrecht - 1. Aufl. - -Berlin : Volk-und-Wissen-Verl.-, 1996
ISBN 03-06-060734-6

ISBN 3-06-060734-6

1. Auflage

Printed in Germany
Redaktion: Jan-Holger Gründler
Zeichnungen: Hansmartin Schmidt
Layout: Marion Röhr
Einband und Typographie: Wolfgang Lorenz
Satz: DTP VWV
Repro: City Repro Berlin
Druck und Binden: Westermann Druck Zwickau GmbH

Inhalt

↗ Hinweis auf ein anderes Schlagwort
■ Beispiel

Volkswirtschaftliche Grundlagen

1

VOLKSWIRTSCHAFT UND IHRE STRUKTUR

Volkswirtschaft

Die gesamten wirtschaftlichen Vorgänge eines in einem Staat organisierten Volkes werden Volkswirtschaft genannt. Folglich gibt es die deutsche, französische, amerikanische usw. Volkswirtschaft. Die Volkswirtschaft umfaßt alle Einrichtungen und Handlungen, die erforderlich sind, um den Bedarf der Bevölkerung an Sachgütern, Dienstleistungen, Kultur und Bildung zu decken. Die einzelnen Volkswirtschaften sind über die Grenzen hinaus durch Exporte und Importe miteinander verbunden. Die Tendenz ist eine zunehmende Verschmelzung nationaler Wirtschaften. Volkswirtschaftliche Gesamtrechnungen sind eine kontenmäßige Darstellung aller wirtschaftlichen Tätigkeiten sowohl zwischen inländischen als auch zwischen in- und ausländischen Partnern, die in einem bestimmten Zeitraum mit der Entstehung, Verteilung und Verwendung des Sozialprodukts und des Volkseinkommens verbunden sind oder waren. ↗ Europäische Union, S. 23; ↗ Sozialprodukt, S. 17

Strukturierung der Volkswirtschaft

Die Volkswirtschaft eines Landes ist ein außerordentlich komplexes Gebilde. Zu ihr gehören die Landwirtschaft, der Bergbau, die Energiewirtschaft, die verarbeitende Industrie und das Handwerk, das Bauwesen, das Verkehrswesen, der Handel, die verschiedenen Dienstleistungsbereiche, Kreditinstitute und Versicherungen, der Staat mit seinen Einrichtungen sowie die privaten Haushalte, um die wichtigsten zu nennen. Zur besseren Überschaubarkeit sowie für analytische, rechnerische und statistische Zwecke wird eine Strukturierung der Volkswirtschaft nach verschiedenen Gesichtspunkten vorgenommen. Die wichtigsten Struktureinheiten sind Wirtschaftszweige, Wirtschaftsbereiche und Wirtschaftssektoren.

Wirtschaftszweige

Sie unterscheiden sich nach der Art der für sie charakteristischen Produkte bzw. der erbrachten Leistungen. Das Statistische Bundesamt in Wiesbaden nimmt folgende Unterteilung vor:

- Land- und Forstwirtschaft, Fischerei
- Produzierendes Gewerbe
- Verarbeitendes Gewerbe
- Handel und Verkehr
- Dienstleistungsunternehmen
- Staat, private Haushalte u. a.

Betrachtet man die Wirtschaft aus der Sicht der Entstehung und Verteilung von Erzeugnissen, so lassen sich die Wirtschaftszweige Urproduktion, Rohstoffverarbeitung sowie Verteilung/Dienstleistung unterscheiden.

Urproduktion (Primärer Zweig)	Land- und Forstwirtschaft	Fischerei	Bergbau	Öl- und Erdgasförderung	Steinbrüche und Kiesgruben	andere Rohstoffindustrien

Rohstoffverarbeitung (Sekundärer Zweig)	Industriebetriebe			Handwerksbetriebe
	Grundstoffindustrie	Investitionsgüterindustrie	Konsumgüterindustrie	

Verteilung Dienstleistung (Tertiärer Zweig)	Handel			Transport	Dienstleistungen				
	Großhandel	Einzelhandel	Außenhandel		Kreditinstitute	Staatliche Dienste	Kultur	Freie Berufe	andere Dienstleistungen

Aufbau der Wirtschaft nach Wirtschaftszweigen

Wirtschaftsbereiche

Bei der Darstellung volkswirtschaftlicher Kennziffern werden im Statistischen Jahrbuch die Wirtschaftszweige weiter untergliedert, um zu genaueren Aussagen zu gelangen. Beispiele sind:

Verarbeitendes Gewerbe	Handel und Verkehr	Dienstleistungsunternehmen
Chemische Industrie Eisenschaffende Industrie Maschinenbau Schiffbau Holzverarbeitung Textilgewerbe Ernährungsgewerbe	Großhandel Einzelhandel Eisenbahnen Schiffahrt Nachrichtenübermittlung	Kreditinstitute Versicherungsunternehmen Gastgewerbe, Heime

Wirtschaftssektoren

Eine weitere Betrachtungs- und Darstellungsart ist die Einteilung in drei große Sektoren. Darin sind Institutionen zusammengefaßt, die selbst bilanzieren (Unternehmen) bzw. eine eigene Haushalts- und Vermögensrechnung aufstellen (z. B. Gebietskörperschaften, Kirchen, private Haushalte). Diese drei Sektoren sind Unternehmen, Staat und private Haushalte/private Organisationen.

Unternehmen. Diesem Sektor werden alle Wirtschaftseinheiten zugeordnet, die eigenes Vermögen besitzen, ein eigenes Rechnungswesen führen und auf eigenes Risiko arbeiten. Dazu gehören alle Unternehmen der primären, sekundären und tertiären Zweige. ↗ Unternehmung, S. 68

Staat. Zu diesem Wirtschaftssektor zählen die Institutionen des Staates, die selbst bilanzieren und eigene Haushalts- und Vermögensrechnungen aufstellen. Beispiele sind Gebietskörperschaften von Bund, Ländern und Gemeinden, staatliche Unternehmen, z. B. der Grundstoffindustrie, Verwaltungen, Anstalten, Krankenkassen, Sparkassen, Einrichtungen des Gesundheitswesens.

Private Haushalte. Diesem Wirtschaftssektor werden die häuslichen Dienste der privaten Haushalte sowie die privaten Organisationen ohne Erwerbszweck, wie Kirchen, politische Parteien, Gewerkschaften, Verbände, Vereine u. a., zugeordnet. Die Besonderheit dieser Bereiche besteht darin, daß sie in der volkswirtschaftlichen Gesamtrechnung nur als Konsumenten, nicht jedoch als Produzenten in Erscheinung treten, obwohl hier viele Arbeiten verrichtet, aber in der Regel nicht bezahlt werden. Die erbrachten Leistungen lassen sich demnach nur schätzen bzw. überschlägig berechnen.

WIRTSCHAFTSORDNUNG

Die Wirtschaftsordnung eines Landes beschreibt, auf welche Weise und durch welche Regelungen die am Wirtschaftsprozeß beteiligten Unternehmen, Haushalte und der Staat zusammenwirken. Sie regelt die vielfältigen und komplexen Beziehungen innerhalb der Volkswirtschaft. Sie wird durch ihren organisatorischen Aufbau und den Ablauf der volkswirtschaftlichen Prozesse bestimmt.

Merkmale

Grad der Arbeitsteilung	hohe Arbeitsteilung bei entwickelten Industriestaaten
Eigentumsstruktur	Privateigentum oder Volkseigentum
Gesetze und Verordnungen	Wirtschaftsverfassung, Handelsrecht, Kartellrecht u.a.
Koordinationsmechanismen	Marktwirtschaft oder Zentralverwaltungswirtschaft
Zielsetzungen und Verhaltensweisen	Vollbeschäftigung, wirtschaftliches Wachstum, außenwirtschaftliches Gleichgewicht u. a.
Institutionen	Ministerien, Verwaltungen, Verbände, Wirtschaftsinstitute

Grundlegende Wirtschaftsordnungen

Jedes Land hat für seine Wirtschaft eigene Zielsetzungen, Schwerpunkte, Gesetze, Verordnungen, Institutionen usw., so daß sehr unterschiedliche Wirtschaftsordnungen anzutreffen sind. Ihre Grundstruktur läßt sich entweder auf die freie Marktwirtschaft oder auf die Zentralverwaltungswirtschaft zurückführen.

Man bezeichnet diese beiden Wirtschaftsordnungen als idealtypisch, da sie in keinem Land in reiner Form vorkommen.

Freie Marktwirtschaft

Das Grundprinzip ist der Liberalismus. Es wird dezentral geplant. Unternehmen, private Haushalte und der Staat planen jeweils für sich. Der Staat greift nicht in die Entscheidungen der Unternehmen und Haushalte ein. Er garantiert Privateigentum,

Ordnung und Gerichtsbarkeit, persönlichen Schutz und ein bestimmtes Maß an Bildung. Es findet ein ungehemmter Wettbewerb auf offenen Märkten statt. Die Preisbildung erfolgt durch Angebot und Nachfrage. Das alles führt zu einer starken Polarisierung zwischen arm und reich. Es gibt keine Rücksicht auf Leistungsschwache und keine soziale Sicherheit für die Bürger.

Diese klassische Form der freien Marktwirtschaft, die auf die Engländer ADAM SMITH (1723 – 1790) und DAVID RICARDO (1772 – 1823) zurückgeht, ist in dieser Form nicht mehr anzutreffen. Eine konkrete Erscheinungsform ist die soziale Marktwirtschaft, wie sie in der Bundesrepublik Deutschland besteht.

Soziale Marktwirtschaft. Sie ist eine Wirtschaftsordnung auf der Grundlage der freien Marktwirtschaft. Der Staat greift ordnend und gestaltend in die Wirtschaft ein. Dabei geht es vor allem um mehr soziale Gerechtigkeit, um die Sicherung des freien Wettbewerbs und die Verwirklichung wirtschaftspolitischer Ziele (z. B. wirtschaftliche Stabilität, Umweltschutz). ↗ Wirtschaftspolitik, S. 26

Zentralverwaltungswirtschaft

Auf der Grundlage des Staatseigentums an den entscheidenden Produktionsmitteln plant der Staat zentral Art und Umfang der Produktion sowie den Export und den Import. Ebenso werden Preise und Löhne durch den Staat festgesetzt. Die Betriebe und privaten Haushalte haben nur im Rahmen staatlicher Vorgaben einen bestimmten Spielraum. Das hemmt die Eigeninitiative und bietet wenig Anreiz für hohe Leistungen der Betriebe und des Einzelnen. Die Planung und Lenkung der Wirtschaft von zentraler Stelle aus ist schwerfällig und vermag nicht schnell genug auf Entwicklungen zu reagieren. So hinkt z. B. das Angebot ständig hinter der Nachfrage her.

Andererseits bietet diese Wirtschaftsordnung die Möglichkeit, die Menschen billig mit Gütern des Grundbedarfs zu versorgen, Kindergärten, Kultur- und Sportstätten u. a. m. preisgünstig zur Verfügung zu stellen sowie einen Arbeitsplatz und ein bestimmtes Maß an sozialer Sicherheit zu gewährleisten.

Die Zentralverwaltungswirtschaft bestand in der ehemaligen DDR und in anderen Ländern Osteuropas. Vor den neuen Bundesländern und den osteuropäischen Staaten steht die komplizierte Aufgabe, die Zentralverwaltungswirtschaft zu überwinden und ihr Wirtschaftssystem nach marktwirtschaftlichen Grundsätzen aufzubauen.

Wirtschaftsordnung der Bundesrepublik Deutschland

Die Wirtschaftsordnung der Bundesrepublik Deutschland wird als soziale Marktwirtschaft bezeichnet. Der Name macht deutlich, daß sie auf den Grundsätzen der freien Marktwirtschaft aufbaut und zugleich soziale Aspekte besondere Berücksichtigung finden.

Die Grundpfeiler der freien Marktwirtschaft, wie Liberalismus, Privateigentum an Produktionsmittel, Gewerbefreiheit, die Bildung des Preises über Angebot und Nachfrage, freier Wettbewerb, Unternehmerrisiko, Konsumfreiheit sowie die freie Wahl von Beruf, Arbeitsplatz und Wohnort, bleiben unangetastet.

Zur Ausschaltung der negativen Seiten der freien Marktwirtschaft greift der Staat bei der sozialen Marktwirtschaft jedoch mit zahlreichen Mitteln in das wirtschaftliche Geschehen ein. Dazu gehören u. a. die Sicherung des freien Wettbewerbs, Subventionen, Stabilisierungmaßnahmen und das soziale Netz.

Sicherung des freien Wettbewerbs

Der Staat versucht mit Gesetzen, den Mißbrauch des freien Wettbewerbs zu verhindern. Zu nennen ist das Gesetz gegen den unlauteren Wettbewerb. Per Gesetz ist es den Unternehmen ebenfalls untersagt, Preisabsprachen zu treffen und Absatzgebiete unter sich aufzuteilen. Das Kartellgesetz soll verhindern, daß durch Unternehmenszusammenschlüsse Machtmißbrauch möglich wird. ↗ S. 21

Subventionen

Einige Wirtschaftszweige, wie beispielsweise Bergbau, Landwirtschaft und Werften, könnten ohne staatliche Unterstützung der internationalen Konkurrenz nicht standhalten. Sie sind jedoch wichtige Wirtschaftszweige, beschäftigen viele Arbeitskräfte und prägen oft eine ganze Region. Der Staat gewährt ihnen deshalb Subventionen in Form von Steuervergünstigungen, verbilligten Krediten oder Zuschüssen. In Anbetracht knapper staatlicher Finanzen und der sich profilierenden Europäischen Union stößt diese Politik allerdings auf immer mehr Kritik. ↗ EU, S. 23

Stabilisierungsmaßnahmen

Zur Durchsetzung der sozialen Aspekte nimmt der Staat auch Einfluß auf den Wirtschaftsverlauf (Stabilitätsgesetz). So wird z. B. durch steuerliche Maßnahmen die Einkommensverteilung beeinflußt. Durch die Vergabe öffentlicher Aufträge wird die wirtschaftliche Entwicklung bestimmter Regionen gefördert, wie z. B. der Aufbau der Infrastruktur in den neuen Bundesländern. Zum Ausgleich der Wirtschaftskraft einzelner Länder erfolgt ein Länderfinanzausgleich, das heißt, daß die wirtschaftlich schwächeren Bundesländer durch staatliche Umverteilung finanzielle Mittel von den reicheren Bundesländern bekommen. Von großer Bedeutung ist auch die Steuerung der Geldmenge und der Zinsen durch die Bundesbank. ↗ Bundesbank, S. 40

Soziales Netz

Die soziale Marktwirtschaft der Bundesrepublik Deutschland ist im Vergleich zu der freien Marktwirtschaft vor allem durch mehr soziale Sicherheit und Gerechtigkeit gekennzeichnet. Das findet in zahlreichen Gesetzen, Verordnungen und Maßnahmen seinen Niederschlag.

Beispiele sind:

- Sozialversicherung
- Gesetze zum Arbeitsschutz, Mutterschutz, Schutz von Schwerbehinderten, Jugendschutz u. a.
- Sozialer Ausgleich mittels unterschiedlicher Besteuerung, Bereitstellung von Sozialwohnungen, Zahlung von Kindergeld, Wohngeld u. a.
- Unterstützung in sozialen Härtefällen durch Sozialhilfe, Arbeitslosenhilfe u. a.
- Ausbildungsförderung

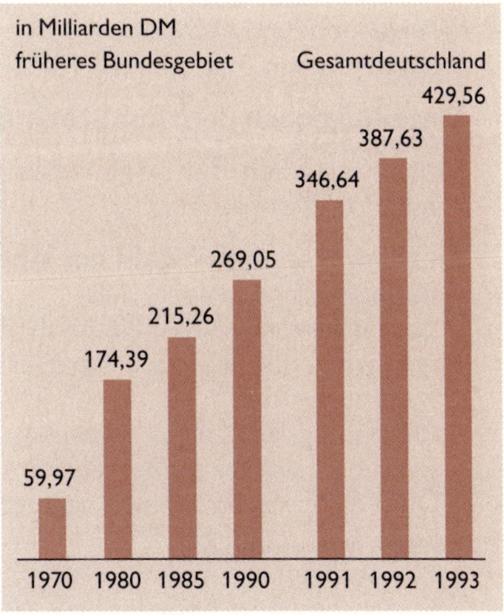

Ausgaben des Staates zur Sozialversicherung

Den sozialen Leistungen des Staates sind allerdings finanzielle Grenzen gesetzt, denn schon jetzt beträgt der Posten „Arbeit und Soziales" etwa 25 % der Gesamtausgaben des öffentlichen Haushalts. ↗ S. 19

ANGEBOT – NACHFRAGE – PREIS

1 **Markt**

Der Markt ist der Treffpunkt von Angebot und Nachfrage. Hier werden Güter und Dienstleistungen verkauft und gekauft. Das Zusammentreffen von Angebot und Nachfrage ist jedoch nicht unbedingt an einen festen Ort und/oder eine bestimmte Zeit gebunden.

Marktarten

Die Vielzahl von Märkten läßt sich nach verschiedenen Gesichtspunkten einteilen:

Einteilung nach Art des Angebots und der Nachfrage.

- Gütermärkte
  Angeboten und nachgefragt werden Nahrungsmittel, Textilien, Möbel, Haushaltwaren, Fahrzeuge, Maschinen, Werkzeuge, Baustoffe und vieles andere mehr. Diese Güter findet man in Geschäften, Warenhäusern, Supermärkten, Versandhäusern sowie auf Messen, Ausstellungen und dergleichen.
- Dienstleistungsmärkte
  Dienstleistungen werden ebenfalls auf Märkten angeboten und verkauft. Die Palette umfaßt Heilbehandlungen, Rechtsbeistand, Beratung, Vermietung, Umzug, Werbung usw.
- Arbeitsmarkt
  Auf diesem Markt bieten die Arbeitgeber offene Arbeitsstellen und die Arbeitnehmer ihre Arbeitsleistung an.
- Kreditmärkte
  Angeboten und nachgefragt werden kurzfristige Kredite (Geldmarkt) und langfristige Anleihen, Hypotheken, Aktien usw. (Kapitalmarkt).

Einteilung nach dem zeitlichen Ablauf. Beispiele: Wochenmarkt, Jahrmarkt

Einteilung nach der regionalen Ausdehnung. Beispiele: Lokaler Markt, Binnenmarkt, Weltmarkt

Einteilung nach der Zahl der Anbieter.

- Polypol (griech. poloi = viele)
  Es sind sowohl viele Anbieter als auch Nachfrager vorhanden. Keiner der Anbieter verfügt über besonders große Marktanteile, was sich günstig auf den Wettbewerb auswirkt.
- Oligopol (griech. oligoi = wenige)
  Es sind nur wenige große Anbieter und/oder wenige große Nachfrager vorhanden. Die Oligopolisten können demzufolge den Preis beeinflussen, was den Wettbewerb einschränkt.
- Monopol (griech. mono = allein)
  Es gibt nur einen Anbieter bzw. nur einen Nachfrager. Das schließt den Wettbewerb völlig aus.

Preis

Der Preis ist der in Geld ausgedrückte Tauschwert für eine Ware oder Dienstleistung. Er wird einerseits durch Herstellungskosten plus Gewinnspanne und anderseits durch Angebot und Nachfrage gebildet.

Preisarten

Es wird zwischen verschiedenen Arten von Preisen unterschieden:

Kalkulationspreis. Die Hersteller kalkulieren (berechnen) für jedes Erzeugnis einen Preis. Grundlage bilden die Herstellungs- oder Selbstkosten. Diese entstehen durch den Verbrauch von Material und Energie, durch Abnutzung der Maschinen und Anlagen, durch Löhne, Gehälter und Beiträge zur Sozialversicherung, durch Abgaben u.a.m. Diese Kosten müssen durch den Verkauf der Erzeugnisse gedeckt werden und daher im Preis enthalten sein. Darüber hinaus ist jedes Unternehmen darauf aus, Gewinn zu erwirtschaften, deshalb wird – bezogen auf die Selbstkosten – ein prozentualer Gewinnzuschlag kalkuliert, der sich ebenfalls im Preis niederschlägt. Der so entstandene Preis bildet die Grundlage für den Verkauf des Erzeugnisses.
↗ Kostenrechnung, S. 93; Betriebsergebnis, S. 93

Verkaufspreis. Die Hersteller verkaufen ihre Erzeugnisse in der Regel nicht an den Verbraucher. Diese Aufgabe übernimmt der Handel. Dabei ist zwischen Groß- und Einzelhandel zu unterscheiden. Der Preis, den der Handel beim Produzenten bezahlt, erhöht sich um die Handelsspanne, denn auch die Händler müssen verdienen, um ihre Kosten zu decken und einen Gewinn zu erwirtschaften. Rechnet man dazu noch die Mehrwertsteuer, die dem Staat zufließt, ergibt sich der Verkaufspreis, den letztlich die Verbraucher bezahlen.

Marktpreis. Der vom Anbieter tatsächlich erzielte Preis ist jedoch von der Lage auf dem Markt abhängig. Auf dem Markt treffen Anbieter und Käufer aufeinander. Einigen sich beide, so bildet sich der Marktpreis. Dabei ist jedoch zu beachten, daß der Anbieter ein bestimmtes Preisniveau nicht unterschreiten darf, denn verkauft er das Erzeugnis billiger, als er selbst dafür bezahlt hat, macht er Verlust, was bei häufigen Wiederholungen zum Bankrott führt.

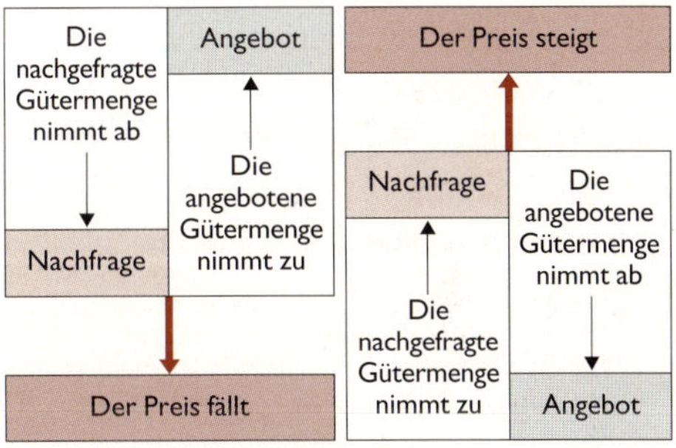

Zusammenhang zwischen Angebot, Nachfrage und Preis

Die Preisbildung auf dem Markt vollzieht sich nach Gesetzmäßigkeiten. ↗ S. 154
Abweichend von diesen Gesetzmäßigkeiten kann man besonders in entwickelten Industriestaaten beobachten, daß trotz steigender Preise oft mehr gekauft wird. Ursachen dafür sind u.a.:
- Steigende Einkommen
- Veränderte Bedarfsstruktur
- Prestigeeffekt (Der Käufer möchte durch teuere Güter auffallen.)
- Mitläufereffekt (Es wird gekauft, weil andere das auch haben.)

Gleichgewichtspreis. Bekanntlich sind die Preise auf dem Markt nicht stabil. Sie schwanken um den Gleichgewichtspreis. Das heißt, es sind weder Angebots- noch Nachfrageüberschüsse für eine Ware vorhanden.

1

Preis je Einheit	Nachgefragte Menge	Angebotene Menge	Differenz	
10	15	107	92	Angebotsüberhang
9	19	100	81	
8	25	92	67	
7	31	85	54	
6	38	77	39	
5	47	68	21	
4	57	57		Gleichgewichtspreis
3	75	43	32	Nachfrageüberhang
2	100	25	75	
1	120	10	110	

Beispiel für Angebot und Nachfrage

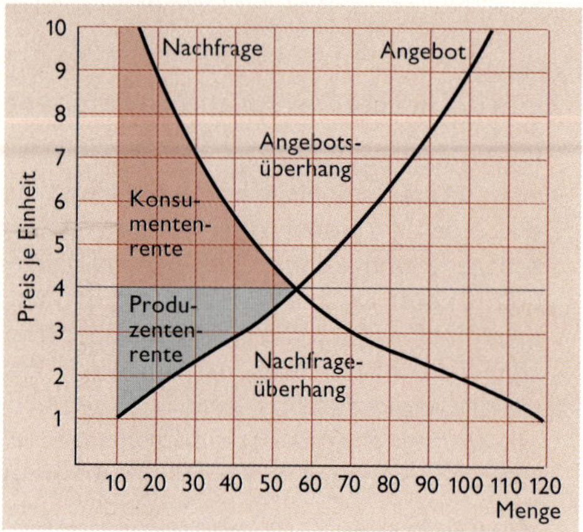

Angebots- und Nachfragekurve

Staatliche Preisbildung

Auch in der Marktwirtschaft nimmt der Staat in einem bestimmten Umfang Einfluß auf die Preise bzw. die Preisbildung. Das ist der Fall, wenn

- der Staat alleiniger Anbieter verschiedener Waren und Dienstleistungen ist, z. B. Verkehrstarife, Gebühren für Rundfunk und Fernsehen,
- die Preise von Gütern und Dienstleistungen privater Unternehmen staatlich genehmigt werden müssen, z. B. Tarife für Energie, Versicherungen,
- Steuern und Zölle erhoben werden, wie z. B. die Verbrauchersteuer, Mehrwertsteuer, Einfuhrzölle,
- durch staatliche Zuschüsse Preise künstlich niedrig oder durch Mindestpreise hoch gehalten werden. Beispiele sind Stahlindustrie und Landwirtschaft.

Preisfunktionen

Der Preis hat solche wichtigen Funktionen wie Information, Lenkung, Rationierung und Selektion. Er steuert das Verhalten der Marktpartner in starkem Maße.

Information	Die Nachfrager können über den Preis bestimmte Schlüsse bezüglich Qualität, Aktualität, Knappheit, Überangebot usw. ziehen. Die Anbieter erhalten Informationen über die Wünsche der Nachfrager.
Lenkung	Es werden nur die Güter produziert und Dienstleistungen angeboten, die auch verlangt werden.
Rationierung	Ein hoher Preis rationiert die Nachfrage. Nur diejenigen können sich die Güter kaufen, die den Preis bezahlen können (z. B. Luxusartikel).
Selektion	Der Anbieter, der am kostengünstigsten produziert, wird sich auf dem Markt behaupten können.

SOZIALPRODUKT

Ermittlung und Bewertung

Sozialprodukt. Ganz allgemein wird darunter der in Geld ausgedrückte Wert aller im Laufe eines Jahres erzeugten Güter und Leistungen verstanden. Das Sozialprodukt ist ein wichtiger Maßstab für die Leistungsfähigkeit der Volkswirtschaft. Es ermöglicht auch Vergleiche mit anderen Volkswirtschaften. In Abhängigkeit von der Erfassung und Bewertung wird es als Brutto- oder Nettosozialprodukt, als nominelles oder reales Sozialprodukt, zu Marktpreisen oder zu Faktorkosten u. a. ausgewiesen.

Bruttoproduktionswert. Für die Berechnung des Sozialprodukts wird zunächst der Bruttoproduktionswert ermittelt. Das ist der Gesamtwert aller in der Volkswirtschaft im Laufe eines Jahres erzeugten Güter und Dienstleistungen. Dabei kommt es zu Doppelerfassungen, denn es wird zum Beispiel sowohl der Wert des in der Stahlindustrie hergestellten Stahls als auch der Wert der daraus produzierten Werkzeuge erfaßt. Deshalb wird der Nettoproduktionswert errechnet.

Nettoproduktionswert. Er ergibt sich nach Abzug der Vorleistungen. Der Nettoproduktionswert entspricht zugleich der Bruttowertschöpfung aller Wirtschaftsbereiche. Werden zur Bruttowertschöpfung die Abgaben hinzugefügt, die der Staat für die Einfuhr von Gütern erhebt, ergibt sich das Bruttoinlandsprodukt.

Bruttosozialprodukt. Es unterscheidet sich vom Bruttoinlandsprodukt dadurch, daß auch die außenwirtschaftlichen Beziehungen in die Betrachtung einbezogen werden, z. B. die Leistungen ausländischer Arbeitskräfte und ausländischen Kapitals. Im Bruttosozialprodukt ist noch der Wert des Verschleißes der eingesetzten Produktionsmittel enthalten. Dem Begriff Bruttosozialprodukt wird oftmals der Ausdruck Sozialprodukt gleichgesetzt. ↗ Kostenrechnung, S. 93

Nettosozialprodukt. Bei der Herstellung von Gütern und der Durchführung von Dienstleistungen tritt eine Wertminderung bei Maschinen, Tranportmitteln, Gebäuden usw. ein. Dieser Wertverlust muß ersetzt werden, um die Leistungsfähigkeit der Wirtschaft zu erhalten. Die dafür aufgewendeten Mittel stehen folglich nicht zur allgemeinen Verteilung zur Verfügung. Zieht man den Wertverlust vom Bruttosozialprodukt zu Marktpreisen ab, ergibt sich das Nettosozialprodukt zu Marktpreisen. Nach Abzug der indirekten Steuern (z. B. Mineralölsteuer) und Addition der für die Produktion gezahlten Subventionen ergibt sich das Nettosozialprodukt zu Faktorkosten, das auch Volkseinkommen genannt wird.
↗ Produktionsfaktoren, S. 70

Nominelles und reales Sozialprodukt. Erfolgt die Ermittlung des Sozialprodukts auf der Grundlage aktueller Marktpreise, so entspricht das Ergebnis dem nominellen Sozialprodukt. Nun steigen aber die Preise von Jahr zu Jahr und damit auch die ermittelte Summe für das Sozialprodukt. Um festzustellen, ob das Sozialprodukt tatsächlich und nicht nur aufgrund der höheren Preise gestiegen ist, wird das reale Sozialprodukt ermittelt. Bei dieser Berechnung wird nicht der aktuelle Preis, sondern der eines Basisjahres herangezogen. Dadurch bleiben Preisveränderungen unberücksichtigt, und es entsteht ein reales Bild von der tatsächlichen Entwicklung des Sozialpodukts.

Im Jahr 1993 zeigte sich folgender Unterschied: Während das nominelle Sozialprodukt mit 3 106,8 Mrd. DM ermittelt wurde, belief sich das reale Sozialprodukt, auf der Grundlage der Preise von 1991 berechnet, auf 2838,5 Mrd. DM.

Entstehungsrechnung. Das Sozialprodukt kann mit verschiedenen Methoden ermittelt werden. Eine davon ist die Methode der Entstehungsrechnung. Dabei wird rechnerisch wie bereits beschrieben vorgegangen.

Bruttoproduktionswert
– Vorleistungen
= Bruttowertschöpfung

Bruttowertschöpfung
+ Einfuhrabgaben
= Bruttoinlandsprodukt

Bruttoinlandsprodukt
+ vom Ausland empfangene Erwerbs- und Vermögenseinkommen
– an das Ausland geleistete Erwerbs- und Vermögenseinkommen
= Bruttosozialprodukt zu Marktpreisen

Bruttosozialprodukt zu Marktpreisen
– Abschreibungen
= Nettosozialprodukt zu Marktpreisen

Nettosozialprodukt zu Marktpreisen
– indirekte Steuern
+ Subventionen
= Nettosozialprodukt zu Faktorkosten/Volkseinkommen

Entstehung – Entwicklung – Verwendung

Entstehung

Das Sozialprodukt wird in den verschiedenen Wirtschaftsbereichen geschaffen und vom Statistischen Bundesamt in Wiesbaden erfaßt, berechnet und im Statistischen Jahrbuch jährlich veröffentlicht. Der Anteil der verschiedenen Bereiche der Volkswirtschaft an der Entwicklung des Sozialprodukts ist unterschiedlich hoch. Den größten Beitrag leistet das produzierende Gewerbe gefolgt von den Dienstleistungen.

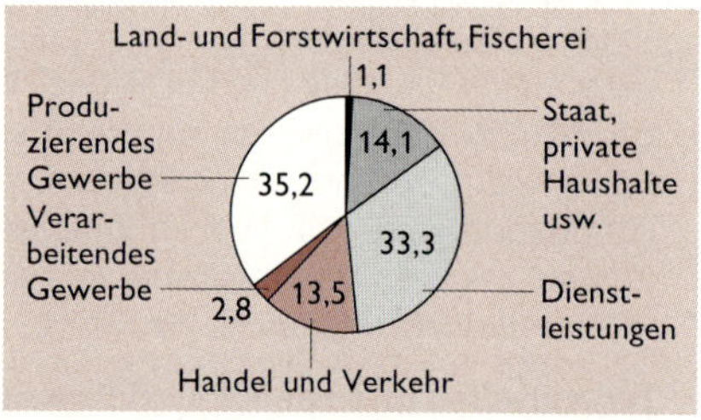

Anteil der Volkswirtschaftsbereiche an der Entstehung des Sozialprodukts 1993 (in %)

Entwicklung

Das Sozialprodukt der Bundesrepublik Deutschland ist in den zurückliegenden Jahren stetig gestiegen. Das gilt für das frühere Bundesgebiet ebenso wie für die neuen Länder. Seit 1990 weist das Statistische Bundesamt das Sozialprodukt auch für Gesamtdeutschland aus.

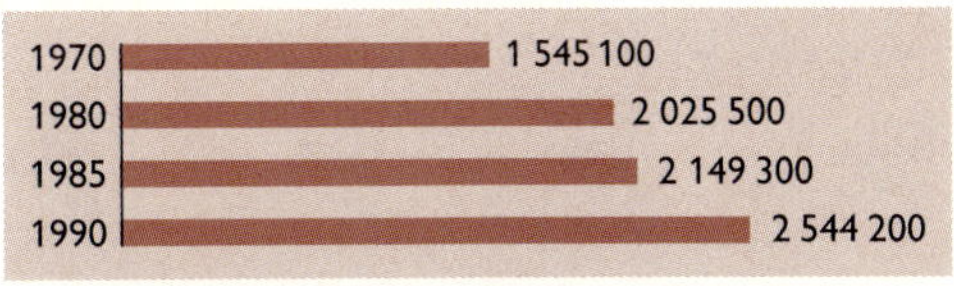

Entwicklung des realen Sozialprodukts im früheren Bundesgebiet (in Mio. DM)

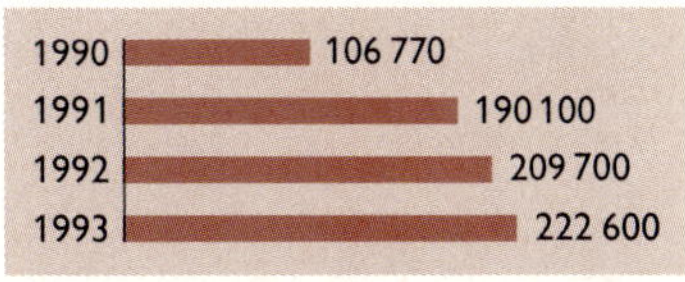

Entwicklung des realen Sozialprodukts in den neuen Ländern (in Mio. DM)

Verwendung

Das Sozialprodukt wird nach der Art seiner Verwendung in privaten Verbrauch, Staatsverbrauch, Investitionen und Außenbeitrag (Differenz der Exporte und Importe von Gütern und Dienstleistungen) gegliedert.

In der Bundesrepublik Deutschland entfielen 1993 1 792,7 Mrd. DM (= 57,7 %) auf den privaten Verbrauch, 622,6 Mrd. DM (20,0 %) wurden vom Staat eingesetzt und 705,7 Mrd. DM (= 22,3 %) standen für Investitionen bereit.

ÖFFENTLICHE AUFGABEN UND IHRE FINANZIERUNG

Aufgaben von Bund, Ländern und Gemeinden

Jeder Staat hat eine Vielzahl öffentlicher Aufgaben zu erfüllen, die mit erheblichen Kosten verbunden sind. Diese Staatsaufgaben sichern sein Funktionieren (Verwaltungen), dienen der allgemeinen Sicherheit (Armee, Polizei, Justiz) und dem Allgemeinwohl der Bevölkerung (Bildungseinrichtungen, Krankenhäuser).

Die öffentlichen Aufgaben sind angesiedelt bei Bund, Ländern und Gemeinden.

Bund	Länder	Gemeinden
Auswärtige Angelegenheiten Entwicklungshilfe Verteidigung Verkehrswesen (Autobahnen, Bundesstraßen) Wissenschaft und Forschung Wirtschaftsförderung (Subventionen)	Universitäten, Hochschulen Jugend, Sport Verkehrswesen, Straßenbau Sozialer Wohnungsbau Sozialeinrichtungen Öffentliche Sicherheit (Polizei, Justiz)	Bau- und Wohnungswesen Schulen Kultur (Theater, Schwimmbäder usw.) Öffentliche Einrichtungen (Kläranlagen, Feuerwehr u. a.)

Finanzierung

Die wichtigste Finanzierungsquelle für die öffentlichen Aufgaben sind die Steuern. Daneben fließen dem Staat noch Einnahmen aus Zöllen und Gebühren sowie Gewinne aus den staatlichen Unternehmen zu. Wenn die Einnahmen zur Deckung des Haushalts jedoch nicht ausreichen, nimmt der Staat Kredite auf.

↗ Staatsverschuldung, S. 20

Steuern. Das sind einmalige oder laufende Geldleistungen, denen keine speziellen Gegenleistungen zugunsten des Steuerpflichtigen gegenüberstehen. Sie sind also Zwangsabgaben an die öffentliche Hand. Steuern bedürfen gesetzlicher Grundlagen. In der Bundesrepublik Deutschland ist die steuerliche Belastung der Bürger sehr hoch. Rund 50 % der Einnahmen der Bevölkerung sind als Steuern an den Staat abzuführen.

1

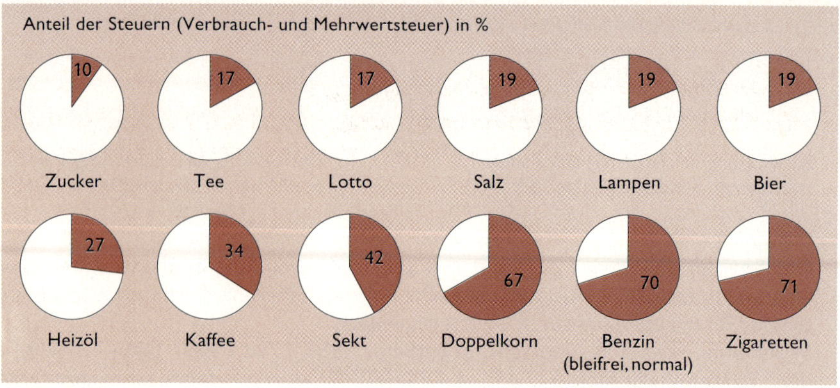

Von jeder Mark für ... bekommt der Staat Verbrauch- und Mehrwertsteuer

Insgesamt gibt es in der Bundesrepublik Deutschland etwa 50 bis 60 verschiedene Arten von Steuern. Den Hauptanteil der Einnahmen liefern Lohnsteuer, Umsatz- bzw. Mehrwertsteuer, Gewerbe-, Einkommens-, Körperschaftssteuer, Mineralöl-, Tabak- und Kraftfahrzeugsteuer. Sie machen etwa 90 % der Steuereinnahmen aus. Steuern sind aber auch für Grund und Boden, bei Erbschaft, mit der Versicherung und für Zucker, Salz, Kaffee, Bier, Schaumwein und vieles andere mehr zu zahlen.

Haushaltgesetz

Bund, Länder und Gemeinden stellen jährlich für das nachfolgende Jahr Haushaltpläne auf. Darin sind nicht nur die vorgesehenen Einnahmen enthalten, sondern auch die geplanten Ausgaben. Für den Bund entwirft der Bundesfinanzminister den Haushaltplan. Der Entwurf wird in entsprechenden Gremien diskutiert, geprüft und gegebenenfalls verändert. Nach Zustimmung des Bundestages und des Bundesrates wird er zum Haushaltsgesetz. Analog verfahren die Länder und Gemeinden für ihren Zuständigkeitsbereich.

Staatsverschuldung

Seit Jahren decken in der Bundesrepublik Deutschland die Staatseinnahmen nicht die Ausgaben. Der Staat muß zur Deckung seiner Ausgaben Kredite aufnehmen und sich dadurch immer weiter verschulden.

Die Vereinigung beider deutscher Staaten hat zu einem besonders starken Anstieg der Staatverschuldung geführt (jährlich über 10 %).

Aber nicht nur der Bund, sondern auch Länder und Gemeinden sind insgesamt betrachtet hoch verschuldet. 1992 waren die öffentlichen Haushalte bereits mit der kaum noch vorstellbaren Summe von 1 345,2 Mrd. DM verschuldet. Kredittilgung und Zinsbelastung steigen.

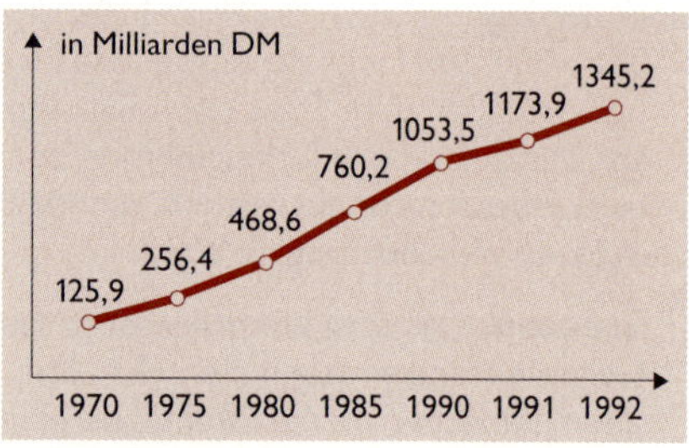

Zunahme der Staatsverschuldung von 1970 bis 1992

KONZENTRATION UND VERFLECHTUNG DER WIRTSCHAFT

Wirtschaftsorganisation

Unternehmensverbindungen

Normalerweise ist ein Unternehmen auf dem Markt auf sich allein gestellt. Aus den unterschiedlichsten Gründen schließen sich in zunehmendem Maße national und international bestehende Unternehmen zu größeren Wirtschaftseinheiten zusammen. Sie können so gemeinsam bestimmte Unternehmensziele besser verfolgen und dem weltweit wachsenden Konkurrenzdruck eher widerstehen. 1
Ausdrucksformen dieses Prozesses sind Konzentration, Spezialisierung, Kooperation und Verflechtung.

Konzentration. Allgemein bedeutet das die Zusammenballung von Unternehmen und Kapital und damit von wirtschaftlicher Macht. Zwei oder mehrere bisher selbständige Unternehmen schließen sich in der Form zusammen, daß ein oder mehrere Partner ihre wirtschaftliche Entscheidungsfreiheit aufgeben. Die wichtigste Form einer solchen Unternehmensverbindung ist der Konzern.
Die Konzentration kann extern und/oder intern erfolgen. Externe Konzentration bezeichnet den Zusammenschluß von Unternehmen, der Hauptform der Konzentration. Unter interner Konzentration ist die überdurchschnittliche Umsatzerweiterung auf dem Markt zu verstehen.

Konzentrationsformen. Der Zusammenschluß von Unternehmen kann horizontal, vertikal oder konglomerat erfolgen.

horizontal	Zusammenschluß von Unternehmen gleichartiger Produktion z. B. Stahl mit Stahl, Kohle mit Kohle
vertikal	Vereinigung von vor- und nachgelagerten Produktionsstufen, z. B. Eisenförderung und -verarbeitung
konglomerat	Zusammenschluß von Unternehmen mit völlig unterschiedlichem Charakter, z. B. Oetker-Konzern (vom Öltanker bis zu Backzutaten)

Gründe der Unternehmensverbindung

Gründe für Unternehmensverbindungen sind die Erhöhung der Konkurrenzfähigkeit und die Gewinnmaximierung. Eine wichtige Rolle bei internationalen Unternehmensverbindungen spielen Standortfaktoren, wie Rohstoffvorkommen, Energiequellen, Arbeitskräftesituation, Höhe der Arbeitslöhne und Lohnnebenkosten, Steuerbelastung und Umweltauflagen.
↗ Standortfaktoren, S. 71

Auswirkungen der Unternehmenskonzentration

Der Zusammenschluß und die Verflechtung von Unternehmen führt zu größerer Wirtschaftskraft und Leistungsfähigkeit. Es stehen größere Kapitalmengen für Forschung, Modernisierung, Umweltschutz und auch zur Förderung des Territoriums zur Verfügung. Andererseits wird der Wettbewerb eingeschränkt und kleinere Unternehmen unterliegen im Konkurrenzkampf. Das Bundeskartellamt soll solche negativen Auswirkungen der Unternehmensverbindungen verhindern.

1

Formen von Unternehmensverbindungen

Kartell	Marktregelnder Verband, in dem rechtlich selbständige Unternehmen zusammengeschlossen sind. Wichtigste Zielsetzung ist die Marktbeeinflussung (z. B. Preisabsprachen, Marktaufteilung). In der Bundesrepublik sind Kartelle grundsätzlich verboten (Kartellgesetz). Zahlreiche Ausnahmen durchlöchern das Verbot jedoch.
Syndikat	Das Kartell wird zum Syndikat, wenn die Produkte über ein gemeinsames Verkaufsbüro abgesetzt werden.
Konzern	Zusammenschluß von mehreren, selbständig bleibenden Unternehmen unter einheitlicher wirtschaftlicher Leitung. ↗ Konzentrationsformen, S. 21
Trust	Zusammenschluß mehrerer Unternehmen des gleichen Wirtschaftszweiges zum Zweck monopolistischer Marktbeeinflussung bzw. Marktbeherrschung. Der Trust steht unter einer einheitlichen wirtschaftlichen Leitung, die rechtliche Selbständigkeit der einzelnen Unternehmen besteht nicht mehr.

Spezialisierung. Die Beschränkung auf einzelne Arbeiten bzw. Arbeitsgebiete wird Spezialisierung genannt. Sie ist verbunden mit der Verringerung des Erzeugnissortiments und/oder der Vereinheitlichung der Produktionsverfahren. Die Spezialisierung in der Wirtschaft ist eine Folge der Arbeitsteilung und des technischen Fortschritts. Sie führt in der Regel zu einer Steigerung der Produktivität.

Kooperation. Rechtlich und wirtschaftlich weiterhin selbständige Unternehmen verpflichten sich zu einer vertraglich geregelten Zusammenarbeit. Bei der losen Form geht es z. B. um gemeinsame Transporte oder den Vertrieb der Produkte, um gemeinsame Forschung und Verwertung der Ergebnisse oder um große Bauvorhaben. Bei der sogenannten einschneidenden Form verpflichten sich die Unternehmen zu einem bestimmten Handeln, wie das beim Kartell der Fall ist. Kooperation erfolgt sowohl im nationalen als auch zunehmend im internationalen Rahmen.

Internationale Verflechtung

Staatliche Verflechtung

Nicht nur bei Unternehmen, sondern auch bei Märkten und Staaten sind ein Zusammenwachsen und eine Verflechtung festzustellen. Im europäischen Wirtschaftsraum zeigt sich das in der Europäischen Gemeinschaft (EG) und der sich entwickelnden Europäischen Union (EU). Dabei stellt die EU eine wesentlich höhere Entwicklungsstufe als alle anderen bisher bekannten Zusammenschlußformen dar. Zum ersten Mal in der Geschichte werden sich Handel und Wandel nach dem gemeinsamen politischen Willen der beteiligten Staaten ohne Grenzen und Schranken entfalten können. Die Anfänge dieser Entwicklung reichen bis in die Zeit nach dem Zweiten Weltkrieg zurück. Einen entscheidenden Schritt stellte die Schaffung der Europäischen Gemeinschaft dar. Mit den Verträgen von Maastricht im Jahr 1991 wurde der Übergang von einer Wirtschaftgemeinschaft zu einer politischen Union (EU) besiegelt.

Europäische Gemeinschaft

Die EG war durch den Zusammenschluß westeuropäischer Länder entstanden, die entschlossen waren, ihre langjährige Rivalität zu überwinden. Dazu gehörten Belgien, die Bundesrepublik Deutschland, Dänemark, Frankreich, Griechenland, Großbritannien, Irland, Italien, Luxemburg, die Niederlande, Portugal und Spanien.

Unter dem Begriff Europäische Gemeinschaft waren 3 Teilorganisationen zusammengefaßt:

- Europäische Gemeinschaft für Kohle und Stahl (EGKS/Montanunion). Ihr Ziel war ein gemeinsamer Markt für Kohle und Stahl.
- Europäische Atomgemeinschaft (EAG/Euratom). Ihr Ziel ist die Schaffung gemeinsamer Voraussetzungen für die schnelle Entwicklung der Kernenergie.
- Europäische Wirtschaftsgemeinschaft (EWG). Sie wurde 1957 gegründet und stellte den Kern der Gemeinschaft dar.

Europäische Union

Die Herausbildung der Europäischen Union ist ein langwieriger Prozeß, bei dem viel historisch Gewachsenes überwunden werden muß. Dazu gehören z. B. die Unterschiede in der Leistungsfähigkeit der einzelnen Volkswirtschaften, im Lebensstandard oder im Lohngefüge. Die bisher von den einzelnen Ländern eigenständig entwickelte Wirtschaftsstruktur und Wirtschaftspolitik muß sich zunehmend europäischen Gesichtspunkten unterordnen und wird in immer stärkerem Maße von europäischen Gremien bestimmt.

Typische Beispiele sind bereits heute die Agrarwirtschaft, der Schiffbau oder die Stahlindustrie. Durch Quotenregelungen soll ein gemeinsames Handeln der Länder erreicht, die Konkurrenzfähigkeit erhöht und Überproduktion vermieden werden. Schließlich müssen die nationalen Währungen abgeschafft und durch eine europäische Währung ersetzt werden. Für all das und noch vieles mehr gilt es, gemeinsame Standpunkte zu finden und diese auch umzusetzen. Das ist besonders schwer, wenn dabei eigene nationale Interessen zurückgestellt werden müssen.

WIRTSCHAFTSENTWICKLUNG

Verlauf der wirtschaftlichen Entwicklung

Konjunktur

Die wirtschaftliche Entwicklung in den Industriestaaten und somit auch in der Bundesrepublik Deutschland verläuft nicht geradlinig, sondern wellenförmig. Nach einem wirtschaftlichen Aufschwung folgt ein Rückgang des Wachstums. Dieses Auf und Ab wird als Konjunktur bzw. Konjunkturverlauf bezeichnet. Gemessen werden die wirtschaftliche Aktivität und ihr Ergebnis an der Entwicklung des Sozialprodukts.

Betrachtet man dazu die Entwicklung von 1980 bis 1993 im früheren Bundesgebiet, so werden die Konjunkturschwankungen deutlich sichtbar. ↗ Sozialprodukt, S. 17 f.

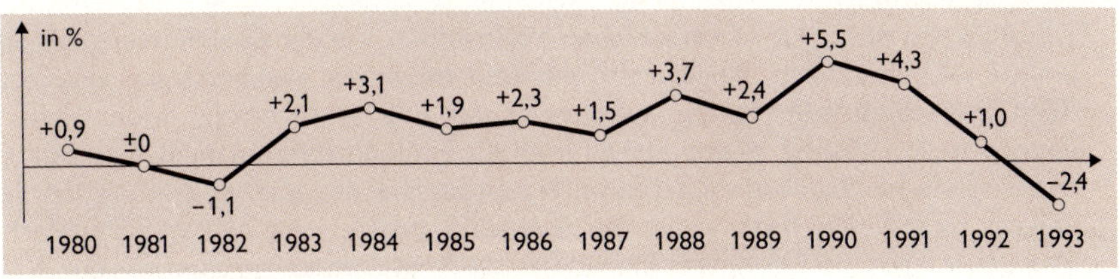

Konjunkturverlauf von 1980 bis 1993 im früheren Bundesgebiet

1

Konjunkturphasen. Im Konjunkturverlauf lassen sich folgende Phasen unterscheiden:

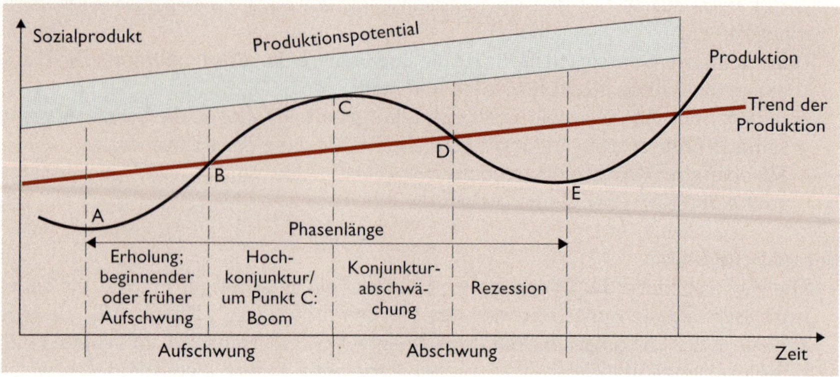

Konjunktur – Konjunkturverlauf

Die einzelnen Phasen weisen folgende typische Merkmale auf:

Aufschwungphase	Die Produktion wächst erst langsam, dann immer schneller. Der Umsatz erhöht sich. Die Unternehmensgewinne steigen. Die Arbeitslosigkeit sinkt in der Regel. Es wird mehr investiert.
Hochkonjunkturphase (Boom)	Erste Engpässe in der Wirtschaft werden sichtbar. Es wird in großem Umfang investiert. Die Preise beginnen zu steigen.
Abschwung (Rezession)	Die wirtschaftliche Aktivität geht zurück. Nachfrage, Produktion, Investitionen, Gewinne und Beschäftigung sinken.

Krise

Sie steht am Ende des wirtschaftlichen Aufschwungs und bezeichnet den Wendepunkt zum Rückgang im Konjunkturverlauf. Markante Kennzeichen sind Preisstillstand bzw. Preissenkung, schwache Börse und das Umschlagen von optimistischen in pessimistische Wirtschaftserwartungen.

Konjunkturpolitik

Darunter versteht man alle staatlichen Maßnahmen, die der Beeinflussung des Konjunkturverlaufs dienen. Angestrebt wird ein möglichst gleichmäßiges Wachstum, denn nach einem sehr steilen Aufschwung der Wirtschaft erfolgt in der Regel ein ebenso steiler Abstieg. Wesentliche Mittel zur Einflußnahme auf die Konjunktur sind finanzpolitische Maßnahmen. So hält sich zum Beispiel der Staat zu Zeiten guter Konjunktur trotz voller Kassen mit den Ausgaben zurück, während er bei schlechter Wirtschaftlage trotz geringerer Einnahmen die Ausgaben steigert, notfalls durch Verschuldung. ↗ Wirtschaftspolitik, S. 26

	Positive Impulse für die Konjunktur	Negative Einflüsse auf die Konjunktur
Investitionen	Anstieg der Investitionen	Abnehmende Investitionstätigkeit
Verbrauch	Zunehmende Verbrauchernachfrage	Zurückgehende Käufe der Verbraucher
Außenwirtschaftsbilanz	Steigende Exporte Verringerte Importe	Nachlassende Exporte Verstärkte Importausgaben
Staatshaushalt	Erhöhte Defizite durch erhöhte Ausgaben und verminderte Einnahmen	Rückgang der Defizite durch erhöhte Einnahmen und verminderte Ausgaben

Strukturwandel und seine Folgen

Strukturwandel

Die technische Entwicklung sowie die internationale Arbeitsteilung und zunehmende Verflechtung der Wirtschaft rufen tiefgreifende Veränderungen in Teilen der Wirtschaft und Gesellschaft hervor, die als Strukturwandel bezeichnet werden.

In der Bundesrepublik kommt als weiterer Faktor die Wiedervereinigung dazu, die besonders in den neuen Bundesländern zum Strukturwandel in ganzen Regionen geführt hat und noch immer führt. Diese Veränderungen sind vor allem die Folge des Übergangs von der Zentralverwaltungswirtschaft zur sozialen Marktwirtschaft.

↗ Zentralverwaltungswirtschaft, S. 12

Der Strukturwandel zeigt sich z. B.

- in Veränderungen des Anteils eines Wirtschaftszweiges bzw. -bereiches am Sozialprodukt,
- in der Entstehung oder dem Verschwinden von Bereichen und Berufen oder
- in der Veränderung des Produktionsprofils einer ganzen Region.

Folgen des Strukturwandels

Der Strukturwandel greift in alle Lebensbereiche ein. Beispiele sind:

- Die Schließung von Betrieben bringt die Entlassung von Arbeitskräften mit sich. Wenn die Arbeitnehmer überhaupt wieder einen Arbeitsplatz finden, dann ist das oft mit längeren Wegen zur Arbeit oder mit Wohnortswechsel verbunden. Der Strukturwandel erfordert also eine höhere Mobilität. Besonders für ältere Arbeitnehmer und deren Familien ist dies äußerst belastend.
- Berufsbilder verändern sich, Umschulung der Arbeitnehmer ist notwendig. Das Erlernen und Ausüben von mehreren Berufen in einem Arbeitsleben ist üblich. Das verlangt mehr Flexibilität.
- Landwirtschaft und Fischerei als Vollerwerbsquelle werden immer seltener, sie sind oft nur noch Nebenerwerbsquelle.
- Die Arbeit nimmt generell ab, da immer mehr Automaten zum Einsatz kommen. Damit steigen der Anteil der Freizeit und die Freizeitbedürfnisse. Der Dienstleistungssektor nimmt deshalb stark zu.

– Aus unterschiedlichen Gründen nimmt die Verlagerung von Unternehmen ins Ausland zu. Meistens sind es Lohn- oder Steuergründe. Damit verbunden ist die Freisetzung von Arbeitskräften im Inland. Der Staat versucht durch Subventionen, Steuerentlastungen oder die Vergabe von zinsgünstigen Krediten auf die negativen Auswirkungen des Strukturwandels Einfluß zu nehmen.
↗ Wirtschaftspolitik

1 STAAT UND WIRTSCHAFT

Wirtschaftspolitik

Ziele

Sowohl nach dem Grundgesetz als auch nach dem Gesetz zur Förderung der Stabilität und des Wachstums der Wirtschaft, kurz Stabilitätsgesetz genannt, ist der Staat verpflichtet, bei allen wirtschafts- und finanzpolitischen Maßnahmen ein gesamtwirtschaftliches Gleichgewicht anzustreben.

In dem Stabilitätsgesetz aus dem Jahr 1967 werden Bund und Länder verpflichtet, ihre Maßnahmen so zu treffen, „daß sie im Rahmen der marktwirtschaftlichen Ordnung gleichzeitig zur Stabilität des Preisniveaus, zu einem hohen Beschäftigungsstand und außenwirtschaftlichen Gleichgewicht bei stetigem und angemessenem Wirtschaftswachstum beitragen".

Zur Veranschaulichung ist es üblich, die volkswirtschaftlichen Zielstellungen als Eckpunkte geometrisch anzuordnen, z. B. in einem Viereck. Da es Zauberkräfte – magische Kräfte – erfordern würde, alle Zielstellungen gleichzeitig zu realisieren, spricht man vom Magischen Viereck.

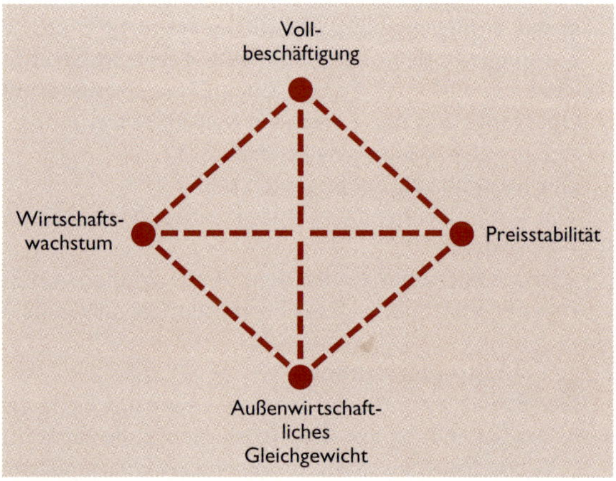

Magisches Viereck

In der heutigen Zeit ist es notwendig, den genannten Zielen staatlicher Wirtschaftspolitik noch zwei weitere hinzuzufügen, nämlich gerechtere Einkommensverteilung und Erhalt der Umwelt.

Zielkonflikte

Die Erreichung der wirtschaftspolitischen Ziele ist äußerst schwierig und oft sogar widersprüchlich. Daraus erwachsen Zielkonflikte. Beispiele:

– Als Vollbeschäftigung wird angesehen, wenn die Arbeitslosenquote weniger als 1 % beträgt. Sie liegt aber gegenwärtig trotz konjunkturellen Aufschwungs bei über 8 %

in den alten und sogar zwischen 13 und 14 % in den neuen Bundesländern, also weit von der Zielstellung der Vollbeschäftigung entfernt. Ursachen sind u.a. die weitere Automatisierung der Produktion, die Verlagerung von Investitionen ins Ausland und die Vergabe von arbeitsintensiver Produktion in Länder mit niedrigem Lohnniveau.

– Die Umweltbelastung ist trotz großer Anstrengungen weiterhin enorm hoch. Waldsterben, Klimaveränderung, Ozonloch, Müllberge und Gewässerverschmutzung sind nur einige der besorgniserregenden Faktoren. Die Verhinderung eines weiteren Fortschreitens der Umweltbelastung und -zerstörung erfordert Umdenken, neue Technologien, neue Produkte, Wiederverwertung von Abfallprodukten, Natur- und Landschaftsschutz und v. a. m. Das alles ist mit hohen finanziellen Aufwendungen verbunden und nur länderübergreifend lösbar. Wie schwer sich dabei die internationale Politik tut, wird an dem Gerangel um Abgasnormen, FCKW-Einsatz u.a. deutlich.

Notwendigkeit staatlicher Eingriffe

Der Staat greift in der sozialen Marktwirtschaft dann in das Wirtschaftsgeschehen ein, wenn:

– der Markt als Koordinator von Angebot und Nachfrage versagt. Beispiele dafür sind der Kultur- und Bildungsbereich, die Abfallbeseitigung, der Umweltschutz, der Nahverkehr, strukturbestimmende und traditionelle Bereiche.
– eine unbefriedigende Verteilung von Einkommen und Vermögen vorliegt.
– der Wirtschaftsprozeß instabil wird, z. B. bei Krisen, Inflation, Währungsschwankungen, Massenarbeitslosigkeit, fehlender Ausbildungskapazität.

Die staatliche Wirtschaftspolitik muß darauf gerichtet sein, Fehlentwicklungen zu vermeiden und nicht erst im nachhinein zu korrigieren. Es geht letztendlich um die Sicherung des Wirtschaftsstandorts Deutschland.

Stabilitätsfördernde Maßnahmen

Erhalt und Förderung eines angemessenen Wirtschaftswachstums und des gesamtwirtschaftlichen Gleichgewichts erfolgen in der Bundesrepublik Deutschland vorrangig durch finanzielle Unterstützungen und verschiedene andere Fördermaßnahmen. Dazu gehören u. a.

– Vergabe von öffentlichen Investitionen und Zuschüssen,
– Gewährung von Anpassungshilfen bei Strukturveränderungen,
– Stabilisierung der einheimischen Währung durch eine entsprechende Wechselkurspolitik,
– Lenkung umweltfreundlicher Aktivitäten durch Zuschüsse oder Steuervergünstigungen,
– Bereitstellung finanzieller Mittel zur Eindämmung der Arbeitslosigkeit (Förderung von Arbeitsbeschaffungsmaßnahmen – ABM),
– Finanzierung von Umschulung und Fortbildung,
– Förderung von Existenzneugründungen,
– Ausbau der Infrastruktur mittels Verkehr und Kommunikation.

Die staatlichen Eingriffe dürfen die marktwirtschaftlichen Prinzipien jedoch nicht außer Kraft setzen. Außerdem sind dem Staat durch die begrenzten finanziellen Möglichkeiten klare Grenzen gesetzt.

ERHALT DES WIRTSCHAFTLICHEN GLEICHGEWICHTS

Wirtschaftskreislauf

1 Infolge der hohen Arbeitsteilung in einer modernen Volkswirtschaft sind ihre Glieder auf einen regelmäßigen Austausch angewiesen. So werden einerseits Arbeitsleistungen gegen Geld und andererseits Geld gegen Güter und Dienstleistungen ausgetauscht. Man spricht deshalb von einem Kreislauf in der Wirtschaft. Die wichtigsten Austauschpartner sind die privaten Haushalte und die Unternehmen.

Einfacher Kreislauf. Er besteht aus zwei Strömen, dem Geld- und dem Güterstrom. Der Unternehmer zahlt Lohn oder Gehalt für die geleistete Arbeit. Durch den Kauf von Gütern oder Leistungen durch die Haushalte fließt das Geld über den Markt an die Unternehmen zurück. Diese produzieren mit Hilfe der Arbeitnehmer wieder neue Güter. Der Kreislauf ist geschlossen. Dabei wird unterstellt, daß die Güter- und Geldströme gleich groß sind.

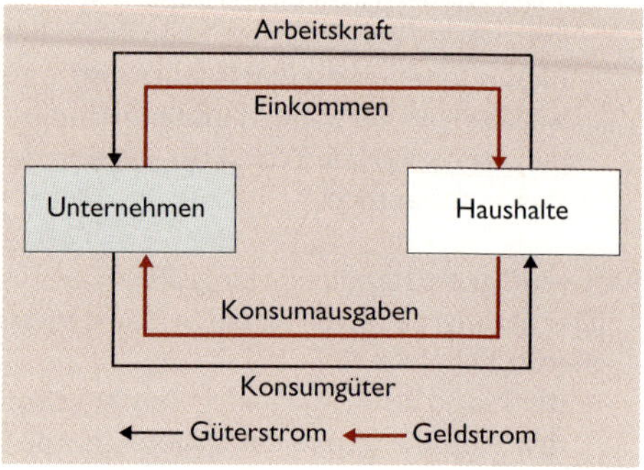

Einfacher Kreislauf

Volkswirtschaftlicher Kreislauf. Hierbei handelt es sich um einen erweiterten Kreislauf, denn Geld und Güter fließen ja nicht einfach zwischen den Haushalten und Unternehmen hin und her. In dem volkswirtschaftlichen Kreislauf werden nicht nur die Geld- und Güterströme erfaßt, sondern auch die Zu- und Abflüsse von Geld. Zuflüsse sind z. B. Subventionen des Staates an Unternehmen und Haushalte oder Kredite von Banken und Privatpersonen. Abflüsse sind u. a. Steuern an den Staat oder Spareinlagen.

Erweiterter offener Kreislauf. Werden die Auslandsbeziehungen (Export und Import) mit einbezogen, so wird das als erweiterter offener Kreislauf bezeichnet. Durch den Export von Gütern verringert sich der Güterstrom im Inland. Der Geldstrom im exportierenden Land wird größer. Durch Importe vergrößert sich im Inland der Güterstrom und der Geldstrom wird geringer.

Gleichgewicht. Ideal wäre ein Gleichgewicht aller Ströme im Wirtschaftskreislauf. Kennzeichnend dafür wären der Ausgleich von Angebot und Nachfrage, die Gleichheit von Sparen und Investieren und die Vollbeschäftigung aller Produktionsfaktoren. Das ist jedoch nur eine Idealvorstellung, denn in Wirklichkeit kommt es immer zu Ungleichgewichten.

Ungleichgewichte. Die Wirtschaftspraxis zeigt, daß sich Export und Import, Steuern und Subventionen, Kreditaufnahme und Sparen, Güter- und Geldströme nicht die Waage halten. Es kommt vielmehr immer wieder zu Ungleichgewichten. Das ist nicht außergewöhnlich. Schwierig wird es nur dann, wenn solche Entwicklung nicht erkannt und wirkungsvoll bekämpft werden. Fehlentwicklungen wie Inflation, Abwanderungen von Unternehmen, Massenarbeitslosigkeit u. a. sind die Folge.

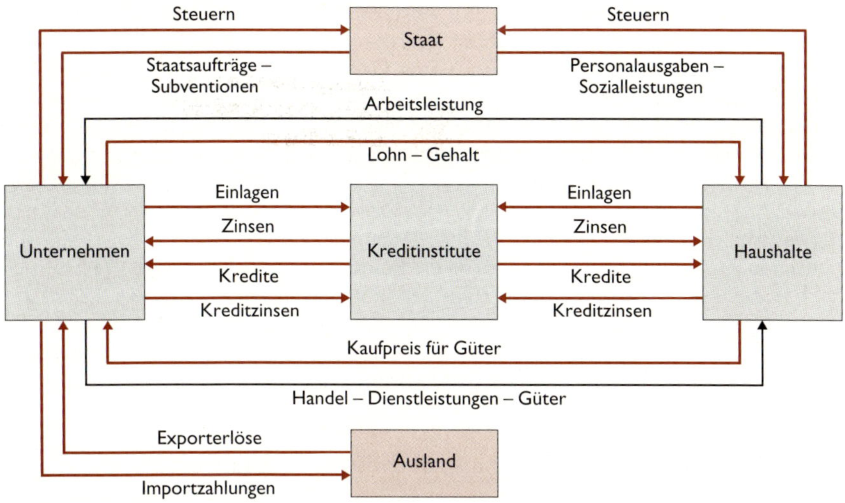

Erweiterter offener Kreislauf

ÖKONOMIE UND ÖKOLOGIE

Umwelt. Der natürliche Lebensraum aller Lebewesen und damit auch der des Menschen wird als Umwelt bezeichnet. Sie liefert Rohstoffe, Wasser und Luft, dient als Standort für Fabriken und Wohnungen oder nimmt die Abfälle auf, die durch Produktion und Konsum entstehen. Umwelt steht nicht unbegrenzt zur Verfügung; man denke z. B. an Rohstoffe, Energiequellen usw. Sie ist auch nur im begrenzten Umfang belastbar. Immer mehr Beton durch Straßen- und Autobahnbau, immer höhere Müllberge, immer stärkere Belastung der Luft durch schädliche Gase oder die Vernichtung des Regenwaldes zeigen bereits heute Wirkungen, die zu größter Sorge Anlaß geben.

Ursachen der Umweltbelastung

Die Belastung und teilweise Zerstörung der Umwelt hat viele Ursachen. Ein wesentlicher Faktor ist das stetige Wirtschaftswachstum. Wirtschaftliches Wachstum und Umweltqualität konkurrieren miteinander. Es stehen nur begrenzte Naturressourcen zur Verfügung, die zum Teil bereits erheblich aufgebraucht sind. Neue Industriebauten, Wohnungen, Verkehrswege u.a. schränken den Boden für die Land- und Forstwirtschaft immer weiter ein.

Alle Umweltgüter sind öffentliche Güter und wurden deshalb etwa bis zur Jahrhundertwende völlig kostenlos konsumiert. Die Nutzung der Umwelt zum Nulltarif hat viel zum sorglosen Umgang und zur Zerstörung der Umwelt beigetragen. Das ist zwar inzwischen vorbei, denn für die Nutzung und Beschädigung der Umwelt muß entsprechend dem Verursacherprinzip bezahlt werden, aber viele Sünden der Vergangenheit sind nicht so ohne weiteres zu überwinden. Andererseits wird vielfach versucht, die hohen Kosten für die Abfallentsorgung zu sparen, indem Bauschutt, Sperrmüll o.ä. einfach in den Wald oder an den Straßenrand geworfen werden.

Schließlich führen Bevölkerungs- und Wirtschaftswachstum, verbunden mit steigendem Wohlstand, zu einer erhöhten Belastung der Umwelt. Die Folgen sind Zerstörung von Landschaften durch Bebauung, Gewässer- und Luftverschmutzung sowie mehr Abfälle (Wohlstandsmüll). Weitere Umweltkiller sind die Rauchgase von Verbrennungskraftwerken, Autoabgase, der Massentourismus, unsachgemäßer Einsatz von Dünge- und Schädlingsbekämpfungsmitteln sowie UV- und Atomstrahlung.

Umweltpolitik

Die Erhaltung der Umwelt ist in vielen Staaten der Erde eine der wirtschaftspolitischen Zielstellungen. Dazu gehören die Reinerhaltung von Luft und Wasser, sichere Abfallbeseitigung und -verwertung, Schonung der Rohstoffreserven, Lärmschutz, Natur- und Landschaftsschutz u.a.m. Auf diesen Gebieten energisch etwas zu tun bzw. mehr als bisher zu tun, ist eine Überlebensfrage der Menschheit. Hier ist sowohl die Politik als auch jeder einzelne gefordert.

Instrumente der Umweltpolitik

In der Bundesrepublik Deutschland wird inzwischen viel getan, um die Umwelt zu entlasten. Zu nennen sind u. a.:

- Gesetze und Verordnungen: Dazu gehören beispielsweise Wasserschutzgesetz, Bundesimmissionsschutzgesetz, Abfallbeseitigungsgesetz, Schallschutzbestimmungen, Natur- und Landschaftsschutzgesetze.
- Anwendung des Verursacherprinzips: Wer Umweltschäden verursacht, muß dafür aufkommen.
- Kostendeckende Abgabenlösung für Nutzung der Umwelt und unvermeidlichen Schadstoffausstoß.
- Höhere Besteuerung für die Produktion umweltbelastender Güter. Das verteuert sie, die Nachfrage geht zurück.
- Förderung von wenig umweltbelastenden Produktionsverfahren durch Steuervergünstigungen
- Recycling
- Verfügung von Produktionseinstellung für stark umweltschädliche Technologien
- Ansiedlungsverbote und Kapazitätsbeschränkungen für Unternehmen
- Schaffung von Natur- und Landschaftsschutzgebieten

Geld im Wirtschaftskreislauf

GELD

2

Der heutige Wirtschaftskreislauf kann ohne Geld nicht existieren. Von großer Bedeutung ist deshalb ein geordnetes Geldwesen und eine gesicherte Stabilität des Geldwertes.
Geld ist ein Teil der zwei Wertströme in der Wirtschaft, des
- Güterstroms (Arbeitsleistungen, Waren, Dienstleistungen) und des
- Geldstroms (Geld ist die Gegenleistung für die bezogenen Güter).

↗ Leistungserstellung, S. 83

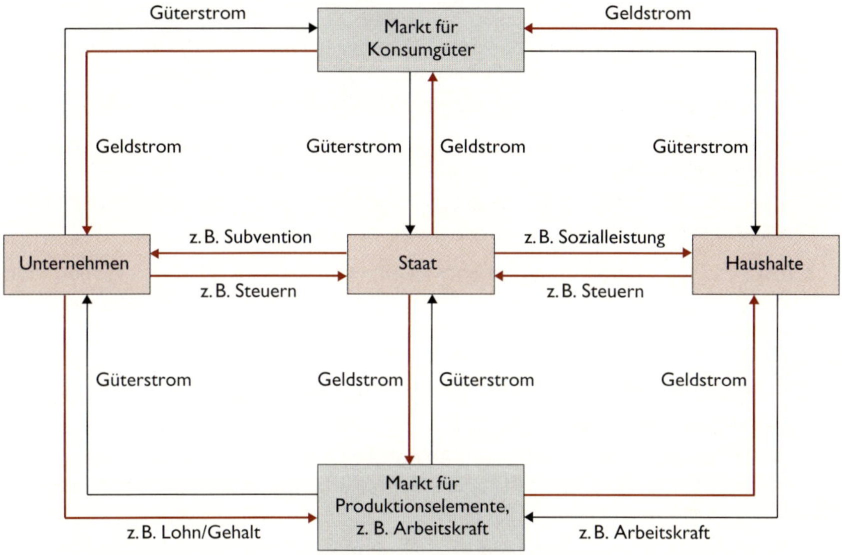

Wirtschaftskreislauf

Geld im rechtlichen Sinn

Das vom Staat mit Annahmezwang ausgestattete gesetzliche Zahlungsmittel. In der Bundesrepublik Deutschland sind dies Münzen und Banknoten. ↗ Bargeld, S. 34
Annahmezwang besteht für alle
- auf Pfennig lautende Münzen bis zu einer Summe von 5,00 DM,
- auf DM lautende Münzen bis zu einer Summe von 20,00 DM,
- auf DM lautende Scheine bis zu einer unbegrenzten Höhe.

Durch die Geschäfte der Deutschen Bundesbank gelangt dieses Geld in den Umlauf.
↗ Deutsche Bundesbank, S. 40

Geld in der Börsensprache

In der Börsensprache werden Nachfrage und Kaufwünsche an Wertpapieren mit Geld bezeichnet. Die Bezeichnung „Geld“ oder „G“ hinter dem veröffentlichten Kurs eines Wertpapieres heißt: Für das betreffende Wertpapier herrscht Nachfrage zum notierten Kurs, jedoch lagen keine entsprechenden Verkaufsangebote vor.

↗ Kursteil in der Wirtschaftspresse

Geschichte des Geldes

2

Die geschichtliche Entwicklung des Geldes führt von primitiven Geldformen, wie Muscheln, Perlen, Getreide, Vieh, Salz u.a.m. bis zur Kreditkarte und dem Magnetkartengeld. ↗ Kartengesteuerte Zahlungsmittel, S. 50

Ursprung und Entwicklung des Geldes

Naturaltausch. In der Tauschwirtschaft gab es kein Geld. Es wurde Ware gegen Ware getauscht, z. B. Fleich gegen Werkzeug.
Dies war aber oft mit Schwierigkeiten verbunden, da die zu tauschenden Gegenstände nicht immer den gleichen Wert hatten.

Naturalgeld/Warengeld. Es wurde Ware gegen Geld (sog. Warengeld) getauscht. Dieses Warengeld konnte wieder in andere Ware eingetauscht werden.
Warengeld, das waren wertvolle Gegenstände wie z. B. Muscheln, Perlen, Gewürze, Metalle usw.

Metallgeld. Eine Form des Warengeldes waren Metalle. Diese hatten einen großen Wert, da aus ihnen auch Werkzeuge, Schmuck usw. hergestellt werden konnten. Metallgeld gab es in Form von Barren, Stäben, Ringen und Wägegeld.

Münzgeld. Aus dem Metallgeld entwickelte sich das Münzgeld. Es wurden Metallstücke betimmter Größe mit einer Prägung versehen. Damit war das Gewicht und somit der Wert erkennbar.

■ Kuratmünzen aus Gold, Silber
Scheidemünzen aus Nickel, Stahl, usw.

Papiergeld. Entstand bereits zwischem dem 7. und 9. Jh. in China. Ab dem 15. Jh. gab es in Europa Papiergeld. Das Münzgeld war für große Geschäfte und lange Transportwege sehr umständlich. Mit Lagerscheinen über Münzguthaben bei Banken konnte man genau wie mit Münzen bezahlen.

Bargeld. Banknoten und Münzen bilden das Bargeld.
↗ Formen des Geldes, S. 34

Buchgeld/Giralgeld. Neben dem Bargeld sind u. a. Schecks, Kreditkarten heute weit verbreitete Zahlungsmittel.
↗ Formen des Geldes, S. 34 f.

Stufen der Geldentwicklung

Die Entwicklung läßt sich sachlich in drei Stufen einteilen

- geschlossene Hauswirtschaft
- Naturaltausch
- Geldwirtschaft

1. Stufe: Geschlossene Hauswirtschaft. Die Güter des Bedarfs werden von den Mitgliedern der Familie oder des Stammes hergestellt.

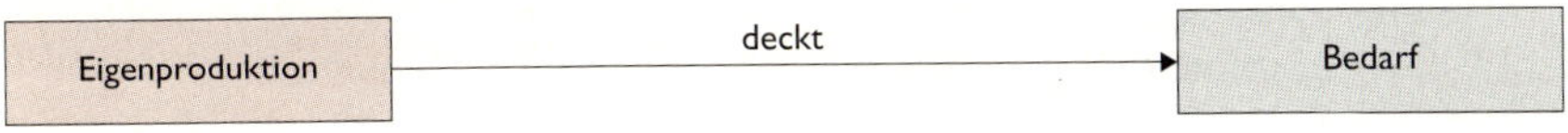

2. Stufe: Naturaltausch. Die Funktion des Tauschmittels hatten Güter, die allgemein anerkannt und begehrt waren, wie z. B. Salz, Vieh, Muscheln. Das Problem, daß Zwischengüter in der Regel nicht wertbeständig und teilweise nicht teilbar oder transportierbar waren, führte zur Nutzung von Edelmetallen, wie Gold und Silber, aus denen Münzen geprägt wurden.

oder

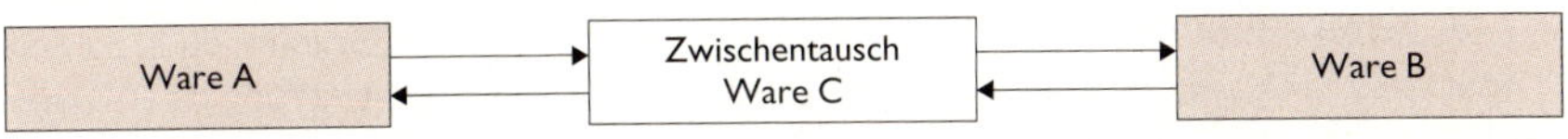

3. Stufe: Geldwirtschaft. Durch das Geld wird der Gütertausch in zwei voneinander unabhängige Vorgänge zerlegt. Diese sind der Verkauf und der Kauf einer Ware oder Leistung.

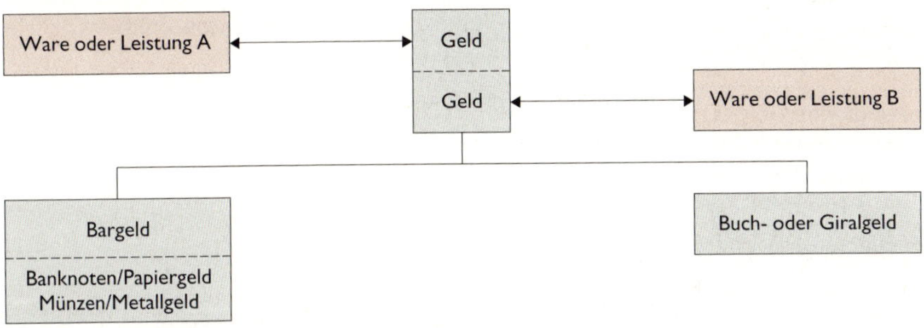

Funktionen und Formen des Geldes

Funktionen des Geldes

Das Geld hat in der Wirtschaft unterschiedliche Funktionen zu erfüllen.

Geld als Tausch- und Zahlungsmittel. In der Marktwirtschaft kommt es täglich zu einer unübersehbaren Fülle von Tauschvorgängen, indem mittels Geld Waren und Leistungen gekauft und verkauft werden.
Mit Geld werden aber auch Kredite gegeben, Schulden getilgt, Steuern und Gebühren bezahlt. In solchen Fällen hat das Geld nur die Rolle eines Zahlungsmittels, weil an diese Vorgänge keine Güter gebunden sind. ↗ Kredit, S. 53

Geld als Wertmaßstab. Der Wert von Gütern wird am Markt in Geldeinheiten ausgedrückt. Der Marktwert der Güter ist der Preis. Das Geld macht in Form der Preise die unterschiedlichen Güter und Leistungen untereinander vergleichbar.
↗ Preis, S. 15

■ Das Vermögen einer Familie setzt sich folgendermaßen zusammen:

– Einrichtungsgegenstände			157 500,00 DM
davon:	Wohnbereich	80 000,00 DM	
	Schlafbereich	42 000,00 DM	
	Küchenbereich	25 000,00 DM	
	Kinderbereich	10 500,00 DM	
– ein Pkw			22 000,00 DM
– zwei Fahrräder (je 800,00 DM)			1 600,00 DM
– Sparguthaben			20 000,00 DM
Vermögenssumme			201 100,00 DM

2

In einem Unternehmen wird durch das Geld eine genaue Wirtschaftsrechnung ermöglicht. ↗ Aufgaben des Rechnungswesens, S. 92; ↗ Unternehmung, S. 68

Geld als Wertaufbewahrungsmittel. Für jeden Sparer ist das Geld ein Wertaufbewahrungsmittel, indem er Teile seiner Einkünfte zurücklegt. Er kann dann zu einem späteren Zeitpunkt darüber verfügen, z. B. um eine teuere Anschaffung oder Reise zu machen. ↗ Stabilität des Geldwertes, S. 37; Sparen, S. 188

Geld als Kreditmittel. In vielen Fällen bleibt einem Unternehmen oder einem Haushalt nicht die notwendige Zeit um eine bestimmte Geldsumme für notwendige Investitionen oder Anschaffungen anzusparen. Es besteht dann die Möglichkeit bei einem Kreditinstitut Geld zu leihen und dieses zu einem späteren Zeitpunkt zurückzuzahlen. ↗ Kreditverkehr, S. 53; ↗ Zinsen, S. 63

Formen des Geldes

Erscheinungsformen des Geldes in der Wirtschaft sind
- Bargeld
- Buch- oder Giralgeld.

Bargeld. Der Kreislauf des Bargeldes ist wie folgt zu verstehen:

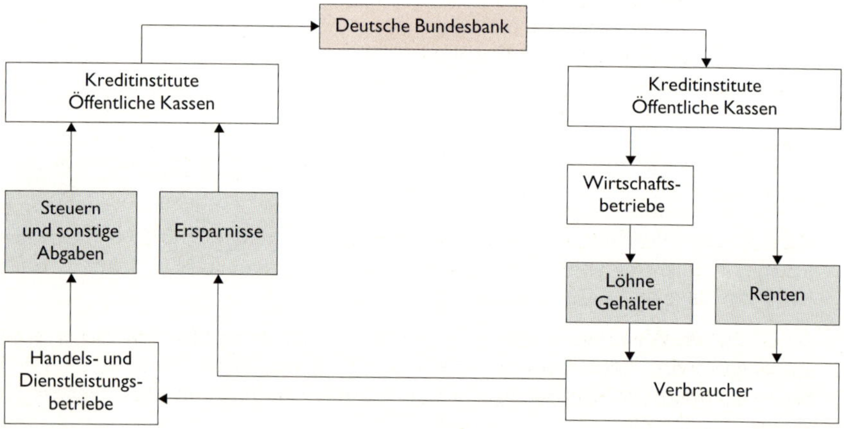

Bargeld umfaßt die im Umlauf befindlichen Münzen und Banknoten.

– Münzen
  Münzen werden entsprechend des Bedarfes im Auftrag des Bundes (Münzregal) in Münzstätten ausgeprägt und durch die Deutsche Bundesbank über die Banken in den Umlauf gebracht. In der Bundesrepublik sind im Umlauf:
  • Pfennigmünzen zu 1 Pf, 2 Pf, 5 Pf, 10 Pf, 50 Pf;
  • DM-Münzen zu 1,00 DM, 2,00 DM, 5,00 DM, 10,00 DM.
  Die Bundesregierung Deutschlands hat nach dem Grundgesetz die ausschließliche Gesetzgebung über das Geld- und Münzwesen.
– Banknoten
  Das Recht Banknoten auszugeben, liegt ausschließlich bei der Deutschen Bundesbank. Banknoten sind stoffwertloses Geld, ihre Deckung liegt in der Kaufkraft der DM. In der Bundesrepublik sind Banknoten im Umlauf mit einem Wert von:
  5,00 DM, 10,00 DM, 20,00 DM, 50,00 DM, 100,00 DM, 200,00 DM, 500,00 DM, 1000,00 DM.
  Beschädigte Banknoten können bei den Banken gegen Neustücke umgetauscht werden, wenn mehr als die Hälfte des Scheines vorgelegt wird. Das Recht zur Aussonderung und Vernichtung von Banknoten hat allein die Deutsche Bundesbank.

Buchgeld. Umfaßt die Guthaben bei den Kreditinstituten und die durch diese eingeräumten Kredite. Fast 90 % des gesamten Geldumlaufes befindet sich als Buchgeld auf Giro- und Termingeldkonten. ↗ Geldeinlagen, S. 43; ↗ Geldschöpfung, S. 44
Der Zahlungsverkehr wird heute überwiegend mittels Buchgeld abgewickelt, wie z. B. durch Scheck, Überweisung, Wechsel, Dauerauftrag oder Lastschrifteinzug sowie durch Kreditkarten. ↗ Zahlungsverkehr, S. 45

Giralgeld. Ausdruck für das Buchgeld, der heute vorwiegend verwendet wird. Der Begriff ist eine Abwandlung des Wortes giro (ital.: der Kreis) und soll auf die ständige Bewegung des Geldes im Wirtschaftskreislauf hinweisen.

Wert des Geldes

Der Wert des Geldes wird durch verschiedenen Faktoren beeinflußt, z. B.:
– das Vertrauen, das die Menschen in die Wertstabilität des Geldes setzen,
– die Stabilität der Wirtschaft und der politischen Lage,
– das Verhältnis zwischen Geldmenge und Gütermenge,
– die Kaufkraft des Geldes.

Geldwert

Der Geldwert ist der Wert des Geldes eines Landes, der durch seinen Binnen- und Außenwert zum Ausdruck gebracht wird.

Binnenwert. Kaufkraft des Geldes innerhalb eines Landes. Der Binnenwert wird am Wert der Gütermenge gemessen, die man für einen bestimmten Geldbetrag kaufen kann. ↗ Kaufkraft, S. 36

Außenwert. Wert einer Landeswährung beim Tausch in eine fremde Währung. Der Außenwert wird durch den Wechselkurs der Währung zum Ausdruck gebracht. Die Kurse der wichtigsten Währungen werden täglich an den Devisenbörsen neu ermittelt und veröffentlicht. ↗ Wechselkurs, S. 38

Kaufkraft

Die Kaufkraft bringt den Binnenwert des Geldes zum Ausdruck. Veränderungen in der Höhe der Kaufkraft sind abhängig von der umlaufenden Geldmenge und der zur Verfügung stehenden Gütermenge.

Sinken der Kaufkraft. Mit zunehmender Geldmenge erhöht sich die Nachfrage an Gütern. Bei einem gleichbleibenden Güterangebot steigen in der Folge die Preise und die Kaufkraft sinkt.

Steigen der Kaufkraft. Mit zunehmender Gütermenge kommt es zu einem Überangebot an Gütern auf dem Markt. Bei einer gleichbleibenden Geldmenge sinken in der Folge die Preise und die Kaufkraft steigt. Der Geldwert nimmt zu, weil man für eine bestimmte Geldeinheit, z. B. 10,00 DM oder 100,00 DM, mehr und bessere Waren und Dienstleistungen erhält.
An den Indexzahlen erkennt man, wie sich die Kaufkraft des Geldes verändert hat.

Preisindex. Index, der die Entwicklung des allgemeinen Preisniveaus zum Ausdruck bringt. Dazu erfaßt das Statistische Bundesamt die Preisbewegungen für eine Auswahl wichtiger Waren und Dienstleistungen und ermittelt die durchschnittlichen prozentualen Veränderungen der Preise gegenüber einem Basisjahr (vgl. Statistisches Jahrbuch). Preisindizes sind von großem Wert für die Konjunkturpolitik der Bundesregierung und für die Tarifpolitik der Gewerkschaften.

Lebenshaltungskostenindex. Index, der für eine typische Familie die Veränderungen der Kosten für die durchschnittlichen Lebenshaltungsaufwendungen, wie z. B. Nahrungs- und Genußmittel, Bekleidung, Miete, Heizung u. a. m., aufzeigt.
Als typische Familie gilt:
- Vier-Personen-Haushalt (Vater, Mutter, 2 Kinder),
- Vater ist Arbeitnehmer und alleinverdienend,
- mittleres Einkommen. vgl. Statistisches Jahrbuch

Geldmenge

Unter der Geldmenge versteht man die gesamte Menge an Bargeld und an Buchgeld, die sich im Inland nicht in den Händen der Banken befindet. Die Deutsche Bundesbank verwendet den Geldmengenbegriff z. B. in:

Geldmenge M 1: Geldmenge im engeren Sinn
Bargeld, ohne Kassenbestände der Kreditinstitute
+ Sichteinlagen (↗ S. 43)

Geldmenge M 2: Geldmenge im weiteren Sinn
M 1 + Termineinlagen (↗ S.44),
Laufzeit unter 4 Jahre

Geldmenge M 3: Geldmenge im weitesten Sinn
M 2 + Spareinlagen (↗ S. 44),
mit gesetzlicher Kündigungsfrist

Die Geldmenge im weitesten Sinn (M3) dient der Deutschen Bundesbank als Orientierungsgröße für ihre Geldmengenpolitik.
↗ Währungspolitisches Instrumentarium, S. 41

Übermäßige Geldmenge. Eine übermäßige Geldvermehrung fördert das Sinken des Geldwertes und in der Folge die Inflation. Ursachen für eine übermäßige Geldmenge sind vor allem:
- Erweiterung des Kreditvolumens der Banken;
- anhaltend hohe Überschüsse der Zahlungs- bzw. Handelsbilanz, die über die Exporterlöse (Umtausch ausländischer Währungen in DM) zu einer Erhöhung der inländischen Geldmenge führen;
- übertriebene Ansprüche an die Leistungskraft der Wirtschaft, in deren Folge eine Lohn-Preis-Spirale entsteht;
- überhöhte Geldausgaben der öffentlichen Haushalte.

Stabilität des Geldwertes

Gütermenge = Geldmenge

Die Stabilität des Geldwertes hängt vom richtigen Verhältnis zwischen Geld- und Gütermenge ab. Der Geldwert bleibt stabil, wenn die nachfragewirksame Geldmenge der angebotenen Gütermenge entspricht.
Die Regulierung der Geldmenge ist ein wirtschaftspolitisches Problem, das von vielen Faktoren beeinflußt wird. ↗ Deutsche Bundesbank, S. 40

Gütermenge < Geldmenge

Inflation. Geldentwertung, die sich durch ein ständiges Steigen des Preisniveaus für Konsum- und Investitionsgüter ausdrückt.
Inflation entsteht, wenn z. B.
- einer geringen Gütermenge eine große Geldmenge gegenübersteht,
- die umlaufende Geldmenge das gesamte Güterangebot der Wirtschaft, zu gegebenen Preisen, übersteigt,
- übermäßig hohe Ausgaben für die öffentlichen Haushalte getätigt werden.

Eine schleichende Inflation besteht, wenn sich die Geldentwertungsraten auf einem niedrigen Niveau bewegen.

Gütermenge > Geldmenge

Deflation. Ständig steigende Kaufkraft, aufgrund eines anhaltenden Sinkens des Preisniveaus für Konsum- und Investitionsgüter.
Deflation entsteht, wenn z. B.
- einer knappen Geldmenge ein zu großes Angebot an Gütern und Dienstleistungen gegenübersteht,
- ein starker Konsumverzicht, insbesondere durch Geldmangel, zu einer geringeren Nachfrage führt,
- übermäßig viel Geld im Ausland zinsgünstig angelegt wird,
- Steuern überhöht sind.

Ordnung des Geldwesens

Währung

Währung ist eine Bezeichnung für verschiedene Sachverhalte:
- im engeren Sinn, das in einem Land gesetzlich anerkannte Zahlungsmittel (wie z. B.: deutsche Währung in DM, französische Währung in FF, italienische Währung in Lira, schweizer Währung in sfr),
- im weiteren Sinn, die gesetzliche Geldordnung eines Landes.

Für die Stabilität einer Währung sorgt in allen modernen Staaten die Zentralbank. Für die geplante europäische Währungsordnung ist dies die zukünftige Europäische Zentralbank. ↗ Bundesbank, S. 40; Europäische Währungsunion, S. 40

Währungssystem

Bezeichnung für das System der Wertbindung einer Währung. Früher war der Wert von Währungen an Edelmetalle gebunden. Heute gibt es praktisch nur noch freie Währungen, diese kennen keine Bindung an ein Metall zur Wertbestimmung.
↗ Geldwert, S. 35

Wechselkurs

Der Wechselkurs bezeichnet das Umrechnungsverhältnis einer Währungseinheit in eine andere Währungseinheit. Für die Bundesrepublik gelten die Kursnotierungen der Frankfurter Devisenbörse. Diese bringen den Preis einer fremden Währung (Währungseinheiten: 1, 100, 1 000) in DM zum Ausdruck. In der Regel bezieht sich der Kurs auf 100 Währungseinheiten. Ausnahmen bestehen bei

- Dollar und Pfund, Kursangabe für eine Währungseinheit;
- Lira, Kursangabe für tausend Währungseinheiten.

SORTEN & METALLE

	Ank.	Verk.			
USA (1 Dollar)	1,68	1,79	**Schweden (100 skr)**	20,30	22,70
England (1 Pfund)	2,45	2,65	**Italien (1000 Lire)**	0,96	1,09
Irland (1 Pfund)	2,35	2,53	**Österreich (100 öS)**	14,05	14,40
Kanada (1 Dollar)	1,22	1,34			
Niederlande(100 hfl)	87,80	90,30	**Gold, 1 kg von**		21000
Schweiz (100 sfr)	117,40	120,60	**Gold, 1 kg bis**		21020
Belgien (100 bfrs)	4,68	4,98	**Kupfer, Elektrol.**		323, 85-332, 16
Frankreich (100 ff)	28,10	30,50	**Blei in Kabeln**		88, 75-89, 75
Dänemark (100 dkr)	24,30	26,60	**Zinn (99,9)**		1060
Norwegen (100 nok)	21,70	24,10	**Aluminium (99,7)**		238

Der Kurs für Bargeld, wie Banknoten und Münzen (Sorten), und für unbare Zahlungsmittel (Devisen) ist unterschiedlich. Für den Ankauf ausländischen Geldes durch eine Bank gilt der niedrigere Ankaufkurs (Geldkurs). Für den Verkauf ausländischen Geldes durch eine Bank gilt der höhere Verkaufskurs (Briefkurs). Die Differenz zwischen Ankaufs- und Verkaufskurs ist für die Banken der Kursgewinn beim Handel mit fremden Währungen.
Vgl. Veröffentlichte Kursnotierungen der Banken und der Presse
Zwischen Währungen mit festen und solchen mit freien Wechselkursen bestehen Unterschiede in der Kursbildung.

Fester Wechselkurs. Im Europäischen Währungssystem (EWS) sind die Wechselkurse zwischen den einzelnen Währungen grundsätzlich fest. Die Tageskurse dürfen nur innerhalb bestimmter Ober- und Untergrenzen schwanken. Jedes Land muß durch eine entsprechende Wirtschaftspolitik bestrebt sein, die Stabilität seiner Währung nach außen zu sichern. Länder mit hohen Defiziten in der Leistungsbilanz sind auf die Dauer gezwungen, durch Abwertung ihrer eigenen Währung, Berichtigungen im Wechselkurs vorzunehmen. ↗ Zahlungsbilanz, S. 39

Freier Wechselkurs. Währungen mit freien Wechselkursen haben grundsätzlich keinerlei Grenzen für die Kursschwankungen. Der Wechselkurs ergibt sich aus dem täglich schwankenden Verhältnis von Angebot und Nachfrage auf dem Devisenmarkt. Angebot und Nachfrage werden ihrerseits vom Außenhandels-, Dienstleistungs- und Kapitalverkehr eines Landes beeinflußt. Dieser schlägt sich in den einzelnen Teilbilanzen der Zahlungsbilanz nieder.

Zahlungsbilanz

Gegenüberstellung der in Geld ausgedrückten Transaktionen mit dem Ausland in einem bestimmten Zeitraum. Die Zahlungsbilanz umfaßt:

Arten	Posten (in DM)	Posten (in DM)
Handelsbilanz	Ausfuhren von Waren	Einfuhren von Waren
+ Dienstleistungsbilanz	Reiseverkehr von Ausländern im Inland; Einnahmen im Schiffsverkehr	Reiseverkehr von Inländern im Ausland; Ausgaben für fremde Schiffe
+ Übertragungsbilanz	Überweisungen von im Ausland beschäftigten Inländern; Überweisungen von internationalen Organisationen	Zahlungen an internationale Organisationen; Überweisungen von ausländischen Arbeitskräften in ihre Heimatländer
= Leistungsbilanz	Überschuß oder Defizit	
+ Kapitalbilanz	Kreditaufnahme im Ausland; Kapitalzufluß vom Ausland	Schuldentilgung an Ausland; Kapitalabfluß in das Ausland
= Zahlungsbilanz	Überschuß oder Defizit	

Europäische Währungseinheit

Die Europäische Währungseinheit (engl.: ECU – European Currency Unit) ist eine Recheneinheit im europäischen Währungssystem und ein Zahlungsmittel bzw. ein Reserveinstrument für die angeschlossenen Zentralbanken.

Die ECU dient als Bezugsgröße für die Festlegung der Wechselkurse im europäischen Währungssystem. Der Wert der ECU sowie die Umrechnungskurse werden auf der Basis des Dollarkurses der einzelnen Währungen ermittelt, wobei die Währungen der Mitgliedsländer mit einem festen Anteil in einem Währungskorb vertreten sind.

Europäisches Währungssystem

Das Europäische Währungssystem (EWS) ist ein Zusammenschluß fast aller Staaten der Europäischen Union zur Stabilisierung der Wechselkurse innerhalb festgelegter Schwankungsbreiten. Als Bezugsgröße dient der jeweilige Leitkurs in ECU. Korrekturen der Wechselkurse zwischen den einzelnen Ländern bedürfen des Einverständnises aller Beteiligten.

↗ Wechselkurs S. 38

Europäische Währungsunion

Die Europäische Währungsunion (EWU) stellt die höchste Form der Vergemeinschaftung europäischer Geldpolitik dar. Die Verwirklichung der EWU erfolgt in mehreren Stufen. Der Europäische Rat entscheidet mit qualifizierter Mehrheit, ob eine Mehrheit der EU-Mitgliedstaaten die notwendigen Voraussetzungen für die Einführung einer einheitlichen Währung erfüllt. Er bestimmt gegebenenfalls den Termin für den Beginn der Endstufe.

BANKEN

Im Kreislauf der Wirtschaft nehmen die Banken einen wichtigen Platz ein. Aufgaben der Banken sind z. B.:
- die Entgegennahme von Geldern als Einlagen (Passivgeschäfte),
- die Weitergabe von Geldern als Kredit (Aktivgeschäfte),
- die Abwicklung des Zahlungsverkehrs im Inland und mit dem Ausland,
- der Kauf und Verkauf, sowie die Verwaltung von Wertpapieren,
- die Beratung der Kunden in Geldfragen,
- die Versorgung der Wirtschaft mit Kapital.

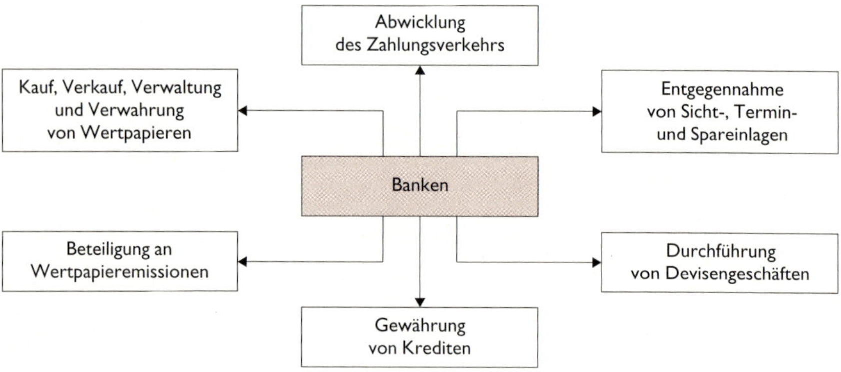

Deutsche Bundesbank

Bundesbank

Die Deutsche Bundesbank ist die Zentralbank (Notenbank) der Bundesrepublik. Sie hat ihren Sitz in Frankfurt am Main. Die Bundesbank hat das alleinige Recht zur Notenausgabe. Ihr kommt die wichtige Aufgabe zu, die Währung stabil zu halten. Dazu reguliert sie den Geldumlauf und die Kreditversorgung der Wirtschaft.
Bei der Ausübung ihrer Aufgaben und Befugnisse ist die Bundesbank von Weisungen der Bundesregierung unabhängig. Dieses ist ausdrücklich im Bundesbankgesetz garantiert. Dadurch kann die Bundesbank ihre Politik zur Währungsstabilität unabhängig betreiben. ↗ Währungspolitisches Instrumentarium, S. 41

Organe der Bundesbank

Die Organe der Bundesbank sind der Zentralbankrat, das Direktorium und die Vorstände der Landeszentralbanken.

Zentralbankrat. Oberstes Organ der Deutschen Bundesbank. Er setzt sich zusammen aus dem Präsidenten, dem Vizepräsidenten, den Mitgliedern des Direktoriums und den Präsidenten der Landeszentralbanken.
Der Präsident der Bundesbank wird auf Vorschlag der Bundesregierung vom Bundespräsidenten ernannt. Der Zentralbankrat trifft als unabhängiges Organ geld- und kreditpolitische Entscheidungen.

Direktorium. Leitet und verwaltet die Deutsche Bundesbank und führt die Beschlüsse des Zentralbankrates aus. Das Direktorium wird gebildet durch den Bundesbankpräsidenten, seinen Vizepräsidenten und bis zu acht weiteren Mitgliedern.

Vorstände der Landeszentralbanken. Landeszentralbanken (LZB) sind Hauptverwaltungen der Deutschen Bundesbank mit dem Status einer Bundesbehörde. Die LZB sind für ein oder mehrere Bundesländer zuständig. Die Vorstände der LZB sind verantwortlich für
- die Durchführung der Beschlüsse des Zentralbankrates und
- die Durchführung der Geschäfte im Bereich ihrer Hauptverwaltung.

Die Geschäfte sind vor allem auf die jeweiligen Länder und ihre öffentlichen Verwaltungen sowie auf die Kreditinstitute ihres Bereiches begrenzt.

Währungspolitisches Instrumentarium

Ziel der Währungspolitik der Deutschen Bundesbank ist es, die Stabilität der Währung zu sichern. Dafür nutzt sie unterschiedliche währungspolitische Instrumente.
↗ Bundesbank, S. 40

Diskontpolitik. Durch Festlegen des Diskontsatzes kann die Deutsche Bundesbank die Kosten des Geldes beeinflussen. ↗ Darlehen, S. 56; ↗ Zinsen, S. 63
- Diskonterhöhung
  Eine Diskonterhöhung bewirkt, daß die Kredite, die die Kreditinstitute bei der Deutschen Bundesbank aufnehmen, teurer werden. Die Kunden der Kreditinstitute müssen höhere Kreditzinsen zahlen, die Kosten des Geldes steigen. In der Folge kann dieses zu einer Abschwächung des wirtschaftlichen Wachstums führen, weil sich die Kreditnehmer, wie z. B. Unternehmer oder Öffentliche und Private Haushalte, bei der Geldbeschaffung zurückhalten.
- Diskontsenkung
  Eine Diskontsenkung bewirkt, daß die Kredite zu günstigeren Zinsen vergeben werden können. Die Kosten des Geldes werden niedriger, und in der Folge steigt die Geld- und Güternachfrage. Durch eine Diskontsenkung sollen die Wirtschaft angekurbelt und die Umlaufgeschwindigkeit des Geldes erhöht werden.

Lombardpolitik. Der Lombardsatz ist der Zins, den die Deutsche Bundesbank von den Kreditinstituten fordert, wenn sich diese gegen Verpfändung von Wertpapieren bei ihr kurzfristig Geld leihen.
Der Lombardsatz liegt über dem Diskontsatz. In Abhängigkeit von der Höhe des Lombardsatzes werden die Kredite, die die Kreditinstitute kurzfristig an ihre Kunden ausleihen, wie z. B. Kontokorrentkredite oder Dispositionskredite, teurer oder billiger, was Auswirkungen auf die Geld- und Güternachfrage hat.
↗ Kontokorrentkredit S. 57
↗ Dispositionskredit S. 57

Offenmarktpolitik. Die Deutsche Bundesbank kauft oder verkauft am offenen Markt, z. B. der Börse, festverzinsliche Wertpapiere, z. B. Schatzanweisungen und Anleihen.

- Verkauf festverzinslicher Wertpapiere: Geld wird dem Geldmarkt entzogen. Das Geld wird für die Wirtschaft kapper und teurer.
- Ankauf festverzinslicher Wertpapiere: Erfolgt dieser vor allem durch Kreditinstitute, so wird deren Liquidität erhöht. Die Kreditinstitute können mehr Kredite geben, die Zinsen sinken und das Geld wird billiger. Der Wirtschaft fließt mehr Geld zu.

Mindestreservepolitik. Alle Kreditinstitute müssen einen bestimmten Prozentsatz ihrer kurz- und mittelfristigen Giro-, Termin- und Spareinlagen mit einer ursprünglichen Laufzeit unter zwei Jahren bei der Deutschen Bundesbank als Mindestreserve zinslos hinterlegen. Je höher die Mindestreserven festgelegt sind, um so weniger Kredite können die Kreditinstitute gewähren. Geld wird knapp und teuer.
↗ Geldeinlagen, S. 43

Rediskontkontingent. Kreditinstitute können sich bei der Deutschen Bundesbank für ihre Refinanzierung Geld leihen. Durch eine Kürzung oder Erhöhung der von der Bundesbank festgelegten Kontingente steht den Kreditinstituten mehr oder weniger Geld zum Verleihen zur Verfügung, und die Menge der Kredite an die Wirtschaft sowie deren Zins werden beeinflußt.

Kreditinstitute

Bei den Kreditinstituten sammeln sich die Einlagen von Privatpersonen, Unternehmen und der öffentlichen Hand (Bund, Länder, Gemeinden). Diese Gelder leihen die Kreditinstitute (Banken) wiederum in Form von Krediten aus.
↗ Kredite, S. 53

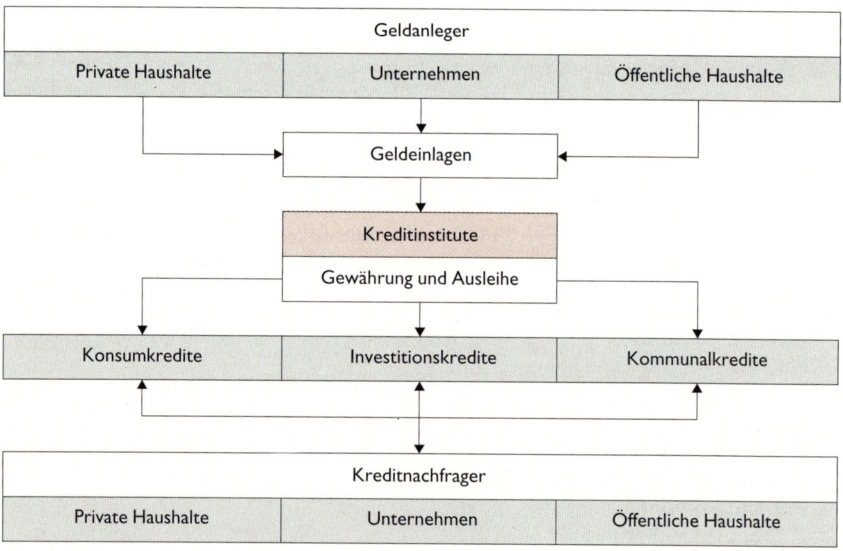

Kreditinstitut

Kreditinstitut ist die umfassende Bezeichnung für die Banken, weil diese Unternehmen sind, die gewerbsmäßig das Kreditgeschäft und die Geschäfte des Geld- und Kapitalmarktes betreiben.

Kreditinstitute werden nach verschiedenen Gesichtspunkten unterschieden:
- nach der Größe (z. B. Großbanken);
- nach der Rechtsform (z. B. Privatbanken);
- nach dem Haupttätigkeitsfeld.

In Abhängigkeit vom Haupttätigkeitsfeld ergibt sich die Unterscheidung in Universalbanken und Spezialbanken.

Universalbanken. Sind die Geschäfts- oder Hausbanken der gewerblichen Wirtschaft sowie der privaten und öffentlichen Haushalte. Sie üben alle Geld- und Kreditgeschäfte aus, z. B.:
- Zahlungsgeschäfte (↗ Zahlungsverkehr, S. 45);
- Kreditgeschäfte (↗ Kredite, S. 53);
- Einlagegeschäfte (↗ Geldeinlagen, S. 43);
- Wertpapiergeschäfte;
- Depotgeschäfte;
- Geschäfte im Außenwirtschaftsverkehr.

Universalbanken	
Öffentlich-rechtliche Kreditinstitute z. B. Sparkassen	Nichtöffentlich-rechtliche Kreditinstitute z. B. Privatbanken, Großbanken, Genossenschaftsbanken

Spezialbanken. Sind nur auf bestimmte Bereiche des Geld- und Kreditgeschäftes ausgerichtet, z. B. auf
- reine Kreditgeschäfte,
- Teilzahlungsgeschäfte,
- Kapitalanlage- und Investmentgeschäfte,
- Bauspargeschäfte.

Spezialbanken	
Öffentlich-rechtliche Kreditinstitute z. B. öffentlich-rechtliche Bausparkassen, Kreditanstalt für Wiederaufbau	Nichtöffentlich-rechtliche Kreditinstitute z. B. Private Hypothekenbanken, Private Bausparkassen, Teilzahlungsbanken, Investmentgesellschaften

Geldeinlagen

Geldeinlagen sind Gelder, die einem Kreditinstitut leihweise von seinen Geschäfts- und Privatkunden übertragen werden. In Abhängigkeit vom Zeitraum werden Sichteinlagen, Termin- und Spareinlagen unterschieden.

Sichteinlagen. Alle unbefristeten Geldeinlagen bei den Kreditinstituten. Über die Sichteinlagen kann täglich und ohne Kündigung verfügt werden. Sie befinden sich auf

den Girokonten, über die der laufende Zahlungsverkehr abgewickelt wird. Weil die Kreditinstitute nie genau wissen, wie lange diese Geldeinlagen auf Sicht bei ihnen verbleiben, werden diese in der Regel nicht oder nur gering verzinst.
↗ Zahlungsverkehr, S. 45; ↗ Zinsen, S. 63

Termineinlagen. Geldeinlagen, die für einen bestimmten Zeitraum den Kreditinstituten überlassen werden und diesen für ihre Geschäfte zur Verfügung stehen.
In der Regel werden von den Kreditinstituten Mindestgeldbeträge für diese Einlagen festgelegt. Termineinlagen werden unterschieden in:

- Kündigungsgelder
  Einlagen, über die der Kunde erst nach Ablauf der vereinbarten Kündigungsfrist verfügen kann.
- Termingelder
  Einlagen, für die eine feste Laufzeit vereinbart wurde. Der Kunde kann erst nach Ablauf der Festlegungsfrist wieder über sein Geld verfügen.

Allgemein gilt, daß bei langen Festlegungs- und Kündigungsfristen die Kreditinstitute höhere Zinsen zahlen, weil sie in diesen Fällen länger mit den eingelegten Geldern arbeiten können.

Spareinlagen. Begriff für Geldeinlagen, die in ein Sparbuch eingetragen werden oder für die eine Sparurkunde ausgestellt wird.
Spareinlagen dienen der Ansammlung von Vermögen und nicht dem Geschäfts- und Zahlungsverkehr. Die Kündigungsfrist für Spareinlagen ist gesetzlich vorgeschrieben. Ohne Kündigung können von jedem Sparkonto 3 000,00 DM innerhalb eines Monats zurückgefordert werden. Im Normalfall stimmt ein Kreditinstitut auch einer vorzeitigen Rückzahlung eines über 3 000,00 DM hinausgehenden Betrages zu. Es hat dann aber das Recht, ein Vorfälligkeitsentgelt (Vorschußzinsen) zu verlangen.

Geldschöpfung

Kreditinstitute schöpfen aus dem Einlage- und Kreditgeschäft eine zusätzliche Geldmenge in Form von Giralgeld. Dieser Geldüberschuß kann wiederum für die Vergabe von Krediten verwendet werden. ↗ Giralgeld, S. 35

Passive Geldschöpfung. Geldschöpfung, die im Einlagegeschäft entsteht. Zahlt ein Kunde auf seinem Girokonto Geld ein, erhöhen sich die Sichteinlagen und somit der Kassenbestand des Kreditinstitutes. Es ist neues Giralgeld entstanden.

Aktive Geldschöpfung. Geldschöpfung, die im Kreditgeschäft entsteht (Kreditschöpfung). Die Geldschöpfung wird dadurch ermöglicht, daß die Kreditinstitute nur einen Teil der Sichteinlagen bar als Reserve halten müssen. Der Rest, die sogenannte Überschußreserve, kann als Kredit wieder verliehen werden. Fließen die gewährten Kredite wieder zurück, entstehen neue Einlagen. Diese werden zum größeren Teil wieder als Kreditmittel bereitgestellt.

■ Ein Bankkunde legt bei seiner Bank A eine Einlage in Höhe von 20 000,00 DM ein. Für die Geldschöpfung ergibt sich folgender vereinfachter Ablauf:

1. Bei der Bank A entsteht eine Sichteinlage in Höhe von 20 000,00 DM, die in gleicher Höhe dem Kassenbestand entspricht.
2. Die Bank A behält 20 % der 20 000,00 DM als Barreserve und leiht 80 % als Überschußreserve in Höhe von 16 000,00 DM als Kredit an einen Geschäftskunden aus.

3. Der Geschäftskunde begleicht mit diesem Kredit seine Verbindlichkeiten bei einem Lieferanten, indem er die 16 000,00 DM auf dessen Girokonto bei der Bank B überweist. Die Bank B verfügt jetzt über eine Sichteinlage in Höhe von 16 000,00 DM.
4. Die Bank B behält nun von den 16 000,00 DM wiederum 20 % Barreserve zurück und zahlt die 80 % Überschußreserve in Höhe von 12 800,00 DM an einen Privatkunden als Kredit aus. Dieser leistet mit diesem Geld bei seinem Autohändler eine Anzahlung auf ein Auto. Der Autohändler zahlt den Betrag von 12 800,00 DM bei seiner Bank C auf sein Geschäftskonto ein.
5. Die Bank C behält von den 12 800,00 DM Sichteinlage wiederum 20 % Barreserve und verleiht den Rest in Höhe von 10 240,00 DM an einen Kreditnehmer.
6. Dieser Vorgang der Geldschöpfung kann sich in einer Vielzahl wiederholen, indem immer wieder die Überschußreserve ausgeliehen wird.

Zusammengefaßt ergibt sich folgende Geldschöpfung :

Bank	Einlage	Barreserve	Überschußreserve und neue Kreditausleihe
A	20 000,00 DM	4 000,00 DM	16 000,00 DM
B	16 000,00 DM	3 200,00 DM	12 800,00 DM
C	12 800,00 DM	2 560,00 DM	10 240,00 DM
Geldschöpfung des Bankensytems aufgrund der ursprünglichen Bareinlage von 20 000,00 DM			39 040,00 DM

ZAHLUNGSVERKEHR

Der Zahlungsverkehr umfaßt alle Zahlungsvorgänge, die sich zwischen den privaten Haushalten, den öffentlichen Haushalten, den Unternehmungen und den Kreditinstituten abspielen. Für diese Vorgänge gibt es die verschiedensten Möglichkeiten:

Arten von Zahlungsmöglichkeiten		
Barzahlung	Halbbare Zahlung / Bargeldsparende Zahlung	Unbare Zahlung / Bargeldlose Zahlung
direkt von Hand zu Hand; indirekt über einen Dritten	der Zahlende *oder* der Empfänger hat ein Konto	der Zahlende *und* der Empfänger haben ein Konto

Barzahlung

Bei der Barzahlung erfolgt die Zahlung für erworbene oder empfangene Güter und Leistungen ausschließlich mit Bargeld. ↗ Bargeld, S. 34

Direkte Barzahlung

Das Bargeld wird von Hand zu Hand direkt übergeben. Als Nachweis für die Zahlung dienen Belege, wie Quittung, Kassenbon, Kassenzettel oder quittierte Rechnung. Die direkte oder unmittelbare Barzahlung hat nur noch im Handel sowie im Verkehrs- und Leistungsgewerbe eine Bedeutung.

Indirekte Barzahlung

Die Zahlung des Bargeldes erfolgt über einen Dritten als Mittler. In der Regel ist dies die Post, die als Möglichkeiten die Postanweisung und den Wertbrief anbietet (vgl. Service Informationen der Post). Die indirekte oder mittelbare Barzahlung wird genutzt, wenn der Zahlende und der Zahlungsempfänger nicht am gleichen Ort wohnen oder über kein Girokonto verfügen.

Halbbare Zahlung

Vorausetzung für die Nutzung der halbbaren Zahlung ist, daß entweder der Empfänger oder der Zahlende über ein Girokonto bei einem Geldinstitut verfügt. Besitzt der Empfänger ein Konto, kann der Zahlungspflichtige mittels eines Zahlscheines das Geld bar bei der Post, Bank oder Sparkasse einzahlen. Der Empfänger bekommt den entsprechenden Betrag dann auf seinem Girokonto gutgeschrieben.

Um den Zahlungsverkehr zu vereinfachen bzw. zu vereinheitlichen, werden kombinierte Überweisungs-/Zahlscheinformulare verwendet. In der Regel werden diese Vordrucke schon durch den Zahlungsempfänger (Gläubiger) mit Anschrift und Kontoverbindung versehen und an den Schuldner verschickt. Besitzt der Zahlende ein Konto, kann er mit einem Barscheck bezahlen. Der Scheckinhaber legt diesen bei dem bezogenen Geldinstitut vor, das den Betrag durch Lastschrift vom Girokonto des Scheckausstellers (Zahlenden) abbucht und Bargeld auszahlt. ↗ Barscheck, S. 49

Nachnahme. Eine Sonderform der halbbaren Zahlung, die besonders im Versandhandel genutzt wird. Dem Käufer einer Ware wird diese vom Paketdienst erst nach sofortiger Barzahlung des Nachnahmebetrages ausgehändigt.

Bargeldlose Zahlung

Die bargeldlose Zahlung nimmt den größten Umfang des Zahlungsverkehrs ein. Der Vorgang setzt voraus, daß der Zahlende und der Zahlungsempfänger über ein Girokonto verfügen. Die Buchung erfolgt

- als Lastschrift (Soll-Buchung) auf dem Konto des Zahlenden und
- als Gutschrift (Haben-Buchung) auf dem Konto des Empfängers.

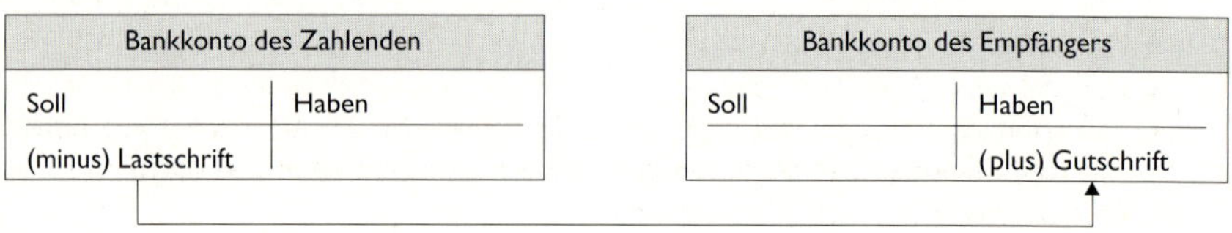

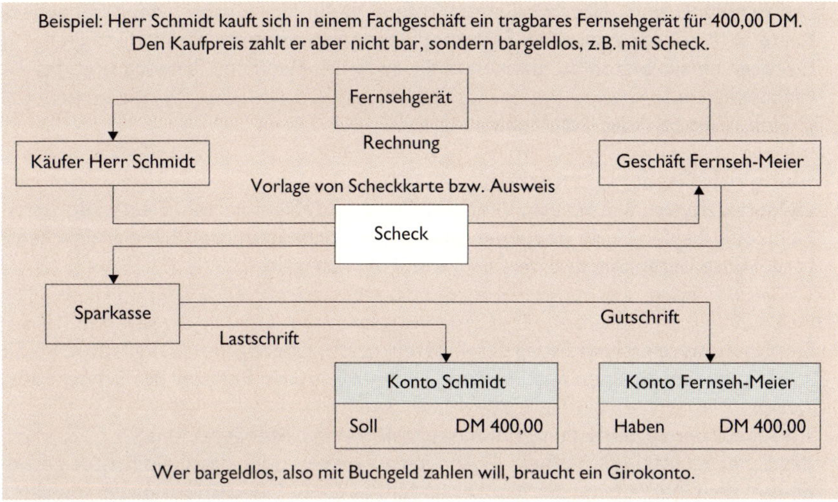

Bargeldloser Zahlungsverkehr

Überweisung

Anweisung eines Girokontoinhabers an sein Geldinstitut, einen bestimmten Geldbetrag zu Lasten seines Kontos auf das Konto eines Zahlungsempfängers zu überweisen. Rechnungen werden in der Regel mittels Überweisung beglichen.

↗ Halbbare Zahlung, S. 46

Sonderformen der Überweisung für regelmäßig wiederkehrende Zahlungen sind:

Dauerauftrag. Einmalige Anweisung eines Girokontoinhabers an ein Geldinstitut, zu Lasten seines Kontos feststehende Beträge zu feststehenden Terminen auf ein anderes Empfängerkonto umzubuchen. Daueraufträge werden für in der Höhe und im Termin regelmäßig wiederkehrende Zahlungen genutzt, die an den gleichen Empfänger vorzunehmen sind (z. B. Miete, Versicherungsprämien, Übertragung einer monatlichen Sparsumme auf ein Sparkonto).

Lastschriftverfahren. Die Möglichkeiten des Lastschriftverkehrs werden für Zahlungen genutzt, die regelmäßig wiederkehren und an den gleichen Empfänger zu bestimmten Terminen zu erbringen sind. Dabei können die fälligen Geldbeträge in der Höhe wechseln oder gleichbleiben (z. B. Fernsprechgebühren, Strom-, Wasser-, Gasrechnungen, Gemeindeabgaben).

Es bestehen zwei Möglichkeiten, am Lastschriftverkehr teilzunehmen:

- Einzugsermächtigung
  Der Zahlungspflichtige erteilt dem Zahlungsempfänger die schriftliche Ermächtigung, über dessen Geldinstitut, Forderungen gegen ihn zu Lasten seines Kontos einzuziehen.
- Dauerabbuchung
  Der Zahlungspflichtige erteilt seinem Geldinstitut den Auftrag, die von einem bestimmten Zahlungsempfänger eingehenden Lastschriften, ohne vorherige Rückfrage, zu Lasten seines Girokontos einzulösen.

Die Erteilung eines Überweisungsauftrages ist für die Inhaber einer Eurocheque-Karte auch an elektronischen Selbstbedienungsterminals der Banken möglich.
Darüber hinaus bieten die Banken dafür auch das Electronik banking und das Telefonbanking an.
↗ Elektronic banking, Telefonbanking, S. 52

Zahlung mit Geldersatzmitteln

Geldersatzmittel, wie Scheck, Wechsel, Bank- und Kreditkarten, Electronic cash und Electronic banking sind bequeme und sichere Zahlungsmittel. Sie ermöglichen die bargeldlose Bezahlung und die Beschaffung von Bargeld.

Scheck

Der Scheck ist eine Anweisung des Ausstellers an ein bezogenes Geldinstitut, bei Sicht aus seinem Konto einen bestimmten Geldbetrag an den Besitzer des Schecks auszuzahlen.
Ein Scheck wird grundsätzlich nur ausgezahlt, wenn dieser gedeckt ist, d. h., das Konto des Scheckausstellers muß ein Guthaben aufweisen oder das Geldinstitut gestattet diesem die Überziehung des Kontos, indem es einen Dispositionskredit gewährt.
↗ Dispositionskredit, S. 57
Die rechtlichen Grundlagen für den Scheckverkehr sind das Scheckgesetz und die Bedingungen für den Scheckverkehr der Kreditwirtschaft sowie deren Allgemeinen Geschäftsbedingungen.

Scheckbestandteile. Der Scheck ist eine Urkunde und muß deshalb bestimmte gesetzlich vorgeschriebene Bestandteile aufweisen:
1. Das Wort Scheck im Text der Urkunde.
2. Die unbedingte Anweisung, ohne daß daran Bedingungen geknüpft sind, eine bestimmte Summe zu zahlen.
3. Das bezogene Geldinstitut (Name des Geldinstitutes).
4. Der Zahlungsort (Sitz des Geldinstitutes).
5. Ort und Tag der Ausstellung des Schecks.
6. Unterschrift des Ausstellers.

Vorlegungsfristen. Gesetzlich festgelegte Zeiträume für die Vorlage von Schecks beim bezogenen Geldinstitut. Nach Ablauf der Vorlegungsfristen ist das Geldinstitut nicht mehr zur Scheckeinlösung verpflichtet. Als Vorlegungsfristen gelten:
- 8 Tage für im Inland ausgestellte Schecks
- 20 Tage für im europäischen Ausland oder in den Anrainerstaaten des Mittelmeers ausgestellte Schecks
- 70 Tage für Schecks, die in einem anderen Erdteil ausgestellt wurden
- Ein Scheck ist bei seiner Vorlage (Sicht) fällig, d.h. durch ein Geldinstitut wird der Scheck auch dann sofort eingelöst, wenn das Ausstellungsdatum in die Zukunft gestellt wurde.

Scheckarten

Schecks werden unterschieden
- nach der Einlösung in Bar- und Verrechnungsschecks und
- nach der Übertragung in Inhaber- und Orderschecks.

Barscheck. Ein Barscheck dient zur Auszahlung von Bargeld an den Kontoinhaber oder zur Weitergabe zahlungshalber und der Bareinlösung durch den Schecknehmer.

Barscheck	
Vorteile	Nachteile
Barabhebung vom eigenen Konto; Weitergabe an Dritte ohne Konto; Umwandlung in einen Verrechnungsscheck möglich	Einlösung durch unberechtigte Dritte bei Verlust oder Diebstahl

Verrechnungsscheck. Der Geldbetrag auf einem Verrechnungsscheck darf nur einem Girokonto gutgeschrieben werden, die Barauszahlung ist jedem Geldinstitut untersagt. Jeder Barscheck kann durch den Vermerk „Nur zur Verrechnung", quer auf der Scheckvorderseite, zu einen Verrechnungsscheck gemacht werden.

Verrechnungsscheck	
Vorteile	Nachteile
Einreichung zur Gutschrift bei einem Geldinstitut; Verlustrisiko gering, da Scheckeinlöser durch Kontogutschrift nachweisbar; Weitergabe des Schecks zahlungshalber	Weitergabe nur an Inhaber von Girokonten

Inhaberscheck. Die Geldinstitute zahlen an denjenigen, der einen Scheck zur Einlösung vorlegt (Scheckinhaber). Bei der Einlösung besteht für das Geldinstitut die Pflicht zur Prüfung der Legitimation des Scheckinhabers, wenn Geldbeträge von 20 000,00 DM und mehr abgegeben werden.
vgl. Informationen zum Geldwäschegesetz bei den Geldinstituten
↗ Scheck S. 48

Orderscheck. Orderschecks werden vor allem im Geldverkehr zwischen Geldinstituten verwendet. Es sind gesondert ausgegebene Scheckvordrucke ohne den Zusatz „oder Überbringer".

Sonderformen des Schecks

Eurocheque. Schecks, die in allen europäischen Ländern und in den an das Mittelmeer angrenzenden afrikanischen Ländern akzeptiert werden.
Verwendung finden Eurocheques im In- und Ausland für die Zahlung bei Einkäufen und für die Bargeldbeschaffung. Die Eurocheques gelten nur in Verbindung mit der Eurocheque-Karte und müssen dort in der Landeswährung ausgestellt werden.
Die Einlösung der Eurocheques wird im Inland von jedem Geldinstitut bis zu einer Höhe von 400,00 DM garantiert. Im Ausland sind je nach Land verschiedene Höchstbeträge festgesetzt, die die obere Grenze für die Scheckausstellung darstellen.
↗ Übersicht, S. 50

2

Land (Stand: Januar 1995)	Währung	Garantierter Höchstbetrag je eurocheque	Land	Währung	Garantierter Höchstbetrag je eurocheque
Algerien	DZD	8 000,00	Niederlande	HFL	300,00
Belgien	BF	7 000,00	Norwegen	HFL	1 300,00
Dänemark	DKR	1 500,00	Österreich	ÖS	2 500,00
Finnland	FMK	1 300,00	Polen	PLN	500,00
Frankreich	FF	1 400,00	Portugal	ESC	35 000,00
Griechenland	GRD	45 000,00	Schweden	SKR	1 800,00
Großbritannien	£	100,00	Schweiz	SFR	300,00
Italien	LIT	300 000,00	Spanien	PTA	25 000,00
Marokko	MAD	2 000,00	Zypern (griech.)	CYP	125,00

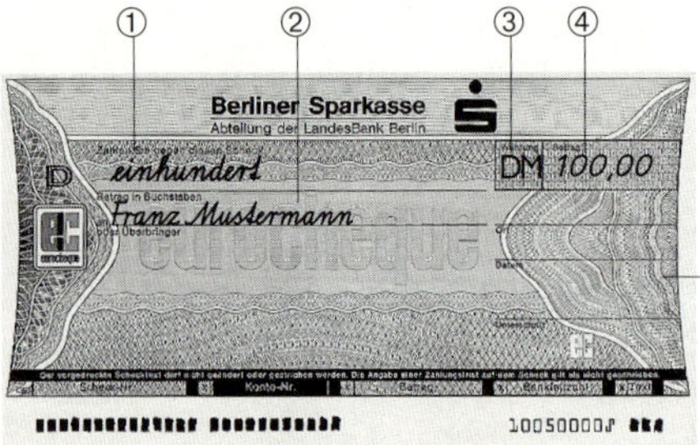

Ausfüllen eines Eurocheques

① Betrag in Worten
② evtl. Empfänger
③ Währungsbezeichnung
④ Betrag in Ziffern
⑤ Ort, Datum, Unterschrift (Unterschrift vor den Augen des Eurocheques-Empfängers)
Auf der Rückseite wird die Nummer der EC-Karte eingetragen. Der Empfänger prüft und vergleicht die Angaben.

Reisescheck (Travellerscheck). Reiseschecks werden von allen Geldinstituten angeboten und lauten auf feste Beträge, z. B. 50,00 ,100,00, 200,00 und 500,00 DM. Bei allen Banken der Welt bekommt man den Nennwert in der jeweiligen Landeswährung ausgezahlt. Reiseschecks sind auch in fremder Währung erhältlich, z. B. werden American-Express-Reiseschecks in DM und in US-Dollar ausgegeben.
Von Reiseschecks machen vor allem Reisende gebrauch, die viel im Ausland unterwegs sind, insbesondere außerhalb Europas.

Kartengesteuerte Zahlungsmittel

Kartengesteuerte Zahlungsmittel, wie Eurocheque-Karte (EC-Karte), Kreditkarten (EUROCARD, VISA, Master-Card, American-Express, Diners Club u. a.), Bankkarten, Elektronik cash, haben neben den bargeldlosen Zahlungen mittels Überweisung und Scheck ein große Bedeutung im Zahlungsverkehr.

Eurocheque-Karte

Zur Nutzung des EC-Service geben die Geldinstitute EC-Karten aus. Diese dienen
- als Garantiekarte für den Euroscheck (↗ S. 49),
- zur Barabhebung von Geldbeträgen an EC-Geldautomaten,
- zur bargeldlosen Bezahlung an automatisierten Kassen. ↗ Elektronic cash, S. 52

Eine EC-Karte gilt ausschließlich für das auf ihr angegebene Konto und bis zum Ende des auf ihr vermerkten Kalenderjahres. Für die Barabhebungen und die bargeldlose Bezahlung stellen die Geldinstitute, die EC-Karten ausgeben, einen Verfügungsrahmen bereit. Bei Abhandenkommen der EC-Karte ist sofort das kontoführende Geldinstitut oder der zentrale Sperrannahmedienst in Frankfurt am Main zu benachrichtigen, um die Karte für den Einsatz zu sperren.
vgl. Sonderbedingungen der Kreditinstitute für EC-Karten

Geldautomaten. Ermöglichen die tägliche Bargeldbeschaffung mittels der EC-Karte, der Bankkarte und der Kreditkarte. Dazu muß neben der Karte auch die zur Karte gehörende persönliche Code-Nummer (PIN) in den Geldautomaten eingegeben werden. ↗ Persönliche Geheimzahl, S. 52

EC International

Kreditkarte

Kreditkarten sind ein bequemes und sicheres Zahlungsmittel. Der Kreditkarteninhaber bezahlt Waren und Dienstleistungen bei Unternehmen, die eine Kreditkarte akzeptieren (↗ Akzeptanzstellen) per Unterschrift auf einem Leistungsbeleg.
Von der Kreditkartengesellschaft, die die Kreditkarte ausgegeben hat, erhält der Karteninhaber eine monatliche Rechnungszusammenstellung über die getätigten Einkäufe und in Anspruch genommenen Leistungen. Der Gesamtbetrag wird dann durch die Kreditkartengesellschaft per Lastschrift vom Girokonto des Karteninhabers abgebucht.
↗ Lastschriftverfahren, S. 47

Akzeptanzstellen. Vertragsunternehmen der Kreditkartengesellschaften, z. B. Geschäfte, Hotels, Restaurants, Fluggesellschaften, Reisebüros, Tankstellen, Geldinstitute. Die Vertragsunternehmen, sowie die Bankschalter und die Geldautomaten sind an den Akzeptanzsymbolen der Kreditkarten zu erkennen. Die Vertragsunternehmen rechnen mit den Kartengesellschaften persönlich ab und erhalten von diesen den Kauf- bzw. Leistungspreis erstattet, unter Abzug einer Provision.
Der Vorteil des Anschlusses an den Kartenservice liegt für die Vertragsunternehmen darin, daß sie weniger Bargeld verwalten müssen und die Kunden unter Umständen aufgrund ihres Verfügungsrahmens zu Mehrkäufen sowie zur Ausnutzung günstiger Angebote veranlaßt werden.

Kartenantrag. Kreditkarten sind bei einer Kreditkartengesellschaft nach freier Wahl zu beantragen. Ist der Kartenantragsteller zahlungsfähig, eröffnet die Kreditkartengesellschaft diesem ein eigenes Konto für die Verrechnungen und händigt die Kreditkarte aus .

Verfügungsrahmen. Der Inhaber einer Kreditkarte kann diese innerhalb der Deckung seines Kontos bzw. im Rahmen eines, von den Kreditkartengesellschaften festgelegten Höchstbetrages für Umsätze nutzen. ↗ Dispositionskredit, S. 57
Für den Bargeldbezug an Geldautomaten und an Bankschaltern gelten gesonderte Höchstbeträge.

Persönliche Geheimzahl (PIN). Für die Nutzung von Geldautomaten und automatischen Kassen benötigt der Karteninhaber eine PIN. Diese wird mit der ausgegebenen Karte zur Verfügung gestellt. Aus Sicherheitsgründen hat der Karteninhaber dafür zu sorgen, daß keine andere Person Kenntnisse über die PIN erhält und diese nicht schriftlich in Verbindung mit der Karte aufbewahrt wird.

Bankkarte

Kundenkarte der Geldinstitute. Diese kann in Verbindung mit der PIN für
- das Ausdrucken von Kontoauszügen über Kontoauszugsdrucker,
- das Abheben von Bargeld über Geldautomaten des jeweiligen Geldinstitutes,
- das bargeldlose Bezahlen mittels Electronic cash

genutzt werden.

Electronic cash

Modernes Zahlungssystem für Inhaber von EC-Karten, Kreditkarten und Bankkarten über automatisierte Kassensysteme. Zur Bezahlung schiebt der Kunde, z. B seine Bankkarte in ein elektronisches Kassenterminal. Dieses zeigt den Rechnungsbetrag an und überprüft die Echtheit der Karte. Mit dem Eingeben der PIN des Kunden wird der Rechnungsbetrag bestätigt. Die Daten werden über eine DATEX-P-Leitung an die Autorisierungsstellen der Geldinstitute gesand. Innerhalb weniger Sekunden gibt deren Rechner das O. K. und der Zahlungsvorgang ist beendet. Der Rechnungsbetrag wird sofort vom Girokonto des Kunden abgebucht.

Eine Vielzahl von Einzelhandels- und Dienstleistungsunternehmen sind mit automatisierten Kassen für den electronic-cash ausgerüstet. Auf diese Kassen wird durch ein Logo hingewiesen – im Inland durch das Electronic cash-Logo, im Ausland durch das edc-Logo (electronic debit card).

Electronic cash

edc-Logo

Electronic Banking

Moderner belegloser Zahlungsverkehr durch elektronische Zahlungsüberweisung, der durch die Geldinstitute gefördert wird. Electronic-Banking bietet den Kunden der Geldinstitute solche Vorteile, wie die Abwicklung von Geldgeschäften via Bildschirm von zu Hause oder der Firma, aktuelle Finanzinformationen über Kontostand und Kontobewegungen sowie Geldüberweisungen zu jeder Tages- und Nachtzeit.

Voraussetzungen für die Teilnahme am Electronic-Banking sind:
- ein Girokonto,
- ein Bildschirmtext-Anschluß (Btx),
- ein Fernsehgerät oder ein Personalcomputer mit Btx-Modul.
  (Es existieren spezielle, leistungsfähige PC-Softwareprogramme.)

Telefonbanking

Zur Abwicklung der täglichen Bankgeschäfte der Kunden mittels Telefon bieten die Banken einen umfangreichen Service an:

Zum Zweck des Telefonbankings erhält der Kunde eine persönliche Geheimzahl oder ein persönliches Paßwort. Bei der telefonischen Erledigung seiner Bankgeschäfte kann er sich in der Regel zwischen zwei Möglichkeiten entscheiden,
- für das persönliche Gespräch mit den Telefonkontaktpersonen der Bank oder
- für den Kontakt mit einem Sprachcomputer.

Telekonto bietet Ihnen:
- bequemen Telefonservice zum Ortstarif
- alle Buchungen
- die komplette Verwaltung Ihrer Daueraufträge
- Ihre persönliche Bankkarte oder EC-Karte

Service einer Bank (Beispiel)

KREDITVERKEHR - KREDITGESCHÄFTE

Die moderne Wirtschaft hat einen großen Kapitalbedarf. Deshalb benötigen die Unternehmen der gewerblichen Wirtschaft, die öffentlichen Haushalte (Bund, Länder, Gemeinden) und die privaten Haushalte ein leistungsfähiges Kreditsystem.
Die Kreditinstitute versorgen die gewerbliche Wirtschaft und die Haushalte mit verschiedenen Arten von Krediten, diese entsprechen den jeweiligen Erfordernissen der Kreditnehmer.
Der Deutschen Bundesbank obliegt es, durch bestimmte Maßnahmen das Ausmaß der Kreditgewährung zu beeinflussen und zu regulieren.
↗ Deutsche Bundesbank, S. 40

Kredite

Ein Kredit ist nach dem BGB (§ 607) die Zuwendung von Geld, Sachgütern oder Dienstleistungen an Dritte, im Vertrauen auf eine Gegenleistung am Ende der vereinbarten Zeit. Im allgemeinen Sprachgebrauch wird unter einem Kredit ein Geldkredit verstanden, der als Bankkredit ausgereicht wird. Im Wirtschaftsleben spielt aber auch der Sachkredit eine große Rolle, der als Lieferantenkredit gewährt wird.
↗ Bankkredit, S. 56; ↗ Lieferantenkredit, S. 58

Kreditarten

Nach ihrer **Laufzeit** werden Kredite unterschieden in:
- kurzfristige Kredite (bis 6 Monate),
- mittelfristige Kredite (bis 4 Jahre),
- langfristige Kredite (über 4 Jahre).

Nach der **Herkunft** werden unterschieden:
- Bankkredite,
- Lieferantenkredite,
- Privatkredite,
- öffentliche Kredite (öffentliche Förderprogramme),
- Kundenkredite (z. B. Vorauszahlungen oder Abschlagzahlungen).

Nach dem **Verwendungszweck** wird unterschieden in:
- Produktionskredit
  der an Unternehmen in den unterschiedlichsten Formen gewährt wird, z. B. als
  • Investitionskredit (Finanzierung von Produktionsanlagen),

- • Betriebsmittelkredit (Finanzierung von Material, Waren, Löhnen zur Durchführung der laufenden Produktion oder des Handels),
- • Zwischenkredit (Finanzierung kurzfristiger Finanzierungslücken).

– Konsumentenkredit

Nach der Art der **Kredittilgung** werden unterschieden:
– Fälligkeitsdarlehen,
– Kündigungsdarlehen,
– Abzahlungsdarlehen,
– Annuitätsdarlehen.

↗ Darlehen, S. 56

Nach der Art der **Kreditsicherheit** unterscheidet man
– Personalkredit und
– Realkredit.

↗ Sicherung durch Personalkredit, S. 59; ↗ Sicherung durch Realkredit, S. 62

Kreditwürdigkeit

Grundlage eines jeden Kredites ist das Vertrauen in die Zahlungsfähigkeit und die Zahlungswilligkeit eines Kreditnehmers. Die Kreditgeber prüfen deshalb vor einer Kreditvergabe die Kreditwürdigkeit ihrer möglichen Kreditnehmer.
Geprüft werden:
– Personelle Voraussetzungen
wie einwandfreier Charakter (z. B. Vertrauenswürdigkeit, Fleiß, Zuverlässigkeit) und berufliches Können (z. B. Ausbildung und Erfahrung).
– Wirtschaftliche Voraussetzungen
wie geordnete wirtschaftliche und finanzielle Verhältnisse, Unternehmensgröße, Rechtsform und Kapitalstruktur der Unternehmen.
– Möglichkeiten der Kreditsicherung.

Die Kreditgeber erhalten die Informationen zur Beurteilung der Kreditwürdigkeit ihrer Kunden in der Regel über die SCHUFA.

↗ Rechtsform, S. 73; ↗ Kreditsicherung, S. 59

SCHUFA

Die Schutzgemeinschaft für allgemeine Kreditsicherung e.V. speichert Daten über
– Kredite,
– überzogene Girokonten, geplatzte Schecks und Wechsel,
– Kreditbürgschaften,
– Kreditkarten,
– beantragte Mahnbescheide, Eintragungen in das öffentliche Schuldverzeichnis u. a.

zur Auskunfterteilung an die ihr angeschlossenen Unternehmen. Das sind z. B.
– Kreditinstitute,
– Kreditkartenunternehmen,
– Leasinggesellschaften,
– Einzelhandels- und Versandhandelsunternehmen,
– Unternehmen, die gewerbsmäßig Geld- oder Warenkredite an Konsumenten vergeben,
– Unternehmen, die gewerbsmäßig Forderungen für Dritte einziehen.

Die Datenweitergabe an die SCHUFA setzt eine schriftliche Einverständniserklärung der Kunden voraus. Die Kunden haben das Recht, Einsicht in ihre Datei zu nehmen und falsche Eintragungen löschen zu lassen.
In der Regel werden alle Daten nach jeweils fünf Jahren in der Zentraldatei der SCHUFA gelöscht. Kredite bleiben jedoch bis zur vollständigen Rückzahlung und noch drei Jahre darüber hinaus gespeichert.

Kreditvertrag

Jede Kreditgewährung beruht auf vertraglichen Regelungen. Gewinnt ein Kreditinstitut nach der Prüfung der Kreditwürdigkeit und aufgrund der Kreditverhandlungen mit dem Kunden den Eindruck, daß ein Kredit gewährt werden kann, dann erteilt es dem Kunden eine Kreditzusage.

Kreditzusage. Bewilligungsbescheid des Kreditgebers an den Antragsteller über einen Kredit.
Der Bescheid beinhaltet Angaben, wie
- die Art des Kredits,
- die Höhe des Kredits,
- die zu stellenden Sicherheiten,
- die Laufzeit des Kredits,
- die Kreditkosten,
- den Verwendungszweck des Kredits,
- die Art und Weise der Bereitstellung des Kredits,
- die Kündigungsmöglichkeiten.

Erklärt sich der Kreditnehmer mit den Inhalten der Kreditzusage einverstanden, kommt der Kreditvertrag zustande.
↗ Weg zum Kreditvertrag, S. 56; ↗ Kreditkosten, S. 57

■ Zum Bau einer Produktionshalle benötigt die Brems- und Kupplungsschlauch GmbH in X einen Kredit in der Höhe von 500000,00 DM. Der Geschäftsführer des Unternehmens hat den Leiter der Kreditabteilung seiner Hausbank um die Bewilligung eines Kredits gebeten.
Es wurden folgende vertragliche Regelungen getroffen:
1. Die Hausbank wird der Brems- und Kupplungsschlauch GmbH einen Kredit in Höhe von 500000,00 DM gewähren. Auszahlung zu 98 % auf das Geschäftskonto des Unternehmens. Provisionen werden nicht berechnet.
2. Der Kredit darf nur für den Bau der Produktionshalle verwendet werden.
3. Der Zinssatz beträgt z. Z. 7,5 %; Änderungen aufgrund der Entwicklung des Diskontsatzes bleiben der Bank vorbehalten. Die Zinstermine liegen jeweils am Quartalsende.
4. Die Laufzeit des Kredits beträgt 10 Jahre, eine vorherige Tilgung ist nach 5 Jahren möglich.
5. Der Kredit wird durch eine Grundschuld auf das Betriebsgrundstück gesichert. Die Auszahlung des Darlehens erfolgt, sobald die Eintragung der Grundschuld beantragt ist.

↗ Darlehen, S. 56
↗ Auszahlungsbetrag, S. 57
↗ Grundschuld, S. 63

Weg zum Kreditvertrag. In der Regel ergibt sich bis zum schriftlichen Abschluß eines Kreditvertrages folgender Ablauf:

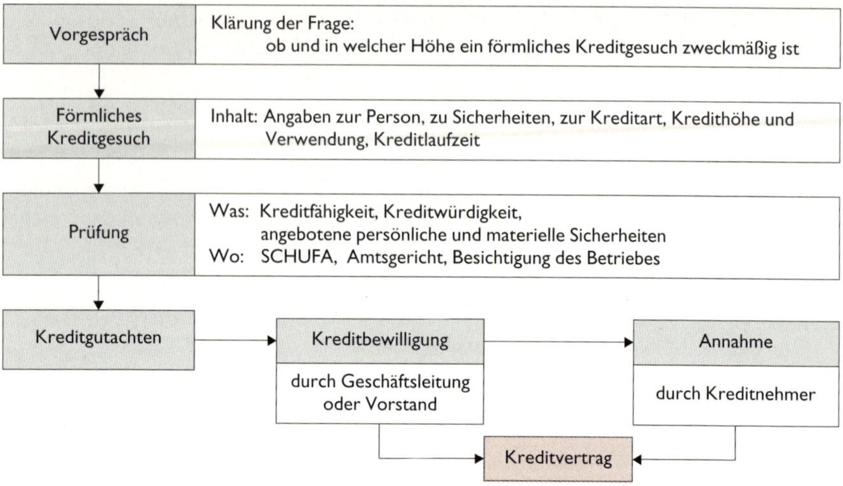

Bankkredite

Bankkredite sind überwiegend Geldkredite, die in der Form von Darlehen, Kontokorrentkrediten, Dispositionskrediten, Wechselkrediten gewährt werden.

Darlehen

Darlehen ist die rechtliche Bezeichnung für einen Kredit. Allgemein ist das Darlehen im BGB (§§ 607 bis 610) geregelt. Darlehen werden entweder in einer Summe oder in vorher vereinbarten Teilbeträgen, in der Regel durch Gutschrift auf ein Girokonto des Kreditnehmers, zur Verfügung gestellt.

Darlehensformen.

- Fälligkeitsdarlehen
  Die Rückzahlung des Darlehens erfolgt an einem vereinbarten Fälligkeitstag in einer Summe. Über die Laufzeit des Darlehens sind nur die Zinsen zu entrichten.
- Kündigungsdarlehen
  Die Rückzahlung erfolgt nach dem Ablauf der vereinbarten Kündigungsfrist in einer Summe. Über die Laufzeit des Darlehens sind jährlich die Zinsen zu entrichten.
- Abzahlungsdarlehen
  Die Rückzahlung erfolgt in festgelegten gleichen Raten, so daß die Darlehensschuld immer kleiner wird. Dementsprechend verringern sich auch regelmäßig die Zinsen.
- Annuitätsdarlehen
  Die Rückzahlung erfolgt in gleichbleibenden Zahlungen, die sowohl die Tilgung als auch die Zinsen enthalten. Dadurch, daß der Zinsanteil durch die laufende Darlehenstilgung immer kleiner wird, erhöht sich der Tilgungsanteil in der gleichbleibenden Zahlungssumme.

↗ Zinsen, S. 63

Tilgung. Rückzahlung eines Darlehens. Die Tilgungsmöglichkeiten werden im Kreditvertrag festgelegt.

Auszahlungsbetrag. In der Praxis der Kreditinstitute ist es üblich, langfristige Darlehen nicht zu 100% auszuzahlen. Um vor allem die Kosten für die Darlehensbearbeitung zu decken, wird ein Disagio (Abschlag) erhoben und von der Darlehenssumme abgezogen. Spesen und Provision können den Auszahlungsbetrag für das Darlehen weiter mindern. Der Tilgung oder Rückzahlung unterliegt jedoch die volle Darlehenssumme.

■ Ein Kreditinstitut gewährt einem Kunden ein Darlehen in Höhe von 40000,00 DM. Das Disagio beträgt 4 %. Spesen werden in Höhe von 50,00 DM erhoben. Auf eine Provision wird verzichtet.

Darlehenssumme (= Tilgungssumme)	40000,00 DM
– Disagio	1600,00 DM
– Spesen	50,00 DM
– Provision	00,00 DM
= Auszahlungsbetrag	38350,00 DM

Kreditkosten. Disagio, Spesen, Provision und die Zinsen über die gesamte Kreditlaufzeit ergeben die Kreditkosten. Werden die Kreditkosten auf ein Jahr und auf 100,00 DM des Auszahlungsbetrages bezogen, so erhält man die tatsächliche oder effektive Verzinsung eines Darlehens. ↗ effektiver Zins, S. 63

■ Ein Kreditinstitut gewährt einem Kunden ein Darlehen in Höhe von 60000,00 DM. Die Auszahlung erfolgt zu 97 %. Als Provision werden 0,5 % der Darlehenssumme und für Spesen 60,00 DM in Rechnung gestellt. Die Verzinsung erfolgt zu 8 % p. a. Die Tilgung des Darlehens ist nach 5 Jahren in einer Summe vorzunehmen.

Disagio	1800,00 DM
+ Spesen	60,00 DM
+ Provision	300,00 DM
+ Zinsen (in 5 Jahren Laufzeit)	24000,00 DM
= Kreditkosten	26160,00 DM

Effektive Verzinsung:

$$\frac{\text{Kreditkosten}}{\text{Auszahlungsbetrag}} \quad \frac{261\,600{,}00\text{ DM} \cdot 100}{57\,840{,}00\text{ DM} \cdot 5\text{ Jahre}} = \frac{2\,616\,000}{289\,200} = 9{,}05\ \%$$

Kontokorrentkredit

Überziehungskredit, mit dem Kreditinstitute gewerblichen Geschäftskunden ermöglichen, auf ihrem laufenden Geschäftskonto über Geld in Höhe eines vereinbarten Kreditlimits zu verfügen, ohne daß das Konto ein Guthaben aufweist.
Der Kontokorrentkredit wird vom Kreditnehmer nur kurzfristig in Anspruch genommen, da die eingehenden Zahlungen die beanspruchte Kreditsumme ständig wieder mindern oder decken.

Dispositionskredit

Überziehungskredit, den Kreditinstitute privaten Kunden gewähren, um diesen die Deckung eines kurzfristigen Geldbedarfes zu ermöglichen. Der Kunde kann sein laufendes Girokonto bis zum festgelegten Limit, in der Regel bis zum zwei- bis dreifachen eines Monatseinkommens, ohne Ankündigung und Formalitäten überziehen.

Diskontkredit

Kredit der entsteht, wenn der Inhaber eines Wechsels diesen an ein Kreditinstitut verkauft. Das Kreditinstitut legt in diesem Fall die Wechselsumme, unter Abzug von Zinsen, bis zum Fälligkeitstag des Wechsels aus. Die Höhe der Zinsen richtet sich nach dem Diskontsatz. Diskontkredite sind kurzfristige Kredite bis zu einer Laufzeit von 90 Tagen. ↗ Wechsel, S. 60; ↗ Diskontpolitik, S. 41

■ Ein Unternehmer reicht einen in seinem Besitz befindlichen Wechsel am 15.03. bei seiner Hausbank zum Diskont ein. Der Wechsel wurde am 10.03. ausgestellt und ist am 30.05. fällig. Das Kreditinstitut berechnet einen Diskontsatz von 9 % und zahlt den Wechsel zu seinem Barwert aus.

Wechselsumme	14 500,00 DM
– Diskont (9 % / 75 Tage)	271,86 DM
– Bearbeitungsgebühr	12,00 DM
= Wechselbarwert	14 216,14 DM

Lieferanten- und Konsumentenkredite

Lieferantenkredit

Der Lieferantenkredit ist ein Sachkredit. Er entsteht, wenn der Lieferant von Waren oder Leistungen seinen Kunden ein Zahlungsziel für die Bezahlung einräumt. Lieferantenkredite sind in der Regel durch Eigentumsvorbehalt abgesichert. Die Bedeutung eines Lieferantenkredites ist für Lieferanten und Kunden unterschiedlich:

- Für Lieferanten, ist das Einräumen eines Zahlungsziels ein Mittel der Absatzförderung. Dem Kunden wird ein Anreiz geboten bei einem bestimmten Lieferanten einzukaufen oder dort mehr einzukaufen als vorgesehen war.
- Für Kunden dient ein solcher Kredit zur Finanzierung der Warenbeschaffung. In solchen Fällen sind die Unternehmen bestrebt, ein möglichst langes Zahlungsziel auszuhandeln. Das ermöglicht, die Waren im Zielzeitraum wieder zu verkaufen und aus dem Verkaufserlös die Verbindlichkeiten gegenüber den Lieferanten zu begleichen. ↗ Beschaffung, S. 77

Konsumentenkredit

Kredite, die in der Regel durch Handelsunternehmen angeboten werden mit dem Ziel, Kunden den Kauf einer gewünschten Ware zu ermöglichen, Unternehmensumsätze zu steigern, Stammkunden zu erhalten und neue Kunden zu gewinnen.
Konsumentenkredite werden in unterschiedlichsten Formen gewährt, z. B. als:

Teilzahlungskredit. Ein solcher Service wird besonders von Versand-, Einrichtungs- und Autohäusern angeboten. Der Kunde bekommt die Möglichkeit eingeräumt, seine Ware in einer begrenzten Zeit in Raten zu zahlen. Dabei muß der Kunde zum Barzahlungskaufpreis einen Zinsaufschlag zahlen. ↗ Effektivzins, S. 64

Finanzkauf. Ein Finanzkauf entsteht, wenn ein Handelsunternehmen für größere Beträge und längere Laufzeiten einem Kunden einen Kredit über ein Kreditinstitut vermittelt. Das Kreditinstitut stellt dann dem Kunden den Geldbetrag als Darlehen zur Verfügung. Die Auszahlung erfolgt entweder an den Kunden oder direkt an das Handelsunternehmen. Im Unterschied zum Teilzahlungskredit liegt für das Handelsunternehmen der Vorteil einer solchen Finanzierung des Warenkaufes darin, daß es sofort über den vollen Verkaufspreis verfügen kann.

Kundenkarte. Mit einer Kundenkarte kann der Kunde beim ausstellenden Unternehmen einkaufen, ohne den Kaufpreis sofort zu bezahlen. Die Kaufbeträge werden auf einem Kundenkonto gesammelt und in vereinbarten Zeitabständen in einer Summe vom Girokonto des Kunden abgebucht.

SICHERUNG VON KREDITEN

Die Gewährung von Krediten ist in der Regel an das Stellen von Sicherheiten gebunden. Dieses kann erfolgen
- durch Personen, als Personalkredite und
- durch Sachen, als Realkredite.

↗ Kreditarten, S. 53; ↗ Kreditwürdigkeit, S. 54

Sicherheiten		
Personal-/Blankokredit	Verstärkter Personalkredit	Realkredit

Sicherung durch Personalkredit

Blankokredit

Kredit, der ohne eine besondere Sicherheit gewährt wird. Als Sicherheit dient allein die Kreditwürdigkeit des Kreditnehmers. Solche Kredite sind in der Regel kurzfristige Kredite in einer begrenzten Höhe (z. B. Limit bei einem Überziehungskredit).

↗ Dispositionskredit, S. 57; ↗ Kontokorrentkredit, S. 57

Sicherung durch verstärkten Personalkredit

Kredit, bei dem neben dem Kreditnehmer weitere Personen als Sicherheit für die Kredittilgung und -verzinsung haften. Diese Haftung kann auf verschiedene Art und Weise erfolgen, z. B. durch
- Bürgschaft,
- Schuldmitübernahme,
- Abtretung von Forderungen,
- Wechsel.

Bürgschaft

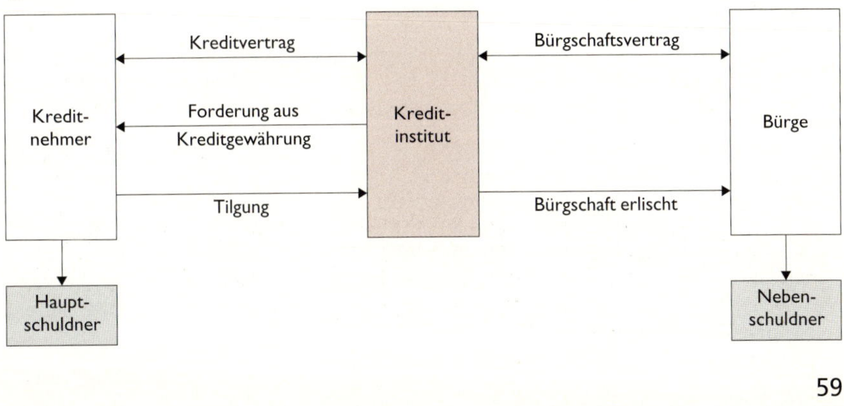

Zur Kreditsicherung wird neben dem Kreditvertrag ein Bürgschaftsvertrag abgeschlossen. Der Bürge verpflichtet sich für die Rückzahlung des Kredits und dessen Verzinsung zu haften und für den Fall, daß der Kreditnehmer seinen Zahlungsverpflichtungen nicht nachkommen kann, für diesen einzustehen.
Durch Tod des Bürgen erlischt die Bürgschaft nicht, in der Folge entsteht eine Nachlaßverbindlichkeit für die Erben. Eine Bürgschaft kann als Ausfallbürgschaft oder als selbstschuldnerische Bürgschaft erfolgen.
↗ Kreditvertrag, S. 55

Ausfallbürgschaft. Eine Ausfallbürgschaft beinhaltet das Recht des Bürgen auf Einrede der Vorausklage. In diesem Fall haftet der Bürge erst, wenn der Kreditgeber (Gläubiger) nachweisen kann, daß er alle gerichtlichen und außergerichtlichen Maßnahmen ergriffen hat, um die Forderungen an den Kreditnehmer (Schuldner) einzutreiben.

Selbstschuldnerische Bürgschaft. Der Bürge hat bei einer solchen Bürgschaft auf das Recht der Einrede der Vorausklage verzichtet. Der Bürge kann somit schon im Fall des Zahlungsverzugs des Schuldners in Anspruch genommen werden.
Kreditinstitute verlangen bevorzugt die selbstschuldnerische Bürgschaft.

Schuldmitübernahme

Der Kreditvertrag wird von einer zweiten Person – z. B. dem Ehepartner – als Schuldner mit unterschrieben. Dadurch haftet jeder für die gesamte Schuld und ist somit Gesamtschuldner.

Abtretung von Forderungen

Die Abtretung von Forderungen (Zession) dient der Kreditsicherung zwischen einem Kreditinstitut und Geschäftskunden.

■ Die Metallbau Schulze GmbH benötigt für die Bezahlung einer Schweißmaschine kurzfristig einen Kredit über 20 000,00 DM. Als Sicherheit bietet die Firma der Bank eine in 60 Tagen fällige Forderung gegenüber einem Kunden an.

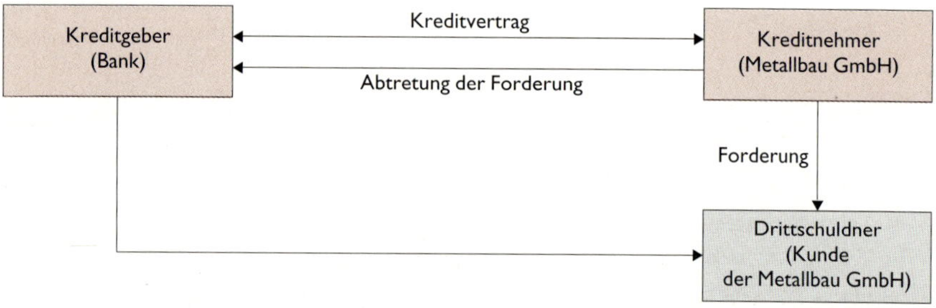

Wechsel

Der Wechsel ist rechtlich gesehen ein Wertpapier, das die strengen Formvorschriften des Wechselgesetzes erfüllen muß. Im kaufmännischen Sinn ist der Wechsel eine besondere Art von Schuldschein, den der Bezogene (Schuldner) am Verfallstag des Wechsels einlösen muß. Eine Wechselforderung bietet deshalb eine hohe Sicherheit für den Zahlungseingang.

Wechsel werden nach folgenden Gesichtspunkten unterschieden:
- nach der Geschäftsgrundlage:
  - Finanzwechsel (dient der Kreditbeschaffung)
  - Handelswechsel (dient der Absicherung von Lieferungs- und Leistungsgeschäften)
- nach dem Aussteller des Wechsels:
  - Gezogener Wechsel (wird vom Gläubiger ausgestellt und ist eine Zahlungsaufforderung an den Schuldner)
  - Solawechsel oder Eigenwechsel (wird vom Schuldner auf sich selbst ausgestellt und ist ein Zahlungsverpflichtung)

■ Gezogener Wechsel in Form eines Handelswechsels:

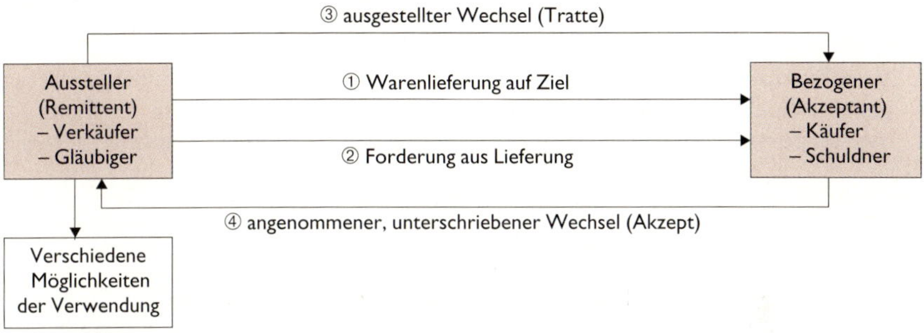

Der Besitzer eines Wechsels kann diesen auf verschiedene Art verwenden:
- Aufbewahrung bis zum Einzug
  Vorlage beim Bezogenen am Fälligkeitstag, Quittierung auf der Wechselrückseite.
- Weitergabe zahlungshalber
  Weitergabe zur Zahlung an einen Lieferanten per Indossament (Weitergabevermerk auf der Wechselrückseite).
- Kreditaufnahme
  Weitergabe an ein Kreditinstitut zum Diskontieren, Weitergabevermerk auf der Wechselrückseite. ↗ Diskontkredit, S. 58

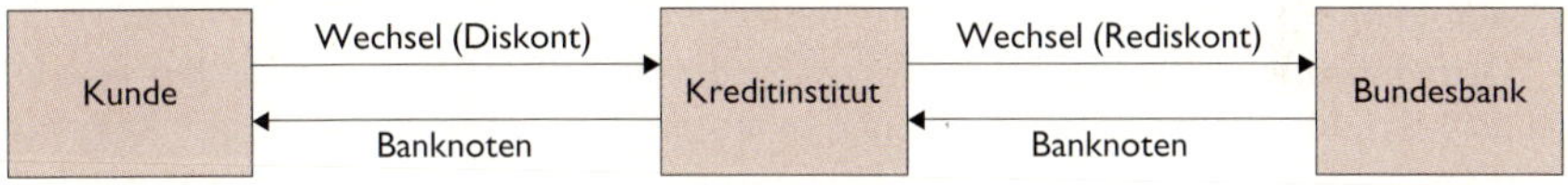

Beispiel für den Weg eines Wechsels

Ein Wechsel kann von einem Kreditinstitut an die Deutsche Bundesbank weiterverkauft werden, wenn er folgende Voraussetzungen erfüllt:
- Die Restlaufzeit des Wechsels darf 3 Monate nicht überschreiten.
- Der Wechsel muß an einen Bankplatz einzulösen sein, d. h. an einen Ort, an dem sich eine Niederlassung einer Landeszentralbank befindet.
- Der Wechsel muß zwei bis drei gute Unterschriften aufweisen, d. h. Unterschriften von Wechselbeteiligten, die als zahlungsfähig bekannt sind.
- Es muß ein guter Handelswechsel sein, d. h., er muß ein Handelsgeschäft als Grundlage haben.

Sicherung durch Realkredit

Kredit, bei dem die Forderungen des Kreditgebers durch Sachen (reale Vermögensgegenstände und Vermögenswerte) gesichert sind.

Realkredit	
Sicherung durch bewegliche Vermögensgegenstände – Verpfändung (Lombard) – Sicherungsübereignung – Eigentumsvorbehalt	Sicherung durch unbwegliche Vermögensgegenstände – Hypothek – Grundschuld – Rentenschuld

2

Sicherung durch bewegliche Vermögensgegenstände

Verpfändung. Der Kreditgeber übernimmt zur Sicherung des Kredits vom Kreditnehmer hochwertige und wertbeständige Vermögensgegenstände als Pfand (z. B. Wertpapiere, Schmuck, Edelmetalle). Die Beleihungsgrenze ist gesetzlich geregelt.

Sicherungsübereignung. Zur Sicherung eines Kredits wird das Eigentum an beweglichen Sachen auf den Kreditgeber durch Vertrag übereignet. Der Kreditnehmer bleibt jedoch weiterhin Besitzer der Sachen. Kommt der Kreditnehmer mit der Zinszahlung und Tilgung in Verzug, kann der Kreditgeber die Herausgabe der übereigneten Sachen verlangen und diese verwerten. Nach der Tilgung des Kredits muß das Eigentum auf den Kreditnehmer rückübereignet werden.

Eigentumsvorbehalt. Der Eigentumsvorbehalt ist die verbreitetste Form zur Sicherung eines Lieferanten- oder Warenkredits. Durch die Vereinbarung des Eigentumsvorbehaltes bleibt der Lieferant oder Verkäufer solange Eigentümer der gelieferten Waren, bis der Käufer den gesamten Kaufpreis bezahlt hat.

Sicherung durch unbewegliche Vermögensgegenstände

Grundpfandrecht. Pfandrecht an einem bebauten oder unbebauten Grundstück, welches in das Grundbuch eingetragen wird.
Es werden drei Arten von Grundpfandrechten unterschieden: Hypothek, Grundschuld und Rentenschuld.
Grundpfandrechte können mit erstem, zweitem, drittem Rang ect. eingetragen werden. Kreditinstitute legen Wert auf den ersten Rang und beleihen in der Regel nicht mehr als 40 % bis 60 % des Grundstückswertes.

Ist für einen Kreditgeber als Gläubiger ein Grundpfandrecht bestellt, und zahlt der Schuldner bei Fälligkeit der Forderungen nicht, kann eine Zwangsvollstreckung betrieben werden. Dieses kann erfolgen
– durch Zwangsversteigerung des Grundstückes oder
– durch Zwangsverwaltung unter Einsetzen eines Sequestors (Verwalter).
Die Erlöse aus der Zwangsvollstreckung werden zur Tilgung der Schuld verwendet.

■ Ein Hausgrundstück ist in folgender Reihenfolge mit Hypotheken belastet:
1. Hypothek 100 000,00 DM,
2. Hypothek 150 000,00 DM,
3. Hypothek 100 000,00 DM.

Das Grundstück muß wegen Zahlungsunfähigkeit des Schuldners zwangsversteigert werden. Die Versteigerung erbringt einen Ertrag von 200 000,00 DM.
Die Hypothekengläubiger werden aus dem Ertrag nach dem Rang der Hypothek befriedigt: 1. Gläubiger erhält volle 100 000,00 DM;
2. Gläubiger erhält nur 100 000,00 DM;
3. Gläubiger geht leer aus.

Hypothek. Grundpfandrecht, das einem Kreditgeber zur Sicherung seiner Geldforderung gestellt und in das Grundbuch eingetragen wird. Die Hypothek dient zur Absicherung von Darlehen. Das Grundstück haftet dem Kreditgeber dinglich für die Geldforderung und die Zinsen (dingliche Haftung). Daneben bleibt die persönliche Haftung des Kreditnehmers mit seinem gesamten Vermögen bestehen.
Mit der Tilgung des Darlehens entfallen die Rechte aus der Hypothek. Der Grundstückseigentümer kann in diesem Fall die Hypothek im Grundbuch löschen lassen. Dazu benötigt er eine Löschungsbewilligung des Kreditgebers.

Grundschuld. Grundpfandrecht, das in das Grundbuch eingetragen ist, aber in der Regel nicht an eine bestimmte Darlehensforderung gebunden ist. Im Gegensatz zu einer Hypothek haftet bei einer Grundschuld nur das Grundstück. Für den Kreditnehmer besteht keine persönliche Haftung.

Rentenschuld. Grundpfandrecht, das zur Sicherung einer wiederkehrenden Leistung (Rente) in das Grundbuch eingetragen ist.

Grundbuch. Öffentliches Register beim zuständigen Amtsgericht. Alle Eintragungen haben den öffentlichen Gutglaubensschutz, somit kann sich jeder auf die Richtigkeit der Eintragungen verlassen. Das Recht auf die Einsichtnahme in das Grundbuch und auf Abschriften hat, wer ein berechtigtes Interesse nachweisen kann.
Das Grundbuch ist in drei Abteilungen gegliedert:
Erste Abteilung – Eigentumsverhältnisse
Zweite Abteilung – Lasten und Verfügungsbeschränkungen
Dritte Abteilung – Hypotheken, Grundschulden, Renten

ZINSEN

Zinsen sind das Entgelt oder der Preis für zeitweilig überlassenes Kapital. Für den Kapitalgeber sind die Zinsen ein Ertrag aus der Kapitalausleihe. Für den Kapitalnehmer sind die Zinsen die Kosten für das geliehene Kapital.
Zinsen entstehen bei Kreditleihe, Handelsgeschäften auf Ziel, Zahlungsverzug.

Zinsniveau

Der geforderte Zins für ausgeliehenes Kapital ist nicht zu jeder Zeit gleich. Er richtet sich in der Höhe im allgemeinen nach der Art der Kreditinstitute, der jeweiligen Wirtschaftslage und den währungspolitischen Maßnahmen der Deutschen Bundesbank.
Im Rahmen eines sich daraus ergebenden Zinsniveaus, richtet sich der Zinssatz im Einzelfall nach der Laufzeit des Kredits und dem Risiko, das der Kreditgeber mit der Kreditgewährung eingeht. Ändert sich das Zinsniveau nachhaltig, passen sich auch die Zinssätze an.
↗ Währungspolitisches Instrumentarium, S. 41

Zinshöhe

Die Höhe der Zinsen wird von drei Größen beeinflußt:
- dem ausgeliehenen Geldbetrag = Kapital (K)
- der Zeitdauer der Ausleihe = Laufzeit (t) in Jahren, Monaten oder Tagen
- dem geforderten Zins, auch Zinsfuß genannt = Zinssatz (p)

Zinsrechnung

Zinsrechnung ist die Anwendung der Prozentrechnung unter Berücksichtigung der Größe Zeit. Allgemeine Formel der Zinsrechnung:

2

$$z = \frac{K \cdot p \cdot t}{100 \cdot 360} \ /DM/$$

z = Zinsen
K = Kapital
p = Zinssatz

t = Zeit in Tagen (360), in Monaten (12) oder in Jahren (1)

■ Ein Unternehmer nimmt bei seiner Hausbank einen kurzfristigen Kredit auf. Höhe: 26 000,00 DM. Laufzeit: 04.04. bis 16.05. gleichen Jahres. Zinssatz: 12 %

$$\text{Zinsen} = \frac{26\,000 \cdot 12 \cdot 42}{100 \cdot 360} = 364{,}00 \text{ DM für 42 Tage Laufzeit des Kredits}$$

Bei der Zinsrechnung ist zu beachten:
- Zwischen Privatpersonen, Banken und Behörden wird das Jahr mit 365 Tagen und die Monate mit der genauen Tageszahl (28, 29, 30, 31 Tage) berechnet.
- Zwischen Kaufleuten wird das Jahr mit 360 Tagen, die Monate immer mit 30 Tagen berechnet.
- Die Zinssätze werden immer auf das Jahr bezogen (p. a.).
- Bei Teilzahlungsgeschäften ist es jedoch üblich, den Zinssatz für einen Monat anzugeben; z. B. entspricht 0,9 % je Monat (p. m.) 10,8 % je Jahr (p. a.)

Nomineller Zins. Zinssatz, der sich als Prozentsatz auf den Betrag des ausgeliehenen Kapitals und auf die Zeit von einem Jahr bezieht.

Effektiver Zins. Zinssatz, der unter Berücksichtigung
- der Kreditkosten,
- der Laufzeit,
- des Auszahlungsbetrages sowie
- des Tilgungsbetrages

tatsächlich zu zahlen ist.

Der Effektivzins kann erheblich vom Nominalzins abweichen. Deshalb ist beim Vergleich von Kredit- und Finanzierungsangeboten der Effektivzins von Bedeutung.

Allgemeine Formel zur Berechnung des Effektivzinses:

$$\text{Effektivzins} = \frac{\text{Kreditkosten} \cdot 100 \cdot 360}{\text{Auszahlungsbetrag} \cdot \text{Zeit}} \ /\%/$$

Allgemeine Formel für die Berechnung des Effektivzinses bei Teilzahlungsgeschäften:

$$\text{Effektivzins} = \frac{\text{Kreditkosten} \cdot 100 \cdot 12}{\text{durchschnittliches Kapital} \cdot \text{Anzahl der Monatsraten}} \ /\%/$$

Durchschnittliches Kapital. Kapital, das aus der Kreditsumme für den Kaufpreis einer Ware und der letzten Rate ohne Zinsen berechnet wird. Wurde eine Anzahlung geleistet, bezieht sich die Kreditsumme auf den Restpreis.

■ Ein Fachhandelsgeschäft bietet seinen Kunden beim Kauf eines Fernsehgerätes nachstehende Zahlungsbedingungen an:
Anzahlung vom Kaufpreis 20 %, Restzahlung in 8 Monatsraten
Zinsaufschlag auf die Kreditsumme 0,6 % je Monat (p. m.)
Der Kunde hat mit folgender Monatsrate und Effektivzins zu rechnen:

Kaufpreis	1 800,00 DM
– Anzahlung	360,00 DM
= Restpreis/Kreditsumme	1 440,00 DM
Monatsrate ohne Zinsen	180,00 DM
+ Zinsen	8,64 DM
Monatsrate einschließlich Zinsen (= Teilzahlungsrate)	188,00 DM

$$\text{durchschnittliches Kapital} = \frac{1440{,}00\text{ DM} + 180{,}00\text{ DM}}{2} = 810{,}00\text{ DM}$$

$$\text{Effektivzins} = \frac{69{,}12\text{ DM Kreditkosten} \cdot 100 \cdot 12}{810{,}00\text{ DM Kapital} \cdot 8\text{ Monatsraten}} = 12{,}8\%\text{ p.a.}$$

Bankzinsen

Zinsen der Kreditinstitute im Passiv- und Aktivgeschäft werden in Soll- und Habenzinsen unterschieden. ↗ Banken, S. 40

Sollzinsen. Zinsen, die der Kunde für geliehenes Geld an das Kreditinstitut zu bezahlen hat. Sollzinsen entstehen im Aktivgeschäft des Kreditinstitutes und sind für dieses ein Zinsertrag.

Habenzinsen. Zinsen, die der Kunde für seine Geldeinlagen vom Kreditinstitut erhält. Habenzinsen entstehen im Passivgeschäft des Kreditinstitutes und sind für dieses ein Zinsaufwand. ↗ Geldeinlagen, S. 43

Zinsspanne. Differenz zwischen dem Zinsaufwand (niedrige Habenzinsen, z. B. 2,5 % Sparzins) und dem Zinsertrag (hohe Sollzinsen, wie z. B. 17 % Zinsen für einen Dispositionskredit).
Die Zinsspanne dient den Kreditinstituten zur teilweisen Deckung ihrer Kosten und zur Erzielung eines Gewinns.

Zinstermin. Termin, zu dem die Kunden über ihre Zinsen verfügen können.
Zinsen aus Spareinlagen werden zum Ende des Jahres gutgeschrieben und müssen spätestens bis Ende Februar verfügt sein. Eine Verfügung nach diesem Termin wird als Kapitalrückzahlung behandelt und kostet Vorschußzinsen. ↗ Geldeinlagen, S. 43
Auf festverzinslichen Wertpapieren sind die Zinstermine halbjährlich oder jährlich vermerkt. Es handelt sich dabei in der Regel um Monatserste.

Zinseszins

Zinseszinsen entstehen, wenn die Zinsen für gespartes oder angelegtes Kapital für die Kapitalerhöhung verwendet werden. Dadurch werden die nicht entnommenen Zinsen wiederum verzinst. Durch Zinseszins vermehrt sich das Kapital im Laufe der Zeit immer schneller.

2

■ Ein Kapital von 18000,00 DM wird über 3 Jahre zu 6 % Zinsen p. a. so angelegt, daß die auflaufenden Zinsen jeweils dem Konto zur Kapitalerhöhung gutgeschrieben werden und einen Zinseszins erbringen.

Kapital Anfang des 1. Jahres	18000,00 DM
+ Zinsen	1080,00 DM
= Kapital Anfang des 2. Jahres	19080,00 DM
+ Zinsen	1144,80 DM
= Kapital Anfang des 3. Jahres	20224,80 DM
+ Zinsen	1213,49 DM
= Kapital Ende des 3. Jahres	21438,29 DM

Zinseszinsfaktor. Zinseszins, der sich in Abhängigkeit des Zinssatzes und der Laufzeit auf 1,00 DM Kapital bezieht.

1,00	DM	Kapital Anfang des 1. Jahres
+ 0,06	DM	6 % Zinsen
= 1,06	DM	Kapital Anfang des 2. Jahres
+ 0,0636	DM	6 % Zinsen
= 1,1236	DM	Kapital Anfang des 3. Jahres
+ 0,067416	DM	6 % Zinsen
= 1,191016	DM	Kapital Ende des 3. Jahres

Die Zahl 1,191016 ist der Zinsfaktor für ein Kapital, das über eine Laufzeit von drei Jahren zu 6 % Zinsen p. a. angelegt ist.
Zinseszinsfaktoren sind in Zinseszinstabellen zusammengefaßt.
Mit Hilfe des Zinseszinsfaktors läßt sich einfach die Endsumme eines mit Zinseszins angelegten Kapitals ermitteln:

Einsatzkapital · Zinseszinsfaktor = Endkapital

■ Ein Kapital von 18000,00 DM wächst bei 6% Zinsen p. a.

– in 3 Jahren auf: 18000,00 DM · 1,191016 = 21438,29 DM
– in 6 Jahren auf: 18000,00 DM · 1,418519 = 25533,34 DM
– in 12 Jahren auf: 18000,00 DM · 2,012196 = 36219,53 DM

Das angelegte Kapital hat sich durch Zins und Zinseszins im Verlauf von 12 Jahren verdoppelt.

Grundlagen der Betriebswirtschaft

3

BETRIEB ALS WIRTSCHAFTLICHE EINHEIT

Grundbegriffe

Betrieb

Der Betrieb ist eine örtliche, technische und organisatorische Einheit in der Wirtschaft. Im Betrieb werden vom Unternehmer die Produktionsfaktoren planmäßig zusammengefaßt, um so wirtschaftlich wie möglich bestimmte Leistungen zu realisieren, wie z. B.

- Sachgüter zu produzieren,
- Güter zu verteilen,
- Dienstleistungen bereitzustellen.

Betriebe lassen sich nach verschiedenen Gesichtspunkten unterscheiden:

- nach der Art der erstellten Leistungen und Wirtschaftszweigen

Betrieb	Wirtschaftszweige
Rohstoffgewinnungsbetriebe	Landwirtschaft, Forstwirtschaft, Bergbau
Fertigungsbetriebe	Industrie, Handwerk
Dienstleistungsbetriebe	Handel, Verkehr, Banken, Versicherungen

- nach der Zielsetzung

Erwerbswirtschaftliche Betriebe	Gemeinwirtschaftliche oder öffentliche Betriebe
Betriebe, die einen Gewinn erstreben. Der erwirtschaftete Gewinn fließt den Betriebsinhabern zu.	Betriebe, die nicht in erster Linie einen Gewinn erstreben, sondern den Verbrauchern ihre Leistungen so billig wie möglich, unter Deckung der Kosten, zur Verfügung stellen. Das sind z. B. die Verkehrsbetriebe und die Versorgungsbetriebe, wie Gas-, Wasserwirtschafts-, Elektrizitätsbetriebe, der Gemeinden. ↗ Kosten, S. 93

- nach der Größe
  Kleinbetriebe, Mittelbetriebe, Großbetriebe.

Die Unterscheidung nach der Größe erfolgt in Abhängigkeit von der Anzahl der im Betrieb Beschäftigten, von der Höhe des investierten Kapitals oder der Höhe des betrieblichen Umsatzerlöses.

Betriebe	Größenmerkmale		
	Kapital	Umsatz	Beschäftigte
kleine	bis 3,9 Mio. DM	bis 8 Mio. DM	bis 50
mittlere	bis 15,5 Mio. DM	bis 32 Mio. DM	bis 250
große	über 15,5 Mio. DM	über 32 Mio. DM	über 250

3 Unternehmung

Unternehmung ist die wirtschaftlich-rechtliche Bezeichnung für Betriebe. Allgemein gebräuchlicher ist der Begriff Unternehmen. Ein Unternehmen kann aus einem oder mehreren Betrieben bestehen. Es gibt Unternehmen deren Betriebe über viele Länder verteilt sind. Ein Unternehmen besitzt Vermögen und Entscheidungsrecht. Es kann vor Gericht klagen und verklagt werden.

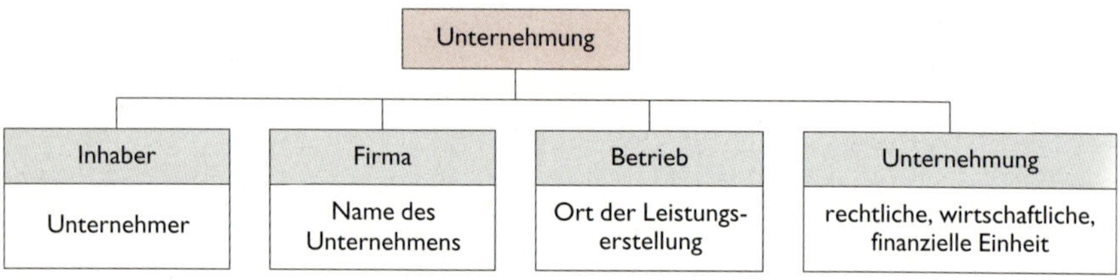

Unternehmensform. Im rechtlichen Geschäftsverkehr tritt eine Unternehmung immer in einer bestimmten Unternehmensform auf, z. B. als

- Einzelunternehmen: Eine Person ist Inhaber des Unternehmens.
- Personengesellschaft: Mehrere Personen betreiben ein Handelsgewerbe unter einer Firma.
- Kapitalgesellschaft/Genossenschaft: Kapitalgesellschaften und Genossenschaften sind juristische Personen. Sie entstehen mit der Eintragung in das Handelsregister bzw. Genossenschaftsregister und handeln durch ihre vertretenden Organe.

↗ Rechtsformen, S. 73

Unternehmer

Der Unternehmer ist die Person, die ein Unternehmen gründet und selbständig sowie eigenverantwortlich leitet. Er beschafft das notwendige Kapital, entscheidet über dessen Verwendung und haftet dafür. Indem er für den Gewinn und für den Verlust eines Unternehmens verantwortlich ist, trägt er das Unternehmerrisiko.

Firma

Die Firma ist der Name unter dem ein Unternehmer bzw. ein Unternehmen am Geschäftsverkehr teilnimmt. Die Art des Geschäftes kann in die Firmennamen aufgenommen werden, z. B.:

- Frank Schmidt Weingroßhandel
- Schulze & Co. Sanitär-Heizung-Flüssiggas

Ein Firmenname dient auch der Werbung.

Grundsätze für die Wahl der Firma. Ein Unternehmen wird unter seiner Firma bekannt. Sind der im Laufe der Jahre erworbene Ruf und das Ansehen gut, so wird bei einem Wechsel des Inhabers eines Unternehmens der Firmenname oft beibehalten. Der Gesetzgeber hat bestimmte Grundsätze für die Wahl des Firmennamens aufgestellt, z. B.:

- Firma, Ort der Niederlassung und deren Änderungen sind in das Handelsregister einzutragen und zu veröffentlichen.
- Neue Firmen müssen sich deutlich von bereits am Ort bestehenden Firmen im Namen unterscheiden.
- Die Firma darf Fremde nicht über den Geschäftsinhaber sowie der Art und des Umfangs seiner Tätigkeit täuschen.

Firmenarten. Eine Firma kann in verschieden Arten auftreten, z. B. als

- Personenfirma: Besteht aus dem Namen einer oder mehrer Personen, z. B. Franz Müller; Maier & Schulte.
- Sachfirma: Ist dem Gegenstand der Unternehmung entnommen, z. B. Hoch- und Tiefbau GmbH; Druckmaschinen KG.
- Mischfirma: Stellt eine Kombination aus Personen- und Sachfirma dar und enthält neben einen Personennamen auch den Gegenstand der Unternehmung, z. B. Otto Versand, Drössler Nah- und Ferntransporte.
- Phantasiefirma: Beruht häufig auf dem Warenzeichen einer Unternehmung, z. B. Salamander AG, Hermes Versand Service. vgl. Branchenbücher

Handelsregister

Das Handelsregister ist das Verzeichnis aller Vollkaufleute eines Amtsgerichtsbezirkes. Das Handelsregister ist in zwei Abteilungen gegliedert:

- Abteilung A: Einzelunternehmer, Personengesellschaften;
- Abteilung B: Kapitalgesellschaften.

Eintragungen in das Handelsregister sind zu veröffentlichen. ↗ S. 75

Dieses kann erfolgen in Form

- der Veröffentlichung im Bundesanzeiger,
- der Einsichtnahme in das Handelsregister,
- der Veröffentlichung in einer örtlichen Tageszeitung.

Handelsregister **des Amtsgerichts Charlottenburg**

HRA 27042 – 4. Januar 1996: **REPRO CENTRAL Johannes G. Droste**, Berlin (Kleine Kurstraße 2, 10117 Berlin) (Reprografische Dienstleistungen (Lichtpausen, Großkopien, Kopien, Farbkopien, Buchbinderische Weiterverarbeitung und Schreibwarenhandel).) Inhaber: Reprograf Johannes G. Droste, Berlin

HRB 57572 – 4. Januar 1996: **HGWB Gas-Wasser-Installationen Verwaltungs GmbH**, Berlin (Weißenburger, Straße 23, 13595 Berlin) Gegenstand: Er-

HRB 24391 – 5. Januar 1996: **Interest Vermögensverwaltung Gesellschaft mit beschränkter Haftung**, Berlin (Hadlichstraße 19, 13187 Berlin). Aufgrund des Verschmelzungsvertrages vom 15. August 1995 und der jeweils zustimmenden Beschlüsse der Gesellschafterversammlungen vom selben Tage ist die Jump GmbH Training + Aerobics mit Sitz in Berlin durch Übertragung ihres Vermögens als Ganzes unter Ausschluß der Abwicklung auf die Interest Vermögensver-

Auszug aus dem Handelsregister

Produktionsfaktoren

Um ein Unternehmen betreiben zu können, braucht ein Unternehmer einen Standort, Kapital und Mitarbeiter, d. h. sogenannte Produktionsfaktoren. Deren Zusammenwirken ist die Grundlage jeder Produktion und Leistungserstellung. Die Produktionsfaktoren können unter volkswirtschaftlichen Gesichtspunkten und betriebswirtschaftlichen Gesichtspunkten betrachtet werden.

Produktionsfaktoren im volkswirtschaftlichen Sinn

In der Volkswirtschaft werden die Produktionsfaktoren nach Arbeit, Boden und Kapital unterschieden.

Arbeit. Jede geistige und körperliche Tätigkeit von Menschen, die darauf gerichtet ist ein Einkommen zu erzielen. Arbeit wird unterschieden nach dem Grad der
- Ausbildung:
  - ungelernte Arbeit (Hilfsarbeit ohne besondere Kenntnisse);
  - angelernte Arbeit (Einarbeitungszeit von mehreren Tagen oder Wochen);
  - gelernte Arbeit (Ausbildung und Prüfung).
- Verantwortung:
  - leitende Arbeit (umfaßt Entscheidungs und Anordnungsbefugnis);
  - ausführende Arbeit (ausführen von angeordneten Tätigkeiten).
- Anforderungen:
  - überwiegend geistige Arbeit (z. B. Steuerberatung, Buchführung);
  - überwiegend körperliche Arbeit (z. B. Handwerker, Arbeiter);
  - überwiegend schöpferische Arbeit (z. B. Konstrukteur).
- Abhängigkeit:
  - selbständige Arbeit, an kein Arbeitsverhältnis gebunden (z. B. Unternehmer),
  - unselbständige Arbeit, in einem Unternehmen angestellt (Arbeitnehmer/innen).

Boden. Zu wirtschaftlichen Zwecken genutzte Natur, als
- Standort, z. B. für einen Betrieb, für eine Produktionsstätte, für ein Wohngebäude;
- Rohstoffquelle, z. B. in Form von Kohle, Gas, Erdöl, Stein, Erz;
- Produktionsstätte, z. B. für landwirtschaftliche und gärtnerische Produkte.

Kapital. Geld, welches für Investitionen bereitgehalten und für Produktionszwecke eingesetzt wird.

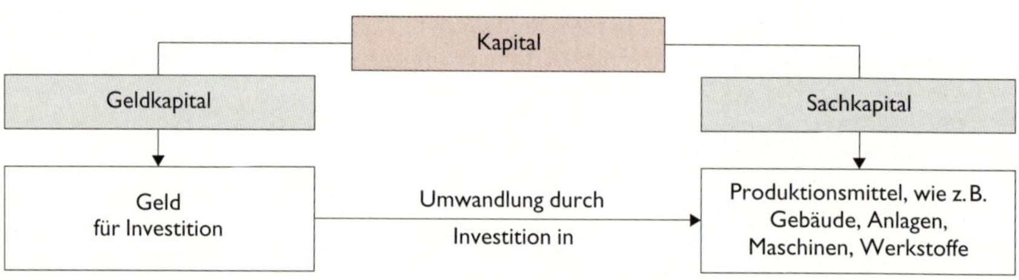

Produktionsfaktoren im betriebswirtschaftlichen Sinn

Elementare Faktoren. Sind die Faktoren Arbeit, Betriebsmittel und Werkstoffe.
- Arbeit: Einsatz der physischen und der psychischen Fähigkeiten der Mitarbeiter zur Realisierung der Unternehmensziele;

- Betriebsmittel: alle Anlagen, Maschinen, Ausrüstungen und Einrichtungen, die für die Leistungserbringung gebraucht werden;
- Werkstoffe: alle Stoffe, die als Roh-, Hilfs- und Betriebsstoffe zur Leistungserstellung verbraucht werden.

Dispositiver Faktor. Führung des betrieblichen Gesamtsystems mit dem Ziel der optimalen Kombination der Produktionsfaktoren. Inhalte sind:
- Formulierung eindeutiger Ziele für jede Ebene im Unternehmen;
- vorausschauende Festlegung von Maßnahmen zur Erreichung der betrieblichen Ziele;
- Strukturierung und Steuerung des Unternehmens zur Erfüllung der Aufgaben;
- Überwachung des betrieblichen Geschehens.

Standortfaktoren

Ein Unternehmer muß bei der Wahl des Standortes für das Unternehmen die Entscheidung so treffen, daß er auf lange Sicht einen möglichst großen Gewinn bzw. Nutzen erzielen kann. Es gibt eine Vielzahl von Faktoren, die bei der Standortwahl berücksichtigt werden müssen.

Standort

Das ist der Ort an dem die betrieblichen Aktivitäten eines Unternehmens entfaltet werden. Der Standort beeinflußt maßgeblich die Höhe des Umsatzes, die entstehenden Kosten, die Höhe der Preise und die Höhe der Gewinne in einem Unternehmen.

■ Ein Fachgeschäft für Brillen und optische Waren bedarf einer zentralen Lage. Die Nähe einer Augenarztpraxis kann den Brillenabsatz fördern.
Exklusive und teure Waren werden besser in belebten Geschäftsstraßen angeboten, weil hier die Chance größer ist, daß von den vielen Passanten einige von dem Angebot angesprochen werden.
Waren des täglichen Bedarfs können von Einzelhandelsgeschäften auch in Nebenstraßen angeboten werden. Hier sind in der Regel die Ladenmieten billiger.
Einkaufszentren bevorzugen verkehrsgünstige Lagen am Rande der Städte. Die Kosten für Gewerbeflächen sind hier günstiger als in zentralen Lagen und den Kunden werden oft ausreichend Parkmöglichkeiten zur Verfügung gestellt.

Faktoren für die Bestimmung des Standortes

Bei der Wahl des Standortes für ein Unternehmen sind kostenorientierte Faktoren und erlösorientierte Faktoren zu untersuchen.

Kostenorientierte Standortfaktoren. Solche Faktoren sind u. a.
- Nähe zu Lieferanten
  - Sind häufige Lieferungen im großen Umfang erforderlich?
  - Ist die Verkehrsanbindung für die Lieferanten günstig?
- Arbeitsmarkt
  - Sind bestimmte Berufe in der Gegend des in Aussicht genommen Standortes ansässig oder bodenständig?
  - Wie ist das Lohnniveau?
  - Ist ein ausreichendes Arbeitskräftepotential vorhanden?

- Grundstücks- und Mietraumsituation
  - Sind gewerbliche Räume zu kaufen oder zu mieten?
  - Wie sind die Kauf- bzw. Mietbedingungen?
  - Sind neue Gewerbegebiete geplant?
  - Sind neue Wohngebiete vorgesehen?
- Steuerliche Situation
  - Wie hoch ist am betreffenden Ort die Gewerbesteuer?
  - Welche Unterschiede bestehen in der Höhe kommunaler Abgaben?
- Behördliche Beschränkungen
  - Muß mit Beschränkungen aufgrund des Baurechts und des Immissionsschutzrechts gerechnet werden?
  - Liegen Verkehrsbeschränkungen vor?
  - Kann der Betrieb später erweitert werden?

Erlösorientierte Standortfaktoren. Solche Faktoren sind u. a.

- Nähe zum Kunden
  - Wer kommt als Kunde in Betracht, gibt es im Einzugsgebiet genügend Kunden?
  - Sind Betriebe in der Nähe, für die Zuliefertätigkeiten ausgeführt werden können?
- Verkehrsmöglichkeiten
  - Sind Kundenparkplätze vorhanden oder schaffbar?
  - Ist der Betrieb mit öffentlichen Verkehrsmitteln erreichbar?
  - Ist der Weg zum Betrieb für den Kunden als Einkaufserlebnis interessant?
- Nähe zur Konkurrenz
  - Hat der Betrieb eine örtliche Monopolstellung?
  - Wie gefährlich ist die vorhandene Konkurrenz?
  - Kann mit der Konkurrenz zusammengearbeitet werden?

Als optimal gilt der Standort, der mit den geringsten Kosten die angestrebten Erlöse bzw. mit gegebenen Kosten die größtmöglichen Erlöse erwarten läßt.

↗ Kosten- und Leistungsrechnung, S. 92

Nutzwertanalyse eines Standortes

Für die Entscheidungsfindung über einen optimalen Standort können ausgewählte Faktoren mittels eines Punktsystems bewertet werden. Dabei wird von einer Wertskala von 0 bis 100 ausgegangen. Entsprechend der Wichtigkeit der Standortfaktoren für das Unternehmen, werden die Punkte vergeben und als Summe für den Standort ausgewiesen.

■ Aus mehreren möglichen Standorten soll der günstigste bestimmt werden.

1. Schritt – Auswahl der wesentlichen Faktoren:
- Lage zum Absatzmarkt
- Verkehrsverbindungen
- Arbeitskräfte
- Öffentliche Abgaben und Förderung

2. Schritt – Festlegen von Höchstwerten entsprechend der Wichtigkeit, z. B.:

– Lage zum Absatzmarkt	100 Punkte
– Verkehrsverbindung	60 Punkte
– Arbeitskräfte	80 Punkte
– Öffentliche Abgaben und Förderung	100 Punkte

3. Schritt – Bewertung der Standorte:

	Standorte I	II	III	IV
Lage zum Absatzmarkt	90 P.	60 P.	100 P.	90 P.
Verkehrsanbindung	60 P.	40 P.	60 P.	50 P.
Arbeitskräfte	30 P.	80 P.	40 P.	60 P.
Öffentliche Abgaben und Förderung	100 P.	20 P.	100 P.	40 P.
Summe	280 P.	200 P.	300 P.	240 P.

4. Schritt – Bestimmen des günstigsten Standortes:
Von den vier untersuchten ist Standort III am günstigsten zu beurteilen.

Rechtsformen der Unternehmung

Wirtschaftliches Handeln vollzieht sich in einem System rechtlicher Bestimmungen und vertraglicher Vereinbarungen. Für einen Unternehmer steht daher die Frage,
- wie kann er an diesem System teilnehmen;
- welche Rahmenbedingungen setzen die Rechtssysteme;
- wie kann der rechtliche Rahmen in geeigneter Weise ausgefüllt werden.

↗ Unternehmer, S. 68

Rechtsform

Die Rechtsform, auch als Unternehmensform bezeichnet, ist die juristische Unterscheidung zwischen Einzelunternehmen, Personengesellschaften, Kapitalgesellschaften und Genossenschaften. ↗ Unternehmensform, S. 68

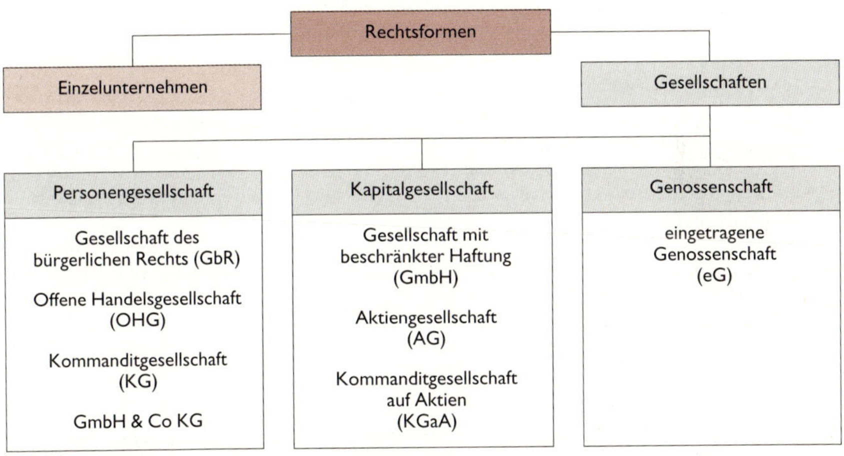

Einzelunternehmen. Das Einzelunternehmen ist eine im Handwerk und im Einzelhandel vorherrschende Rechtsform für das Unternehmen. Der Einzelunternehmer vereinigt alle Rechte und Pflichten in einer Person.

Vorteile	Nachteile
Die Verfügungsgewalt und Entscheidung liegt allein beim Unternehmer. Er kann selbständig und rasch entscheiden. Dadurch ist eine schnelle Anpassung an veränderte Wirtschaftssituationen möglich. Der Gewinn braucht nicht geteilt zu werden.	Der Unternehmer trägt allein das Risiko. Er haftet auch mit dem privaten Vermögen für die betrieblichen Schulden. In der Regel bestehen eine geringe Kapitalkraft und nur beschränkte Kreditbeschaffungsmöglichkeiten. ↗ Kredit, S. 53

Gesellschaft bürgerlichen Rechts (GbR). Rechtsform, die nicht dem Handelsrecht unterliegt, sondern dem Bürgerlichen Gesetzbuch (BGB). Sie steht allen Personen offen, die gemeinsam ein bestimmtes wirtschaftliches Ziel verfolgen. Die Gründung erfolgt durch mindestens zwei Personen mittels eines formlosen Vertrages. Gericht und Notar sind nicht erforderlich.

■ Mehrere Handwerksbetriebe schließen sich zu einer GbR auf Zeit zusammen, um gemeinsam einen Großauftrag abzuwickeln.

Offene Handelsgesellschaft (OHG). Die Offene Handelsgesellschaft ist eine Personengesellschaft, die von mindesten zwei Personen gegründet wird, um unter einer gemeinsamen Firma ein Handelsgewerbe zu betreiben.
↗ Unternehmensformen, S. 68; ↗ Firma, S. 68
Die Bezeichnung „Offene Handelsgesellschaft“ ergibt sich daraus, daß das gesamte Vermögen (Geschäfts- und Privatvermögen) der Gesellschafter für die Gläubiger offen liegt. Die OHG entsteht durch einen schriftlich abgeschlossenen Vertrag zwischen den Gesellschaftern.
Ein solcher Vertrag enthält u. a. Festlegungen über
- die Höhe der Geld- und Sacheinlagen der Gesellschafter,
- die Rechte zur Geschäftsführung und Vertretung der Gesellschaft nach außen,
- die Art der Gewinnverteilung.

Vorteile	Nachteile
Gutes Ansehen des Unternehmens im Wirtschaftsleben, da die Gesellschafter auch mit ihrem Privatvermögen haften und das volle Unternehmensrisiko tragen. Keine Vorschriften über eine Mindestkapitalhöhe der Gesellschaft. Unterschiedliche Kenntnisse und Fähigkeiten der Gesellschafter können voll in die Geschäftsführung eingebracht werden.	Anspruch auf Teilhabe an der Geschäftsführung besteht für alle Gesellschafter. In der Folge können persönliche Meinungsverschiedenheiten zwischen den Gesellschaftern zur Unternehmensgefährdung führen.

■ Herr Wagner ist seit Jahren der Inhaber eines Kfz-Reparaturbetriebes. Sein Unternehmen hat sich in den letzten Jahren gut entwickelt, und er möchte es durch den Handel mit Neufahrzeugen erweitern.
Herr Fritzlar ist Autoverkäufer und ein guter Bekannter von Herrn Wagner. Er ist bereit sich an der Geschäftserweiterung mit 200 000,00 DM zu beteiligen.

Beide Herrn verständigen sich über die Gründung einer OHG als Rechtsform für das Unternehmen. Ihre Gründe sind vor allem:
- Sie bleiben als Gesellschafter Unternehmer im urprünglichen Sinn.
- Sie bringen notwendiges Kapital selbst auf.
- Sie führen die Geschäfte persönlich.
- Sie sind an einer hohen Gewinnentwicklung interessiert und nehmen das volle Risiko auf sich.
- Sie teilen die Geschäftsführung in Werkstatt und Verkauf.

Kommanditgesellschaft (KG). Die Kommanditgesellschaft ist eine Personengesellschaft in der nur die tätigen Gesellschafter (Komplementäre) voll haften, während die nicht tätigen Gesellschafter (Kommandidisten), nur mit ihrer Kapitaleinlage haften.

Kommanditgesellschaft

Vollhafter = Komplementär	Teilhafter = Kommandidist
Einlagepflicht	Einlagepflicht
unbeschränkte Haftung	beschränkte Haftung (auf die Einlage)
Geschäftsführung	angemessene Gewinnbeteiligung
Privatentnahme und angemessene Gewinnbeteiligung	Kontrollrecht

Die Kommanditgesellschaft ist besonders für eine Familiengesellschaft geeignet, indem z. B. der Vater einen Sohn als vollberechtigten Partner in die Firma nimmt, während die anderen Familienmitglieder Kommanditisten werden.

Gesellschaft mit beschränkter Haftung (GmbH). Die GmbH ist eine Kapitalgesellschaft. In der GmbH besteht eine klare Trennung zwischen Unternehmen (juristische Person) und Gesellschaftern (natürliche Personen). Da die GmbH als juristische Person selbständig rechtsfähig ist, haftet nur das Vermögen der Gesellschaft und nicht das Privatvermögen der Gesellschafter.
Die Gründung einer GmbH erfolgt durch eine oder mehrere Personen und einem notariell beurkundeten Gesellschaftsvertrag. Als Stammkapital sind mindestens 50 000,00 DM gesetzlich vorgeschrieben. Diese Summe ist bei einer Sachgründung komplett und bei einer Bargründung mindestens zur Hälfte aufzubringen.
Die Leitung einer GmbH erfolgt durch einen oder mehrere Geschäftsführer, die Gesellschafter oder andere Personen sein können. Die GmbH muß ihren Jahresabschluß veröffentlichen, und wegen der Beschränkung der Haftung ist vorgeschrieben, daß bei einer Überschuldung (Minuskapital) Konkurs angemeldet werden muß. Die GmbH ist eine häufig gewählte Rechtsform für ein Unternehmen.

Handelsregister des Amtsgerichts Charlottenburg **Löschungen**

HRA 16204 – 4. Januar 1996: **Balkanspezialitäten Kommanditgesellschaft Treffpunkt, Gaststätten GmbH & Co.**, Berlin (Prager Str. 9, 10779 Berlin). Die Firma ist erloschen.

HRB 20444 – 4. Januar 1996: **Friedel Murjahn GmbH & Co.**, Berlin (Glasower Str. 18-20, 12051 Berlin). Die Gesellschaft ist aufgelöst. Die Firma ist erloschen.

Amtliche Bekanntmachung der Amtsgerichte

Aktiengesellschaft (AG). Die Aktiengesellschaft ist eine Kapitalgesellschaft, deren Gesellschafter die Aktionäre sind. Die Aktionäre sind mit bestimmten, auf runde Beträge lautenden Anteilen an dem in Aktien zerlegten Grundkapital der AG beteiligt, ohne persönlich für die Schulden der Gesellschaft zu haften.
In einer Aktiengesellschaft besteht eine klare Trennung von Unternehmensleitung (Vorstand und Aufsichtsrat) und Kapitalaufbringung (Aktionäre). Die Aktionäre sind in der Regel nur die Geldgeber, sofern sie nicht als Mehrheitsaktionäre einen Einfluß auf die Geschäftsführung haben.
Als Unternehmensform begünstigt die Aktiengesellschaft die breite Streuung des Eigentums an Großunternehmen, aber auch die Konzentration an wirtschaftlicher Macht durch Konzernbildung.

Eingetragene Genossenschaft (eG). Die Genossenschaft ist gleich den Kaptitalgesellschaften eine juristische Person. Nach dem Genossenschaftsgesetz können mindestens sieben Personen eine Genossenschaft gründen. Diese erhält ein Statut und wird in das Genossenschaftsregister eingetragen. Die Organe der Genossenschaft sind die Generalversammlung, der Aufsichtrat und der Vorstand. Die Mitglieder haften für die Schulden ihrer Genossenschaft mit ihrem Geschäftsanteil.
Genossenschaft mit einem gemeinschaftlichen Geschäftsbetrieb bestehen im produzierenden Gewerbe und im Handels- sowie Dienstleistungsgewerbe.

GRUNDAUFGABEN EINES BETRIEBES

Betriebliche Grundaufgaben im Überblick

Der einzelne Betrieb bzw. das Unternehmen ist mit vielen anderen Betrieben in der Wirtschaft sowie mit öffentlichen und privaten Haushalten verbunden. Es werden Sachgüter und Dienstleistungen bezogen und eigene Leistungen gegen Entgelt abgesetzt. Dabei ergeben sich bestimmte betriebswirtschaftliche Grundaufgaben.

Grundaufgaben/Grundfunktionen

Grundaufgaben oder Grundfunktionen sind betriebliche Aufgaben und Tätigkeiten, die in jedem Betrieb, gleich welcher Art und Größe, Branche und Wirtschaftsbereich, durchgeführt werden müssen. Diese sind:

- Beschaffung
  z. B. Markterkundung, Einholen von Angeboten, Bestellung von Gütern und Dienstleistungen, Abnahme von gelieferten Gütern, Lagerung, Rechnungsausgleich;
- Leistungserstellung
  z. B. Planung der Fertigung und ihrer Termine, Arbeitsvorbereitung, Herstellung von Erzeugnissen, Erbringung von Dienstleistungen, Kontrolle und Überwachung der Leistungserstellung;
- Absatz
  z. B. Erforschung der Absatzmöglichkeiten, Werbung, Verkauf der Erzeugnisse und Leistungen, Versand;
- Finanzierung
  z. B. Beschaffung von Kapital;
- Verwaltung
  z. B. Rechnungswesen, Personalwesen, Zahlungs- und Kreditverkehr.

Bei der Wahrnehmung der betrieblichen Grundaufgaben ist jeder Betrieb eingebettet in seine Beschaffungs- und Absatzmärkte.

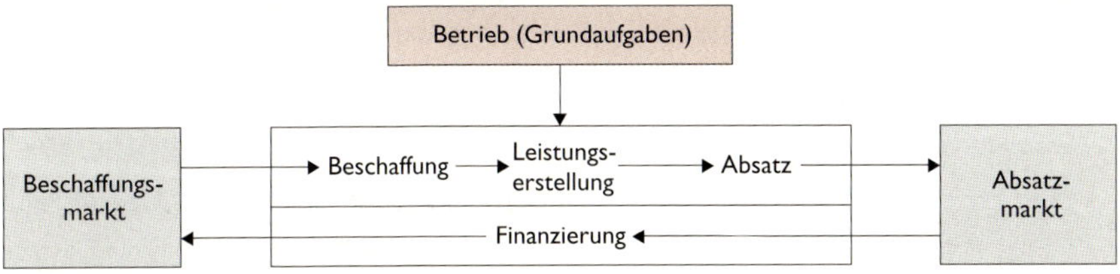

Beschaffung und Lagerung

Beschaffung

Die Beschaffung ist die Gesamtheit aller Aktivitäten zur Erlangung der Verfügungsmacht über
- Sachgüter
  z. B. Betriebsmittel, Werkstoffe, Verbrauchsmaterialien, Handelswaren;
- Dienstleistungen
  z. B. Transport-, Nachrichten-, Versicherungs- und Finanzleistungen;
- Rechte
  z. B. Patente, Lizenzen, Konzessionen.

Beschaffung steht am Anfang aller betrieblichen Tätigkeiten. Im engeren Sinn umfaßt sie die Bedarfsermittlung und die Einkaufsabwicklung.

Bedarfsermittlung

Der Bedarf hängt von den verschiedensten Einflußgrößen ab, wie
- der Art der zu erstellenden Leistung,
- der Art und den Möglichkeiten des Absatzes, z. B. kontinuierlich oder saisonabhängig,
- den Lagerkapazitäten,
- den Beschaffungswegen,
- der Beschaffungsdauer,
- den Beschaffungskosten und
- der Art der Werkstoffe und Verbrauchsmaterialien.

Um den notwendigen Bedarf an Gütern, Dienstleistungen und Rechten in der erforderlichen Menge und Güte zu ermitteln und um diesen Bedarf termingerecht und am richtigen Ort zur Verfügung zu haben, müssen Beschaffungsüberlegungen angestellt und Beschaffungsdispositionen getroffen werden.

Beschaffungsdisposition

Die Beschaffungsdisposition beinhaltet die wirtschaftlichen und rechtlichen Überlegungen zur Bedarfsermittlung und zur Einkaufsabwicklung. Sie umfaßt
- die Güterdisposition,
- die Mengen- und Qualitätsdisposition,
- die Zeitdisposition,
- die Preisdisposition und
- die Bezugsquellendisposition.

Güterdisposition. Was soll beschafft werden?
Die Art und Zusammensetzung der einzukaufenden Werkstoffe, Handelswaren und anderen Güter richten sich nach dem Leistungsprogramm, den Absatzmöglichkeiten und dem Kundenkreis des jeweiligen Betriebes. Im Handel gilt z. B.: Der Erfolg des Geschäftes hängt von einer genügenden Breite des Sortiments (Zahl der geführten Warengruppen und -arten) und von einer entsprechenden Tiefe des Sortimentes (Auswahl nach Qualität, Form, Größe, Preis innerhalb einer Warengruppe) ab.

Mengen- und Qualitätsdisposition. – Wieviel und in welcher Qualität soll beschafft werden?
Die Beantwortung dieser Frage ist von verschiedenen Faktoren abhängig.

Fertigungsbetrieb	Handelsbetrieb
Absatzmöglichkeiten Produktionsmöglichkeiten Fertigungsprogramm Konstruktionszeichnungen, Stücklisten u. ä.	Absatzmöglichkeiten Größe des Kundenkreises Kaufkraft der Kunden Lebensstil und Ansprüche der Kunden u. ä.

Eine möglichst genaue Ermittlung des Bedarfs schützt vor einem zu großen Lagerbestand, der unnötig Kapital bindet. ↗ Lagerhaltung, S. 83

Zeitdisposition. Wann soll beschafft werden?
Der Einkaufs- und Beschaffungszeitpunkt ergibt sich bei einem gegebenen Leistungsumfang z. B. aus
- der Beschaffungsdauer und der Lagerfähigkeit zu beschaffender Güter,
- der Größe und der Eignung des Lagerraums,
- der vermuteten Preisentwicklung der benötigten Güter,
- dem Zeitpunkt des Lieferangebotes,
- der Umschlagshäufigkeit der Güter.

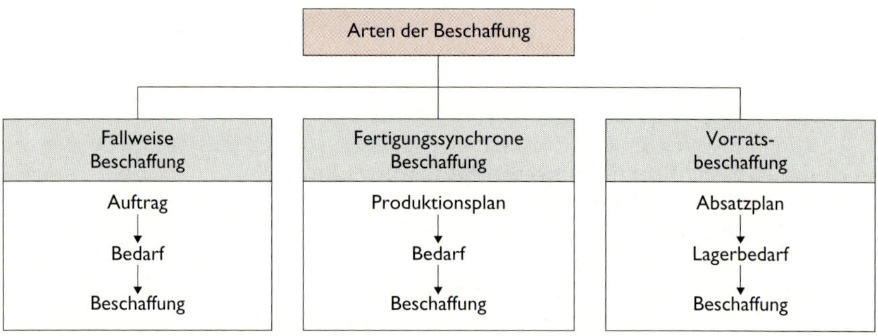

Preisdisposition. Zu welchen Preisen soll gekauft werden?
Die Beantwortung dieser Frage beruht u. a. auf
- der Kalkulation der maximal vertretbaren Einkaufspreise, wenn die erzielbaren Verkaufspreise fest stehen; ↗ Kalkulation, S. 95
- dem Vergleich der Angebotspreise verschiedener Lieferanten. ↗ Angebot, S. 80

Um die Angebotspreise der verschiedenen Lieferanten vergleichbar zu machen, müssen in der Regel die eingeräumten unterschiedlichen Preiszu- und -abschläge berücksichtigt werden.
- Preiszuschläge:
  Mehrwertsteuer, Versandkosten, Verpackungskosten, Versicherung
- Preisabschläge:
  • Rabatt – Preisnachlaß, der sofort eingeräumt wird (z. B. Mengenrabatt, Wiederverkäuferrabatt, Personalrabatt, Sonderrabatt)
  • Bonus – Preisnachlaß, der nachträglich eingeräumt wird (z. B. für den Umsatz im letzten halben Jahr)
  • Skonto – Preisnachlaß für die Zahlung innerhalb einer bestimmten Frist.

Sogenannte Naturalrabatte, in Form von Draufgaben oder Dreingaben, können sich ebenfalls auf den Stückpreis einer Ware auswirken

Draufgaben		Dreingaben	
Bestellung	100 Stück	Bestellung	100 Stück
Lieferung	105 Stück	Lieferung	100 Stück
Bezahlung	100 Stück	Bezahlung	95 Stück

Bezugsquellendisposition. Wo soll gekauft werden?
In der Regel sind dem einzelnen Betrieb die Bezugsquellen aus den bisherigen Geschäftsbeziehungen bekannt. Zur Entscheidungsfindung dienen die Preisdisposition und andere Informationsquellen, wie z. B. Anzeigen in Fachzeitschriften, Messen und Ausstellungen.

Einkaufsabwicklung

Der eigentliche Beschaffungsvorgang ist die Einkaufsabwicklung.

Einkaufsvorbereitung.
1. Bedarfsfeststellung
2. Bezugsquellenermittlung
3. Anfrage bei Lieferern
4. Angebote der Lieferer
5. Angebotsvergleich

Einkaufsdurchführung und Einkaufskontrolle.
6. Abschluß des Kaufvertrages
7. Terminüberwachung
8. Annahme und Prüfung der Ware
9. Rechnungsprüfung und Bezahlung der Ware

Anfrage bei Lieferern

Eine Anfrage dient dem Zweck, Lieferer zur Abgabe eines Angebotes aufzufordern oder neue Geschäftsbeziehungen anzubahnen. Die Anfrage kann mündlich oder schriftlich erfolgen. Aus ihr erwachsen keine rechtlichen Verpflichtungen. Anfragen können unbestimmt oder bestimmt formuliert werden.

↗ Angebot, S. 80

Unbestimmte Anfrage. Sie dient dem Kunden dazu, einen Überblick über das Sortiment sowie über die Liefer- und Zahlungsbedingungen möglicher Lieferer zu erhalten.

■ „Teilen Sie mir bitte Ihr gesamtes Lieferprogramm mit."
„Senden Sie uns bitte Ihre Preislisten zu."
„Senden Sie uns bitte einen Katalog mit Ihren aktuellen Angeboten und Ihren derzeitigen Konditionen zu."

Bestimmte Anfrage. Eine solche Anfrage bezieht der Kunde auf die Liefermöglichkeiten einer bestimmten Ware oder Leistung, die z. B. durch Muster, Probe, Beschreibung, Zeichnung genau gekennzeichnet wird. Gleichfalls erfolgt die Bitte um Mitteilung der Preise und Vertragsbedingungen.

3

■ „Unterbreiten Sie mir bitte ein Angebot über die Lieferung und Montage von 8 Kunststoff-Fenstern, 100 x 135 cm, braun, mit Kreuz, geteilt öffnend."
„Bitte bieten Sie uns 4t Packpapier, grau, in Bögen DIN A2, 250 g/m^2, mit Musterung an."

Angebote der Lieferer

Mit einem Angebot (an keine bestimmte Form gebunden) gibt der Anbietende eine Willenserklärung ab, unter bestimmten Bedingungen Waren zu überlassen oder Leistung zu erbringen. Ein nicht verlangtes Angebot durch einen Lieferer dient:

- dem Ziel, den Absatz zu steigern;
- dem Zweck, sich in Erinnerung zu bringen;
- Sonderangebote zu unterbreiten;
- Kunden auf besondere Anlässe hinzuweisen.

vgl. Werbeprospekte
↗ Werbung, S. 155

Inhalt eines ausführlichen Angebotes

Das Angebot ist in der Regel die Grundlage für den abzuschließenden Kaufvertrag. Ein ausführliches Angebot sollte im wesentlichen folgende Angaben beinhalten:

Angebotsinhalte

Art, Güte, Beschaffenheit der Waren	Menge der Waren	Preis mit Nachlässen	Lieferbedingungen	Zahlungsbedingungen	Erfüllungsort und Gerichtsstand

↗ Kaufvertrag, S. 168; ↗ Preisdisposition, S. 78

Lieferbedingungen. Die Lieferbedingungen haben großen Einfluß auf die Kosten, mit denen die Waren/Leistungen bezogen werden. Zu diesen Bedingungen zählen:

– die Lieferzeit
  Vereinbarungen darüber könnten z. B. lauten:
  „Lieferung sofort."
  „ ... innerhalb von drei Monaten."
  „ ... auf Abruf."
  „ ... bis zum 30. April." (Oft mit dem Zusatz „fix" oder „fest".)
  Wenn nichts über einen solchen Zeitpunkt vereinbart ist, kann sofort geliefert werden. Andererseits kann der Käufer auch sofortige Lieferung verlangen.
– die Verpackungskosten
  Nach der gesetzlichen Regelung hat der Käufer die Kosten für die Versandverpackung zu tragen. Es können aber von den Vertragspartnern auch andere Absprachen getroffen werden.
– die Transportkosten
  Nach der gesetzlichen Regelung gehen die Transportkosten zu Lasten des Käufers. Vertraglich können auch andere Vereinbarungen getroffen werden, wie z. B.:
  „Ab Werk", d. h. von hier ab trägt der Käufer alle Kosten des Transports;
  „Frei Haus", d. h. bis dahin trägt der Verkäufer alle Kosten des Transports.

3

Zahlungsbedingungen. Wenn nichts anderes festgelegt worden ist, gilt die gesetzliche Regelung, daß sofort nach Übergabe der Ware oder Erbringung der Leistung zu zahlen ist. Im allgemeinen werden aber zwischen Lieferanten (Verkäufer) und Kunden (Käufer) bestimmte Zahlungsbedingungen vereinbart, wie z. B.:

Vor Lieferung	Bei Lieferung	Nach Lieferung
Zahlung bei Bestellung Anzahlung zur Hälfte bei Bestellung netto Kasse gegen Rechnung (die versandbereite Ware wird erst nach Eingang der Zahlung abgeschickt)	gegen bar gegen Nachnahme	auf Abzahlung zahlbar in vier Monatsraten innerhalb von ... Tagen in 30 Tagen oder bar mit 2,5 % Skonto

Gültigkeit eines Angebotes

Ein Angebot kann über unterschiedliche Zeiträume gültig sein.

Befristetes Angebot. Der Lieferer ist an die genannte Frist bis zu deren Ablauf gebunden, z. B. „Die Preise gelten bis zum 30.06. dieses Jahres."

Freibleibendes Angebot. Hier ist der Lieferer nicht gebunden, auch wenn der Auftrag sofort erteilt wurde. Ein freibleibendes Angebot erkennt man an sogenannten Freizeichnungsklauseln, wie z. B.: „Lieferung vorbehalten.", „Preise freibleibend.", „Preise unverbindlich.", „Wir bieten Ihnen freibleibend an ...", „ ... solange der Vorrat reicht."

Angebot ohne Zusatz. Ein solches Angebot muß sofort angenommen werden, sonst erlischt es. vgl. Werbeprospekte des Handels

Angebotsvergleich

Eingeholte Angebote müssen verglichen werden, um das günstigste zu ermitteln. Beim Vergleich ist nicht nur der niedrigste Bezugspreis für die Entscheidungsfindung von Bedeutung sondern auch andere Kriterien:

- Ist der Lieferer zuverlässig, werden die Lieferfristen eingehalten?
- Garantiert der Lieferer eine gleichbleibende Qualität?
- Sind in den Preisen Dienstleistungen, z. B. Kundendienst, Garantieleistungen, enthalten?

■ Ein Unternehmer möchte in seinem Betrieb veraltete Büroschränke erneuern. Dazu holt er sich bei verschiedenen Fachhändlern Angebote ein. Aufgrund seiner Anfragen gehen drei Angebote ein.

Angebotsvergleich					
Angebot	Preis/Stück	Bezugskosten für 4 Stück	Rabatt	Skonto	Lieferzeit
A	850,00 DM	frei Haus	5 % bei 4 Stück	3 % oder 2 Mo. Ziel	4 Wochen
B	740,00 DM	frei Bahnhof dort 40,00 DM	8 % bei 4 Stück	2 % oder 3 Mo. Ziel	6 Wochen
C	690,00 DM	ab Werk 120,00 DM	---	netto Kasse	12 Wochen

Unter Berücksichtigung der Lieferzeit, ist Angebot B das günstigste Angebot.

↗ Bewußte Kaufentscheidung, S. 165

Rechnungsprüfung und Bezahlung

Eingehende Rechnungen sind vor der Bezahlung auf bestimmten Kriterien zu prüfen.

Prüfung auf	Kontrollfragen
sachliche Richtigkeit	Ist das in Rechnung gestellt, was geliefert wurde? Stimmen Bestell-, Liefer- und Rechnungsmenge überein?
preisliche Richtigkeit	Wurde der vereinbarte Preis in Rechnung gestellt? Entsprechen die Bezugskosten den Absprachen? Werden die vereinbarten Zahlungsbedingungen eingehalten?
rechnerische Richtigkeit	Wurde richtig addiert und multipliziert? Sind die Bezugskosten und die Mehrwertsteuer von den richtigen Bezugsgrundlagen berechnet worden?

Nach der Prüfung ist die Rechnung zu bezahlen, dabei ist die Möglichkeit der Ausnutzung eines angebotenen Skontos zu kontrollieren.

↗ Lieferantenkredit, S. 58

Lagerhaltung

Die Güterbeschaffung, die Leistungserstellung und der Güterabsatz sind zeitlich und quantitativ nur sehr schwer genau aufeinander abzustimmen. Aus diesem Grund ist in vielen Betrieben eine Lagerhaltung notwendig. Sie hat Aufgaben zu erfüllen, wie:

- Überbrückung von Unregelmäßigkeiten bei der Güterbeschaffung.
  - Lieferverzögerungen,
  - Verkehrsstörungen,
  - Preisschwankungen bei den Beschaffungsgütern,
- Ausgleich von möglichen Stockungen im Produktionsablauf.
- Ausnutzung von Vorteilen des Großeinkaufes.
  - durch Ausnutzung von Mengenrabatten,
  - Einsparung von Verpackungskosten mittels Großverpackungen,
  - Verbilligung der Transportkosten infolge einer größeren Laderaumausnutzung.
- Ausgleich von möglichen Unregelmäßigkeiten im Absatz.
  Diese ergeben sich daraus, daß der Absatz in der Regel nur geschätzt werden kann. Somit werden oft Fertigteil- bzw. Fertigerzeugnislager erforderlich.

↗ Beschaffungsdisposition, S. 77; ↗ Absatz, S. 90

3

Lagerdauer

Die Lagerdauer ist der Zeitraum zwischen dem Eingang der Güter in das Lager und dem Ausgang der Güter aus dem Lager. Eine lange Dauer bedeutet u. a.

- eine hohe Bindung von Betriebskapital in die Lagerbestände,
- das technische oder modische Veralten der Güter,
- ein Verderben von Gütern, z. B. bei Lebensmitteln,
- hohe Lagerkosten.

Leistungserstellung

Die Leistungserstellung ist ein Umformungsprozeß für die im Rahmen der Beschaffung bereitgestellten Güter. Die Arbeitsleistungen (Input) werden mittels der Leistungserstellung auf unterschiedliche Art und Weise in das Leistungsprogramm (Output) umgewandelt. ↗ Beschaffung, S. 77

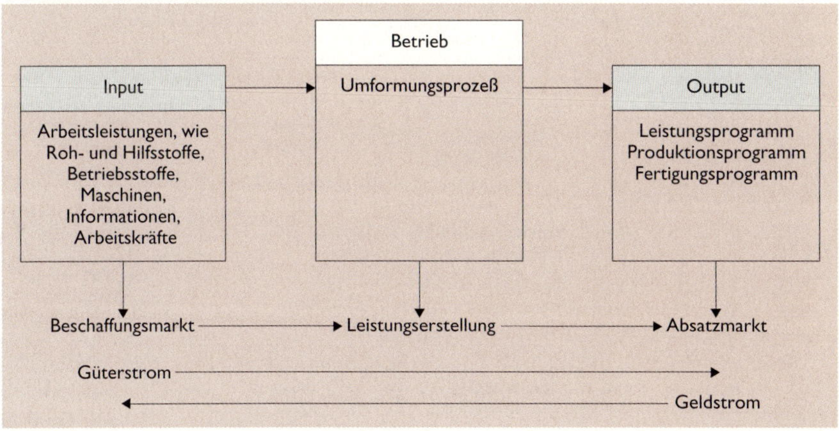

Grundüberlegungen der Leistungserstellung
- Gestaltung eines optimalen Leistungsprogramms,
- Gewährleistung eines reibungslosen Produktionsprogramms,
- Aufdeckung von Rationalisierungsreserven,
- optimale Nutzung der vorhandenen Kapazitäten.

Leistungsprogramm. Es bringt über einen Zeitraum von etwa drei bis fünf Jahren zum Ausdruck, welche betrieblichen Leistungen angeboten werden. Auf das Leistungsprogramm eines Betriebes nehmen solche Größen einen Einfluß, wie:
- Qualifikation des Mitarbeiterstamms
- Kundenwünsche
- Technische Gegebenheiten des Betriebes
- Wirtschaftlichkeit der einzelnen Leistungsmöglichkeiten

↗ Marktuntersuchung, S. 91

Produktionsprogramm. Ein Produktionsprogramm zeigt über einen mittelfristigen Zeitraum von etwa ein bis zwei Jahren, welche Produkte bzw.Leistungen mit der vorhandenen Ausstattung des Betriebes hergestellt oder erbracht werden können. Es wird in Anlehnung an das Absatzprogramm festgelegt.

Fertigungsprogramm. In einem Fertigungprogramm ist für einem kurzen Zeitraum, wie z. B. Tage, Wochen oder andere kurzfristigen Perioden bis zu einem Jahr festgelegt, welche Produkte und Leistungen hergestellt und erbracht werden. Solche kurzfristigen Festlegungen richten sich nach dem aktuellen Absatz oder nach Engpässen im Betrieb.

Rationelle Auftragsabwicklung

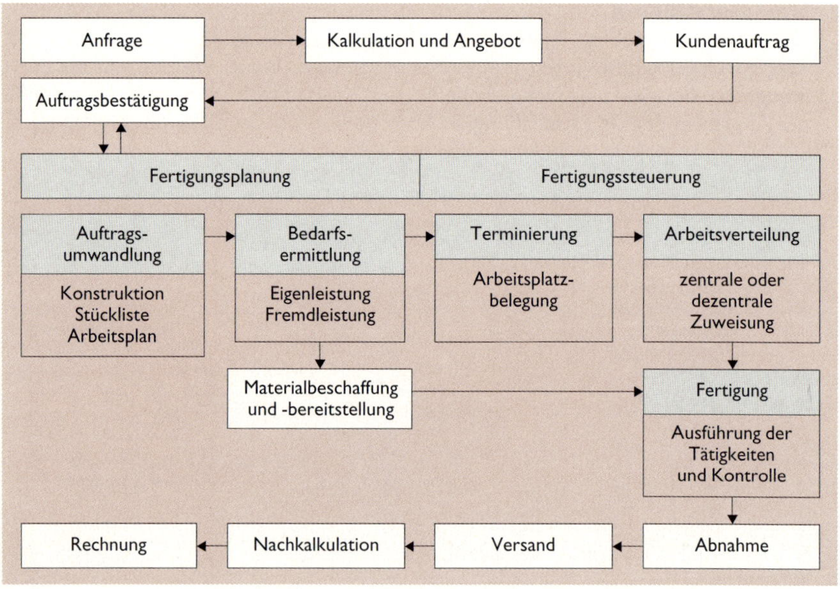

Arbeitsvorbereitung. In der betrieblichen Praxis, lassen sich Planungs- und Steuerungsvorgänge nicht klar voneinander abgrenzen. Deshalb werden diese Vorgänge zusammen als Arbeitsvorbereitung bezeichnet. Diese umfaßt alle Maßnahmen der Arbeitsplanung (Fertigungsplanung) und der Arbeitssteuerung (Fertigungssteuerung) mit dem Ziel, bei der Auftragsabwicklung ein Optimum im Verhältnis von Aufwand und Ergebnis zu erreichen. Bei der Arbeitsvorbereitung wird bestimmt, was – wo – wie – womit – von wem – in welcher Zeit – erledigt werden soll.

Arbeitsüberwachung. Die Arbeitsüberwachung ist die wirtschaftliche und technische Kontrolle während und nach der Durchführung eines Auftrages.
- Wirtschaftliche Kontrolle: Soll – Ist – Vergleich bezüglich
  - des Materialverbrauchs (Ausschuß, Ausfall, Abfälle usw.),
  - der Kapazitätsauslastung
  - der Kosten (Vor-, Zwischen-, Nachkalkulation).
- Technische Kontrolle: Soll – Ist – Vergleich bezüglich
  - der Qualität (Fehlerfreiheit, Tauglichkeit, Vorschriftsmäßigkeit unter Beachtung der Prüf- und Abnahmevorschriften),
  - der Termine (Bearbeitungsstand des Auftrages).

↗ Kapazität, S. 87; ↗ Kalkulation, S. 95

3

Rationalisierung der Leistungserstellung

Durch die Rationalisierung der betrieblichen Leistungserstellung wird ein optimales Zusammenwirken von Arbeitskräften, Betriebsmitteln und Werkstoffen angestrebt mit dem Ziel, den wirtschaftlichen Erfolg zu verbessern. Rationalisierungsbestrebungen können sich auf einen einzelnen Arbeitsplatz und auf den gesamten Betrieb erstrecken.

Rationalisierungsergebnis. Der Nachweis des Ergebnisses einer Rationalisierung erfolgt über betriebliche Leistungsmaßstäbe. Diese sind z. B.:

$$\text{Produktivität} = \frac{\text{Ergebnis in Mengeneinheiten (Menge)}}{\text{Einsatz in Stunden (Menge)}}$$

$$\text{Wirtschaftlichkeit} = \frac{\text{Ergebnis in DM (Erlöse)}}{\text{Einsatz in DM (Kosten)}} \cdot 100\,\%$$

$$\text{Rentabilität} = \frac{\text{Erlös – Kosten (Gewinn in DM)}}{\text{Kapitaleinsatz in DM}} \cdot 100\,\%$$

■ Mit einer Maschine, Anschaffungswert 42000,00 DM, werden im Jahr 50000 Werkstücke hergestellt. Für diese Menge werden 1920 Arbeitsstunden benötigt. Die Maschine wird durch eine Arbeitskraft bedient. Die laufenden jährlichen Kosten betragen 8400,00 DM. Die Arbeitsstunde kostet 18,00 DM. Der Wert je Werkstück beträgt 0,90 DM.
Auf einer verbesserten Maschine, Anschaffungswert 80000,00 DM, werden in der gleichen Zeit 60 000 Werkstücke hergestellt. Die laufenden jährlichen Kosten betragen 12000,00 DM. Die Kosten je Arbeitsstunde und der Wert je Werkstück verändern sich nicht.

Der Einsatz der verbesserten Maschine erbringt folgendes Rationalisierungsergebnis:

	Maschine A	Maschine B
Produktivität je Std.	$\frac{50\,000 \text{ Stück}}{1\,920 \text{ Std.}} = 26{,}04$	$\frac{60\,000 \text{ Stück}}{1\,920 \text{ Std.}} = 31{,}25$
	Produktivitätssteigerung: In einer Stunde werden 5 Werkstücke mehr hergestellt. Dieses entspricht einer Produktivitätssteigerung von 20%.	
Wirtschaftlichkeit	$\frac{45\,000 \text{ DM}}{42\,960 \text{ DM}} \cdot 100\,\%$ $= 104{,}74\,\%$	$\frac{54\,000 \text{ DM}}{46\,560 \text{ DM}} \cdot 100\,\%$ $= 115{,}97\,\%$
	Wirtschaftlichkeitssteigerung: Die Wirtschaftlichkeit der Herstellung der Werkstücke wird um 10,72 % verbessert.	
Rentabilität des eingesetzten Kapitals (Anschaffungswert der Maschine)	$\frac{45\,000 \text{ DM} - 42\,960 \text{ DM}}{42\,000 \text{ DM}} \cdot 100\,\%$ $= 4{,}85\,\%$	$\frac{54\,000 \text{ DM} - 46\,560 \text{ DM}}{80\,000 \text{ DM}} \cdot 100\,\%$ $= 9{,}30\,\%$
	Rentabilitätssteigerung: Die Rentabilität des eingesetzten Kapitals stieg um 91,75 %.	

Rationalisierungsmaßnahmen. Zur Lösung von Rationalisierungsproblemen dienen leistungs- und arbeitsbezogene Maßnahmen.
Leistungsbezogene Maßnahmen sind z. B.:

- Normung
  Vereinheitlichung von Formen, Qualitäten, Größen von Einzelteilen und von einfachen Erzeugnissen. Normen, wie die Deutsche-Industrie-Norm (DIN), gibt es für viele Erzeugnisse und Leistungen. DIN-Normen werden vom Norm-Ausschuß der Deutschen Wirtschaft beschlossen und sind im Geschäftsverkehr verbindlich. Vorteile sind u. a. die Vereinfachung und Verbilligung der Lagerhaltung, ein schneller Ersatzteilaustausch, eine Qualitätsverbesserung durch Mindestgütevorschriften.
- Typung
  Vereinheitlichung von aus verschiedenen Teilen zusammengesetzten Erzeugnissen. Die Typung ist vorwiegend eine innerbetriebliche Angelegenheit. Durch die Reduzierung der im Betrieb hergestellten Typen versucht man die Herstellkosten zu senken.
- Spezialisierung
  Bewußte Beschränkung des Produktions- und Leistungsangebotes. Die Spezialisierung ermöglicht die Einführung der Massen-, Serien- und Sortenfertigung. Infolge des geringeren Bedarfs an Werkzeugen, Maschinen sowie einer höheren Leistungsfähigkeit der Mitarbeiter können größere Kostensenkungen erreicht werden.

	Einzel-fertigung	Serien-fertigung	Sorten-fertigung	Massen-fertigung
Merkmale	Herstellung in je einer Produktions-einheit	unterschiedliche Produkte bis zu mittleren Mengeneinheiten	geringfügig unterschiedliche Produkte bis zu mittleren Mengeneinheiten	ununterbrochene Fertigung einheitlicher Produkte über längere Zeiträume
Arbeits-kräfte	Facharbeiter	Facharbeiter und angelernte Arbeiter		ungelernte und angelernte Arbeiter
Stückkosten	hoch	niedrig		

Einer zu großen Spezialisierung werden durch die Aufnahmefähigkeit des Marktes Grenzen gesetzt. Zu stark spezialisierte Betriebe sind gegenüber Konjunkturkrisen und gegenüber Wandlungen im Kaufverhalten der Kunden anfällig.

– Technisierung
  Mechanisierung der Leistungserstellung durch den Einsatz von Maschinen. Automatisierung ist die letzte Stufe auf dem Weg der vollständigen Mechanisierung der Arbeitsgänge, indem selbststeuernde, selbständig arbeitende Maschinen und Anlagen eingesetzt werden. Für stark technisierte Betriebe ist der betriebliche Erfolg entscheident davon abhängig, wie die Kapazität über einen längeren Zeitraum ausgelastet werden kann.

Arbeitsbezogene Maßnahmen sind z. B.:
– Arbeitsteilung
  Aufteilung unterschiedlicher Arbeiten auf verschiedene Arbeitskräfte.
– Arbeitszerlegung
  Zerlegung von Arbeiten in zeitlich hintereinander anfallende Tätigkeiten, die von verschiedenen Mitarbeitern ausgeführt werden.
– Arbeitsanreicherung
  Zusammenwirken von Arbeitskräften innerhalb einer Gruppe zur Bewältigung einer gemeinsamen Aufgabe.

Der Einsatz von elektronischen Datenverarbeitungsanlagen hilft, die Vielzahl der Abhängigkeiten und Verbindungen im Bereich der Leistungserstellung und deren Rationalisierung besser zu erfassen und zu steuern.

Kapazität

Aufgrund seiner technischen Ausstattung kann jeder Betrieb, jeder Arbeitsplatz und jede Maschine in einer bestimmten Zeit (Stunde, Tag, Monat, Jahr) eine bestimmte mengenmäßige Leistung erbringen. Dieses mögliche Leistungvermögen ist die Kapazität. Zum Messen der Kapazität gibt es aussagefähige Größen, wie z. B.
– quantitativer Produktionsausstoß,
– Arbeitszeit- oder Maschinenzeitstunden,
– Absatzeinheiten,
– Zahl der Arbeitskräfte.

Kapazitätsauslastung. Ist das Verhältnis zwischen der tatsächlich genutzten und der vorhandenen Kapazität. Dieses Verhältnis wird auch als Beschäftigungsgrad bezeichnet. Je größer die Kapazitätsauslastung, um so größer ist auch die Beschäftigung des Arbeitsplatzes, der Maschine oder Anlage.

$$\text{Kapazitätsauslastung} = \frac{\text{tatsächlich Leistung (Ist)}}{\text{mögliche Leistung (Soll)}} \cdot 100\,\%$$

■ Aufgrund der technischen Leistungsdaten kann eine Maschine im Monat mit 160 Stunden genutzt werden (Kapazität). Wegen der aktuellen Marktsituation und Auftragslage wurde die Maschine im abgelaufenen Monat nur mit 98 Stunden ausgenutzt. Somit lag die Kapazitätsauslastung bzw. der Beschäftigungsgrad bei 61,25 %.

3

$$\text{Kapazitätsauslastung} = \frac{\text{Maschinenstunden (Ist)}\quad 98}{\text{Maschinenstunden (Soll)}\,160} \cdot 100\,\% = 61{,}25\,\%$$

Kostenverhalten. Eine wirtschaftliche Ausnutzung des Leistungsvermögens ist immer mit der Frage verbunden, wie verhalten sich die Kosten bei einer Veränderung der Kapazitätsauslastung (Beschäftigung).
↗ Kosten, S. 93

beschäftigungsunabhängige oder fixe Kosten	beschäftigungsabhängige oder variable Kosten
Abschreibungen, Gehälter Mieten und Pachten Zinsen, Versicherungsprämien Telefon-Grundgebühren Mit einer steigenden Kapazitätsauslastung verändern sich diese Kosten in ihrer Gesamtsumme nicht.	Materialkosten Fertigungslöhne Telefongebühren Diese Kosten verändern sich in der Regel in ihrer Gesamtsumme im gleichen Verhältnis wie sich die Kapazitätsauslastung ändert.

Für betriebliche Überlegungen zur Verbesserung der Kapazitätsauslastung ist es notwendig, die so unterschiedenen Kosten anteilmäßig je Leistungseinheit zu ermitteln, also z. B. je Stück oder je Maschinenlaufstunde, und als Stückkosten zum Ausdruck zu bringen. ↗ Unterscheidung der Kosten S. 93

$$\text{Stückkosten/Kosten je Leistungseinheit (k)} = \frac{\text{fixe Kosten (Kf)}}{\text{produzierte Stückzahl (x)}} + \text{variable Kosten je Stück (kv)}$$

oder

$$\text{Stückkosten} = \frac{\text{Gesamtkosten (K)}}{\text{produzierte Stückzahl (x)}}$$

■ Ein Unternehmen hat eine Maschine geleast. Die monatliche Leasingrate beträgt 1 600,00 DM (fixe Kosten). Zusätzlich entstehen Lohnkosten für die Bedienung der Maschine. Diese betragen 12,00 DM je Laufstunde (variable Kosten). Die Kapazität der Maschine beträgt 160 Laufstunden im Monat. In Abhängigkeit von der Beschäftigung ergibt sich folgende Kostenentwicklung:

Kosten	Laufzeit (x) in Std. und Auslastung in %			
	40 Std. = 25 %	80 Std. = 50 %	120 Std. = 75 %	160 Std. = 100 %
fixe Kosten (Kf) + variable Kosten (kv • x)	1 600,00 DM 480,00 DM	1 600,00 DM 960,00 DM	1 600,00 DM 1 440,00 DM	1 600,00 DM 1 920,00 DM
= Gesamtkosten (K)	2 080,00 DM	2 560,00 DM	3 040,00 DM	3 520,00 DM
Stückkosten (DM/Std.)	52,00 DM	32,00 DM	25,33 DM	22,00 DM

3

Kritischer Beschäftigungsgrad. Punkt in einer bestimmten Abrechnungsperiode, an dem der Beschäftigungsgrad bzw. die produzierte Erzeugnismenge ausreicht, um aus dem erzielten Verkaufserlös, alle fixen und variablen Kosten zu decken. Erst eine über diesen Punkt hinausgehende Beschäftigung führt zu Gewinn. Jedes Unternehmen muß den kritischen Beschäftigungsgrad kennen, um beurteilen zu können,

- ab welchem Punkt der Kapazitätsauslastung die erwirtschafteten Umsatzerlöse einen Gewinn ermöglichen,
- wie sich die Wirtschaftlichkeit einzelner Erzeugnisse und Leistungen darstellt,
- wann sich die Annahme von zusätzlichen Aufträgen für eine weitere Kapazitätsauslastung lohnt.

Der kritische Beschäftigungsgrad (Gewinnschwelle) kann wie folgt ermittelt werden:

$$\frac{\text{fixe Kosten}}{\text{Erlös je Mengeneinheit} - \text{variable Kosten je Mengeneinheit}} = \text{kritischer Beschäftigungsgrad}$$

■ Ein kleinerer Betrieb arbeitet als Zulieferer. Er hat sich auf die Herstellung eines Erzeugnisses spezialisiert. Maximal könnten von dem Erzeugnis 6000 Stück im Jahr hergestellt werden. Dabei fallen folgende Kosten an:
fixe Kosten im Jahr 31 500,00 DM,
variable Kosten je Stück 12,00 DM.
Der Abnehmerbetrieb bezahlt je Stück 19,00 DM an den Zulieferer.

$$\frac{31\,500{,}00\text{ DM}}{19{,}00\text{ DM} - 12{,}00\text{ DM}} = \frac{31\,500}{7} = \underline{\underline{4\,500\text{ Stück}}}$$

Für den Hersteller liegt der kritische Beschäftigungsgrad bei 4500 Stück. Erst eine darüber hinaus gebundene Absatzmenge ermöglicht eine Gewinnerwirtschaftung.

Entsorgung

Begleiterscheinung jeder Leistungserstellung ist der Anfall von Rückständen. Aufgrund des Abfallgesetzes und den dazu erlassenen Rechtsverordnungen, ist jedes Unternehmen verpflichtet die Leistungsrückstände ordnungsgemäß zu entsorgen.
Leistungrückstände werden unterschieden in:

- Unverwertbare Rückstände = Abfall
  Die Entsorgung konventionellen Abfalls erfolgt auf dem normalen Weg , Sonderabfall wird im Sinn der Abfallbestimmumgsordnung entsorgt.

- Verwertbare Rückstände = Reststoffe
  Die Entsorgung von Sonderreststoffen erfolgt im Sinn der Reststoffbestimmungsverordnung, die der konventionellen Reststoffe auf normalen Weg, wie z. B. durch eigene Verarbeitung oder Verkauf.

Sonderabfälle. Nach dem Abfallgesetz sind das Abfälle, „ ... die nach Art, Beschaffenheit oder Menge in besonderem Maße gesundheits-, luft- oder wassergefährdend, explosiv oder brennbar sind oder Erreger übertragbarer Krankheiten enthalten oder hervorbringen können ...“. Die ordnungsgemäße Entsorgung von Sonderabfällen ist durch das Unternehmen schriftlich nachzuweisen. In der Regel wird diese Entsorgung von spezialisierten Betrieben durchgeführt.

Abfallverwertung. Diese Art der Wiederverwertung wird auch als Recycling bezeichnet. Recyclingfähiger Abfall dient dabei als wiederverwendbares Material oder als Energieträger. Im Unternehmen verbleibender Abfall ist ordnunggemäß zu trennen in:
- hausmüllähnliche Abfälle, die auf normalen Weg entsorgt werden können;
- Sonderabfälle, die gesondert entsorgt werden müssen.

Absatz

Ein erfolgreicher Absatz soll den betrieblichen Wertekreislauf – Beschaffung, Lagerhaltung, Leistungserstellung, Absatz – schließen. ↗ Grundaufgaben, S. 76
Über den Umsatzerlös sollen dem Unternehmen die aufgewendeten Kosten von den Kunden ersetzt und ein Gewinn erwirtschaftet werden. Inwieweit dieses Unternehmensziel erreicht werden kann, hängt vom Markt ab. Jedes Unternehmen muß sich deshalb um eine aktive Gestaltung seiner Absatzmärkte bemühen.
↗ Kosten, S. 93; Markt, S. 14

Absatz

Der Absatz umfaßt in einem Unternehmen alle Tätigkeiten, die auf den Verkauf der erzeugten Produkte und Dienstleistungen sowie der Handelsware abzielen. Absatz beinhaltet somit Vorbereitung, Anbahnung, Durchführung und Abwicklung des Verkaufs betrieblicher Leistungsergebnisse. Bei zunehmender Konkurrenz und steigender Marktsättigung haben die Absatzbemühungen für das Erreichen solcher Unternehmensziele, wie z. B. angemessener Gewinn, Wachstum oder sogar Überleben des Betriebes eine sehr große Bedeutung. Daraus erklärt sich auch die Tendenz, betriebliche Entscheidungen auf das Erfordernis der Absatzförderung auszurichten. Für das Denken und Planen vom Markt her, wurde der Begriff Marketing geprägt.

Marketing

Marketing ist die marktorientierte Führung eines Unternehmens und bedeutet:
- Märkte schaffen,
- Märkte bewußt mitgestalten,
- Nachfrage produzieren.

Marketing verlangt eine auf den Markt ausgerichtete Leistungserstellung, die die möglichen Wünsche der Kunden, ihre Kaufkraft, ihre Anzahl, ihren Geschmack und viele andere den Absatz beeinflussende Faktoren berücksichtigt.
↗ Beschaffungsdisposition, S. 77

Marketing-Mix. Kombination verschiedener Instrumente der Absatzpolitik, auch als Marketinginstrumente bezeichnet, bei der Absatzvorbereitung, wie z. B.:
- Produktpolitik
  u. a. in Form von Sortimentsgestaltung, Produktgestaltung, Verpackung, Garantieleistungen und Kundendienst
- Vertriebspolitik
  u. a. in Form von Vertriebssystemen, Absatzformen, Absatzwegen, Lagerung und Transport
- Preispolitik
  u. a. in Form von Produktpreisen, Rabatten, Liefer- und Zahlungsbedingungen, Kreditgewährung
- Werbepolitik
  u. a. in Form von Absatzwerbung, Verkaufsförderung – sales promotion, Pflege des öffentlichen Ansehens des Betriebes – public relations

In welchem Umfang die verschiedenen Marketinginstrumente eingesetzt werden, um den Absatz eines Betriebes und seine Position auf dem Absatzmarkt zu beeinflussen, hängt insbesondere ab von
- der Art der Produkte sowie dem gesamten Leistungsangebot,
- der allgemeinen Markt- und Wirtschaftslage,
- der Marktstellung des Betriebes,
- dem zu erwartenden Kundenverhalten,
- dem Verhalten der Konkurrenz.

Marktuntersuchung

Um die Handlungsmöglichkeiten im Absatzbereich besser einschätzen zu können, benötigt ein Unternehmer über die Marktverhältnisse Informationen. Die Informationsgewinnung erfolgt über Marktuntersuchungen.

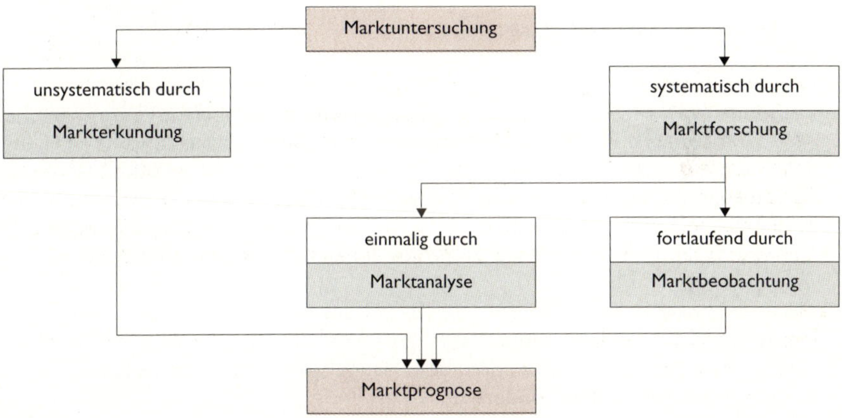

Markterkundung. Erfassen von Marktdaten auf mehr oder weniger willkürliche und zufällige Weise.

■ Ein Tischlermeister bittet seine Gesellen, bei Bekannten oder Verwandtenbesuchen zu erfragen, wie eine von ihm entwickelte Kassettenhaustür beurteilt wird.

Marktanalyse. Einmalige Untersuchung des Marktes mit dem Ziel, ein Augenblicksbild von der Marktlage zu erhalten. Dazu wird der Markt räumlich aufgeteilt und nach Warengruppen in Teilabschnitte abgegrenzt.

Marktbeobachtung. Feststellung der Entwicklungen und der Veränderungen der Marktdaten in bestimmten Zeitabläufen, wie Monat, Quartal, Jahr. Veränderungen von Marktdaten können z. B. zustandkommen durch:
- Modeeinflüsse, Geschmackswandel
- Aufkommen neuer Produkte
- Veränderung der Kaufkraft der privaten Kunden
- Veränderungen in der Kapitalkraft und der Arbeitsweise der gewerblichen Kunden
- staatliche Maßnahmen der Wirtschaftsförderung

Marktprognose. Vorausbestimmen und Abschätzen zukünftiger Marktentwicklungen. Eine Marktprognose baut auf den Ergebnissen der Marktanalyse, Marktbeobachtung und der Markterkundung auf. Die Marktprognose ist eine wichtige Grundlage für die Absatzplanung im Betrieb und für viele andere unternehmerische Entscheidungen in bezug auf Investitionen, Rationalisierung, Personalentwicklung u. a. m.

RECHNUNGSWESEN DES BETRIEBES

Aufgaben des Rechnungswesens

Das betriebliche Rechnungswesen hat die Aufgabe, alle zahlenmäßigen Vorgänge eines Unternehmens zu erfassen, diese für Entscheidungen aufzubereiten, getroffene Entscheidungen zu überwachen und außerbetriebliche Stellen, wie z. B. die Banken und das Finanzamt, über das Vermögen, den Gewinn und die Kreditwürdigkeit eines Unternehmens und dessen Inhaber zu informieren. ↗ Kreditwürdigkeit, S. 54
Die beiden wichtigsten Zweige des betrieblichen Rechnungswesens sind
- die Finanzbuchführung und
- die Kosten- und Leistungsrechnung.

Finanzbuchführung

Aufgabe der Finanzbuchführung ist es, die Geschäftstätigkeit eines Unternehmens als Wert widerzuspiegeln. Sie wird deshalb auch als Geschäftsbuchführung bezeichnet. Die Finanzbuchführung erfolgt zu dem Zweck, die Veränderungen des betrieblichen Vermögens und der Schulden aufzuzeigen und den betrieblichen Erfolg während eines bestimmten Zeitraumes, in der Regel ist dieser das Geschäftsjahr, festzustellen. Die Ergebnisse der Finanzbuchführung sind aus dem Jahresabschluß eines Unternehmens zu erkennen.
Die Einrichtung und ordnungsgemäße Gestaltung der Finanzbuchführung beruht auf gesetzlichen Grundlagen, wie
- dem Handelsrecht (insbesondere dem Handelsgesetzbuch – HGB) und
- dem Steuerrecht (insbesondere der Abgabenordnung – AO).

Kosten- und Leistungsrechnung

Die Kosten- und Leistungsrechnung ist betriebsbezogen und nicht an handelsrechtliche, steuerrechtliche oder sonstige äußere Vorschriften gebunden. Sie wird deshalb auch als Betriebsbuchführung bezeichnet. In der Kosten- und Leistungsrechnung wer-

den diejenigen betrieblichen Vorgänge nach Menge und Wert erfaßt, die unmittelbar mit der Beschaffung, der Leistungserstellung und dem Absatz in Verbindung stehen. Das Ziel ist,
- die betrieblichen Aufwendungen, wie z. B. den Einsatz von Material, Arbeitskräften, Maschinen, Fahrzeugen, festzustellen,
- die betrieblichen Erträge, wie z. B. die Umsatzerlöse aus den Lieferungen und Leistungen sowie den verkauften Handelswaren, zu erfassen,
- die Kosten zu ermitteln und
- die Wirtschaftlichkeit der betrieblichen Tätigkeit festzustellen.

↗ Grundaufgaben S. 76

Betriebliche Erträge – Betriebliche Aufwendungen = Betriebsergebnis
(Leistungen) (Kosten) (Gewinn oder Verlust)

■ Leistungen > Kosten → Betriebsergebnis: Gewinn
200000,00 DM – 192000,00 DM = 8000,00 DM
Der Betrieb schreibt schwarze Zahlen.

Leistungen < Kosten → Betriebsergebnis: Verlust
280000,00 DM – 308000,00 DM = –28000,00 DM
Der Betrieb schreibt rote Zahlen.

Kostenrechnung und Kalkulation

Aufgaben der Kostenrechnung

Ohne eine Kostenrechnung ist eine ordentliche Überwachung der betrieblichen Vorgänge nicht möglich, insbesondere ist dieses mit zunehmender Betriebsgröße der Fall. Die Kostenrechnung beantwortet solche Fragen, wie:
- Welche Kosten sind insgesamt entstanden und wie setzen sich diese zusammen?
- In welchen betrieblichen Bereichen bzw. an welchen Stellen im Betrieb sind die Kosten entstanden?
- Für welchen Zweck sind die Kosten entstanden und wie sind diese auf die Erzeugnisse und Leistungen (Kostenträger) zu verrechnen?

Kosten

Unter den Kosten versteht man den in DM bewerteten, betriebsbedingten Verbrauch an Gütern und Dienstleistungen zur Erstellung betrieblicher Leistungen.
An Stelle der Kosten wird auch der Begriff betriebliche Aufwendungen verwendet.

↗ Kosten- und Leistungsrechnung, S. 92

Unterscheidung der Kosten

Die Kosten werden im Betrieb nach unterschiedlichen Gesichtspunkten betrachtet. Die Betrachtungsweise ist abhängig von den Zielen, die mit der Kostenrechnung verfolgt werden.

Kosten werden unterschieden nach:

Art der verbrauchten Produktionfaktoren. Bei einer solchen Unterscheidung können die Kosten eingeteilt werden in:
- Stoff- oder Materialkosten: hierunter fallen alle Material-, Wareneinsatz-, Hilfs- und Betriebsstoffkosten, die mit der Leistungserstellung entstehen;

- Personalkosten: dazu zählen alle Kosten, die mit der Arbeitsleistung der Menschen im Unternehmen in Verbindung stehen, wie z. B. Löhne, Gehälter, gesetzliche und freiwillige Sozialabgaben;
- Kapitalkosten: wie z. B. Zinsen und Abschreibungen für den Wertverlust von Maschinen, Anlagen, Ausrüstungen; ↗ Zinsen, S. 63
- Fremdleistungskosten: diese umfassen die Kosten für die Inanspruchnahme von Dienstleistungen, wie z. B. Transportkosten, Rechts- und Beratungskosten, Versicherungsprämien, Energiekosten;
- Kosten der menschlichen Gesellschaft: wie z. B. Abgaben des Betriebes in Form von Steuern, Gebühren, Zöllen, Beiträgen.

Art der Verrechnung der Kosten. Es wird unterschieden nach der Art und Weise wie die Kosten auf die erstellten Erzeugnisse und Leistungen verrechnet werden:

- Einzelkosten
  Kosten, die nachweisbar für ein bestimmtes Stück, einen bestimmten Auftrag oder eine Serie aufgewendet wurden. Dieses sind z. B.:
  • Fertigungsmaterial, wie Rohstoffe, unfertige Stoffe, die zur Herstellung eines bestimmten Stücks eingesetzt und zum wesentlichen Bestandteil des fertigen Erzeugnisses oder der fertigen Leistung wurden;
  • Fertigungslöhne für die unmittelbar bei der Herstellung der einzelnen Erzeugnisse aufgewendeten Arbeitszeit.
  Die Einzelkosten können den einzelnen Erzeugnissen und Leistungen direkt zugerechnet werden.
- Gemeinkosten
  Kosten, die im Betrieb für die gesamte Produktion gemeinsam anfallen und nicht den einzelnen Erzeugnissen und Leistungen direkt zugerechnet werden können. Diese Kosten entstehen als:
  • Materialgemeinkosten durch die Beschaffung, Ausgabe, Lagerung und Verwaltung von Material;
  • Fertigungsgemeinkosten durch Löhne für nicht unmittelbar an der Fertigung beteiligte Arbeiter, Gehälter für Meister und technische Angestellte, Verbrauch von Hilfs- und Betriebsstoffen, Abschreibungen auf Maschinen;
  • Verwaltungs- und Vertriebsgemeinkosten durch die Aufwendungen im kaufmännischen Bereich.
  Die Gemeinkosten werden den einzelnen Erzeugnissen und Leistungen indirekt durch prozentuale Zuschläge zugerechnet.

Abhängigkeit von der Beschäftigung. Die Kosten weisen bei Veränderung der Auslastung der Kapazitäten ein unterschiedliches Verhalten auf.

- Fixe Kosten
  Diese sind unabhängig vom Beschäftigungsgrad und ändern sich in ihrer absoluten Höhe nicht.
- Variable Kosten
  Diese sind abhängig vom Beschäftigungsgrad und steigen oder sinken mit dem Grad der Beschäftigung unterschiedlich:
  • Proportionale Kosten – Kosten, die sich parallel zur Zu- und Abnahme der Beschäftigung verändern, je Mengeneinheit bleiben sie konstant;

- Unterproportionale Kosten – Kosten, die in einem geringeren Maße wachsen, als eine zunehmende Beschäftigung, je Mengeneinheit fallen diese Kosten. Sie werden deshalb auch als degressive Kosten bezeichnet;
- Überproportionale Kosten – Kosten, die schneller wachsen als der Beschäftigungsgrad. Vor allem sind dieses Kosten, die durch Überstundenzuschläge auf Löhne und durch erhöhte Aufwendungen für Reparaturen und Energie bei überbeanspruchten Maschinen entstehen. Der Kostenzuwachs je Mengeneinheit wird mit jeder Beschäftigungseinheit größer. Diese Kosten werden auch als progressive Kosten bezeichnet.

↗ Kapazitätsauslastung und Kostenverhalten, S. 88

Kostenstellen

Kostenstellen sind genau abgrenzbare Teilbereiche eines Betriebes. Die Abgrenzung kann erfolgen nach örtlichen Gesichtspunkten , wie z. B. Betriebsteilen, Filialen, Verkaufsstellen oder nach funktionalen Gesichtspunkten, wie z. B. Beschaffungs-, Fertigungs-, Verkaufs-, Verwaltungsbereichen.

Vom Wesen her sind die Kostenstellen Erfassungsbereiche für die Gemeinkosten, jedoch dient die Kostenstellenbildung auch der Kosten- und der Wirtschaftlichkeitskontrolle der einzelnen Stellen. ↗ Gemeinkosten, S. 94

Kalkulation

Die Kalkulation beinhaltet die Ermittlung der Selbstkosten je Mengeneinheit der betrieblichen Erzeugnisse und Leistungen. Desgleichen werden mit der Kalkulation die Angebotspreise für die Kunden ermittelt. Die Kalkulation kann nach unterschiedlichen Verfahren und zu unterschiedlichen Zeitpunkten durchgeführt werden.

Kalkulationverfahren. Art der technischen Durchführung der Kostenermittlung für die Kostenträger (Erzeugnisse, Leistungen, Handelswaren, Aufträge). Die zwei Grundtypen sind:

– Divisionskalkulation

Die Anwendung erfolgt dort, wo nur ein einziges Produkt von immer gleicher Beschaffenheit hergestellt wird. Hier stehen die Kosten in einem eindeutigen Zusammenhang mit der erbrachten Leistung. Das ist in der Regel bei einer Massenproduktion der Fall. Die Kalkulation erfolgt nach der Formel:

$$\text{Selbstkosten} = \frac{\text{Gesamtkosten je Periode}}{\text{Mengeneinheiten je Periode}} \text{ /DM je Mengeneinheit/}$$

■ Eine Serie von 20 Schränken weist Gesamtkosten in Höhe von 56 000,00 DM auf. Die Selbstkosten für die Herstellung eines Schrankes betragen 2 800,00 DM.

– Zuschlagskalkulation

Die Anwendung erfolgt dort, wo eine Vielzahl von Produkten mit unterschiedlichsten Aufwendungen an Material und Arbeitszeit hergestellt wird. Das ist in der Mehrzahl der Betriebe der Fall. Die Kalkulation erfolgt in der Form, daß auf die Einzelkosten, die direkt je Leistungseinheit erfaßt werden, die Gemeinkosten über bestimmte prozentuale Zuschlagssätze aufgeschlagen werden. In einem arbeits- und lohnintensiven Betrieb wird in der Regel der Fertigungslohn die Basis für die Gemeinkostenverrechnung sein. ↗ Einzel-, Gemeinkosten, S. 94

3

■ In einem Elektroinstallationsbetrieb fallen für die Ausführung eines Auftrages an:

Fertigungsmaterial	1 500,00 DM
Fertigungslohn	2050,00 DM

Im Unternehmen wird mit folgenden Zuschlägen gerechnet:

Gemeinkostenzuschlag auf Fertigungslohn	130 %
Wagnis- und Gewinnzuschlag auf Selbstkosten	6 %
Mehrwertsteuer	15 %

Kalkulation zum Angebotspreis:

Fertigungsmaterial	1 500,00 DM
+ Fertigungslohn	2050,00 DM
+ Gemeinkosten (130 % auf Lohn)	2665,00 DM
= Selbstkosten	6215,00 DM
+ Wagnis und Gewinn (6% auf Selbstkosten)	372,90 DM
= Netto-Angebotspreis	6587,90 DM
+ Mehrwertsteuer (15 %)	988,19 DM
= Brutto-Angebotspreis	7576,01 DM

In Handwerksbetrieben wird bei der Zuschlagskalkulation häufig mit einem Stundenverrechnungssatz gearbeitet.

■

Stundenlohn	15,00 DM
Gemeinkostenzuschlag auf Lohn	30 %
Wagnis- und Gewinnzuschlag (auf Selbstkosten)	8 %
Fertigungsmaterial	1500,00 DM
Arbeitszeit	136,50 Std.

Kalkulation zum Stundenverrechnungssatz:

Stundenlohn	15,00 DM
+ Gemeinkosten (130 %)	19,50 DM
= Selbstkosten	34,50 DM
+ Wagnis und Gewinn (8 %)	2,76 DM
= Stundenverrechnungssatz	37,26 DM

Kalkulation zum Angebotspreis :

Fertigungsmaterial	1 500,00 DM
+ Fertigungsaufwand 136,50 Std. • 37,26 DM/Std.	5085,99 DM
= Netto-Angebotspreis	6585,99 DM
+ Mehrwertsteuer (15 %)	987,90 DM
= Brutto-Angebotspreis	7573,89 DM

Kalkulationszeitpunkt. Der Zeitpunkt der Kalkulation orientiert sich in der Regel am zeitlichen Ablauf der Leistungserbringung. In Abhängigkeit davon, ob die Kalkulation vor, während oder nach der Leistungserbringung erfolgt, wird unterschieden in:

- Vorkalkulation
  Sie ermittelt die voraussichtlichen Kosten und wird auch als Angebotskalkulation bezeichnet. Die Vorkalkulation ist für ein Unternehmen die Grundlage für die Preisfindung. Bei Abschluß eines Kaufvertrages soll die Vorkalkulation eine verbindliche Aussage über den Verkaufspreis ermöglichen;
- Zwischenkalkulation
  Anwendung bei Aufträgen, die sich über einen längeren Zeitraum erstrecken. Aufgabe einer Zwischenkalkulation ist es zu prüfen und zu kontrollieren, ob die Kosten während der Auftragsdurchführung im Rahmen der Vorkalkulation bleiben;
- Nachkalkulation
  Sie hat eine Kontrollfunktion. Nach Ausführung des Auftrages werden der erzielte Preis und die angefallenen Kosten miteinander verglichen.

Berücksichtigung von Preisnachlässen

Es ist üblich, daß der Unternehmer im Rahmen seiner Angebots- oder Verkaufskalkulation den Kunden Preisnachlässe gewährt bzw. Preisnachlässe gewähren muß, um erfolgreich verkaufen zu können.

↗ Preisdisposition S. 80; ↗ Angebote von Lieferern S. 80

Zum Zweck der Kostendeckung und der Erzielung eines angemessenen Gewinns berücksichtigt der Unternehmer diese Preisnachlässe bei seiner Kalkulation. Kundenrabatt und Kundenskonto sind somit in der Regel im Angebotspreis enthalten. Die Ausschöpfung der Nachlässe durch den Kunden ist eine Frage der Verkaufsverhandlungen.

■ Ein Hersteller von Schweißmaschinen kalkuliert den Angebotspreis für eine Schweißmaschine, Typ X, aufgrund folgender Angaben:

Selbstkosten	4745,00 DM je Maschinentyp X
Gewinnzuschlag	11,50 %
Kundenskonto	2,50 %
Verkaufsprovision	3,00 %
Kundenrabatt	25,00 %

Kalkulation der Nachlässe im Preis:

Selbstkosten je Maschine	4745,00 DM		
+ 11,50 % Gewinn (von 100)	545,68 DM		
= Barverkaufspreis, netto	5290,68 DM →	94,50%	
+ 2,50% Kundenskonto (in 100)	139,96 DM →	2,50%	
+ 3,00% Verkaufsprovision (in 100)	167,96 DM →	3,00%	
= Rechnungspreis (Zielverkaufspreis)	5598,60 DM →	100,00% →	75,00%
+ 25,00% Kundenrabatt (in 100)	1866,20 DM →		25,00%
= Angebotspreis (Listenpreis)	7464,80 DM →		100,00%

Kalkulation bei gegebenen Angebotspreis

Bedingt durch die Marktverhältnisse, starke Konkurrenz, öffentliche Auftraggeber oder Preisempfehlungen im Handel, steht in vielen Fällen der Angebots- bzw. Verkaufspreis mehr oder weniger fest. Für den Unternehmer stellen sich dann bei der Kalkulation solche Fragen, wie z. B.:

- Welche Kosten dürfen bei dem vorgegebenen Preisniveau anfallen?
- Wieviel darf für das notwendige Material höchstens ausgegeben werden?
- Wieviel Stunden dürfen höchstens aufgewendet werden?
- Zu welchen Preis darf eine Handelsware höchstens bezogen werden?

Antworten auf diese Fragen gewinnt der Unternehmer, wenn er von den gegebenen Angebotspreis bis zu den möglichen Bezugspreisen für das Material und die Handelswaren zurückrechnet.

■ Ein Heizungs- und Sanitärinstallationsbetrieb kann einen Auftrag für die komplette Installation einer Heizungsanlage erhalten.
Auftragshöhe ohne Mehrwertsteuer 31 000,00 DM. Für die Durchführung des Auftrages werden etwa 120 Monteurstunden benötigt. Der Stundenverrechnungssatz je Monteurstunde liegt bei 62,50 DM. Die Auftragsannahme lohnt sich für den Betrieb nur, wenn die Monteurstunden nicht überschritten und die Kosten für das einzusetzende Material nicht über 23 500,00 DM liegen.

Rechnung:

Auftragspreis	31 000,00 DM
– Fertigungsaufwand 120 Std. · 62,50 DM/Std.	7 500,00 DM
= verbleiben für Materialeinsatz	23 500,00 DM

↗ Beschaffungsdisposition S. 77; ↗ Angebotsvergleich S. 82

Arbeit und Beruf

BEGRIFF UND WESEN DER ARBEIT

Arbeit im wirtschaftlichen Sinne ist jede planvolle, menschliche Tätigkeit, die auf das Erreichen eines bestimmten ökonomischen Ziels gerichtet ist.
Arbeit ist Quelle des Wohlstandes der Menschen und gleichzeitig wertvollster und elementarer Produktionsfaktor. Sie ist wertbildend und objektbezogen, d. h. das Arbeitsobjekt wird „umgebildet". ↗ Produktionsfaktoren, S. 70

4

Arten der Arbeit

Arbeit kann u. a. unterschieden werden nach:
- den Anforderungen an den Menschen (geistige, körperliche, schöpferische Arbeit)
- der zu tragenden Verantwortung (leitende und/oder ausführende Arbeit)
- dem Grad der Ausbildung des Arbeiters
  - ungelernte Arbeit (z. B. Hilfsarbeit)
  - angelernte Arbeit (kurze Einarbeitungszeit)
  - gelernte Arbeit (z. B. Berufsausbildung oder Studium)
- der Abhängigkeit von einem Arbeitgeber
  - nicht selbständige Arbeit (Arbeiter, Angestellte, Auszubildende)
  - selbständige Arbeit (Künstler, Handwerker, Geschäftsinhaber)

Arbeitsteilung

Arbeitsteilung bedeutet Aufteilung der Arbeit in Teilverrichtungen, die von verschiedenen Personen ausgeführt werden.
Schon sehr früh in der Entwicklung der Menschheit kam es zur Arbeitsteilung. Die einzelnen Arbeitsaufgaben, die vorher alle gleichermaßen ausführten, wurden nun zunehmend unter die Mitglieder einer Gruppe aufgeteilt. Das half, Bedürfnisse z. B. nach Kleidung und Nahrung besser zu befriedigen.
Einige der Entwicklungsstufen der Arbeitsteilung waren die Aufteilung in:
- Jäger und Sammler
- Ackerbauern und Viehzüchter
- Landwirtschaft und Handwerk
- Produktion und Handel

Besonders die Entwicklung des Kapitalismus im vorigen Jahrhundert führte zu einer ausgeprägten Spezialisierung bei der Herstellung und der Verteilung von Gütern, die bis in die Gegenwart anhält. Diese Arbeitszerlegung muß durch eine abgestimmte Arbeitsverbindung wieder zu einem Ganzen zusammengefügt werden (z. B. bei der Endmontage einzelner Produktteile)

Heute wird vor allem zwischen betrieblicher, zwischenbetrieblicher und internationaler Arbeitsteilung unterschieden.

ARBEITSBEDINGUNGEN

Unter Arbeitsbedingungen werden die Formen und die Umstände verstanden, unter denen der Mensch eine Arbeitsleistung erbringen muß. Ihre Qualität kann Arbeitsproduktivität und -einkommen beeinflussen.

Objektive (äußere) Arbeitsbedingungen

Stand der Technik

Durch den Einsatz moderner Technik kann Arbeitskraft ersetzt werden. An Stelle schwerer körperlicher Tätigkeit kann eine leichtere treten, oder sie kann durch geistige Arbeit ausgetauscht werden. Aufgaben, die früher von Menschen erledigt wurden, können aber auch vollständig entfallen oder durch Maschinen übernommen werden. Man spricht von der Substitution der Arbeit, die für die Betroffenen oft Arbeitslosigkeit bedeuten kann.

Organisation der Arbeit

Arbeitsabläufe können so gestaltet werden, daß ein unnötiger Aufwand an Kraft und Zeit vermieden wird. Dazu zählt auch die Vorbeugung einer durch eintönige Arbeit entstehenden physischen und psychischen Ermüdung.

Werkzeug- und Rohstoffqualität

Die Qualität von Werkzeugen, Maschinen und Rohstoffen kann sich wesentlich auf die Arbeitsleistungen auswirken.

Arbeitsplatzgestaltung

Eine optimale Arbeitsplatzgestaltung wird durch die Anpassung des Arbeitsumfeldes an den Menschen erreicht. Sie dient zum einen der Gesunderhaltung des Arbeitenden und soll andererseits zur Erreichung höchster Arbeitsergebnisse beitragen.
↗ Arbeitsschutz, S. 102

Regelung der Arbeitszeit

Arbeitszeit ist die Zeit vom Beginn bis zum Ende der Arbeit ohne Ruhepausen.
Die Art und Weise wie die tägliche Arbeitszeit geregelt ist, gehört zu den wesentlichen Arbeitsbedingungen. Entscheidende Faktoren sind z. B. die Dauer der Arbeitszeit (sie ist gesetzlich geregelt – Arbeitszeitordnung (AZO) §§ 3-18), oder ob in Schichten und an Sonn- und Feiertagen gearbeitet wird.

Gleitende Arbeitszeit. Berücksichtigt in verstärktem Maße die unterschiedlichen Lebensgewohnheiten der Menschen. Der Arbeitnehmer kann hierbei, wenn es die Betriebsorganisation zuläßt, Beginn und Ende seiner täglichen Arbeitszeit innerhalb einer betrieblich festgelegten Spanne selbst bestimmen.

Kernarbeitszeit. Ist die vom Betrieb festgelegte Zeit, in der alle Arbeitnehmer anwesend sein müssen.

Flexibilisierung der Arbeitszeit

Oft wird die Dauer der Arbeitszeit der wirtschaftlichen Situation eines Betriebes angepaßt – bei schlechter Auftragslage Kurzarbeit, bei guter, Überstunden.

Einteilung der Pausen

Pausen dienen der Gesunderhaltung des Arbeitenden und wirken sich leistungssteigernd aus. Mehrere kurze Pausen sind günstiger als wenige lange; der Erholungseffekt tritt meist schon nach wenigen Minuten ein.

Die Pausenregulierung ist u. a. in der Arbeitszeitordnung (AZO) §§ 12/18 und im Jugendarbeitsschutzgesetz festgelegt.

Subjektive (innere) Arbeitsbedingungen

Arbeitsrhythmus

Die Leistungsfähigkeit eines Menschen schwankt während des Arbeitstages. An seinem Beginn und seinem Ende sowie vor der Mittagspause ist sie geringer und erreicht ihre Maxima in den Vormittags- und Nachmittagsstunden.

Die Zahl der Arbeitsunfälle und die Ausschußproduktion steigen in den leistungsschwachen Zeiten.

Allgemeine geistige und körperliche Eignung

Dazu gehören u.a. der Gesundheitszustand, die körperliche und geistige Belastbarkeit, die Konzentrationsfähigkeit, das Alter und die Begabungen eines Arbeitnehmers sowie sein Verantwortungsbewußtsein und seine Zuverlässigkeit.

Fachliche Fähigkeiten und Fertigkeiten

Dazu gehören u. a. die Berufsausbildung eines Arbeitnehmers, seine Erfahrungen und Allgemeinbildung.

Motivation

Die Motivation eines Arbeitnehmers wird durch die Summe aller individuellen Anreize für den Leistungswillen bestimmt. Diese Anreize können sowohl subjektiver wie objektiver Natur sein.

Einige objektive Faktoren sind z. B.:
- ein gesicherter Arbeitsplatz
- gute Bezahlung
- die Anerkennung der geleisteten Arbeit
- ein gutes Betriebsklima, einschließlich guter Kontakte zu den Vorgesetzten
- ausreichender Unfallschutz (↗ Arbeitsschutz, S. 102)
- ein umfassendes Sozialprogramm
- gute Aufstiegsmöglichkeiten

Besonders wichtig sind die ersten drei Leistungsanreize.

Flexibilität

Unter Flexibilität ist die Anpassungsfähigkeit eines Arbeitnehmers an sich verändernde Aufgaben und Bedingungen zu verstehen. Dazu gehört z. B. die Bereitschaft, sich umschulen oder weiterbilden zu lassen, um für neue Arbeitsfelder einsetzbar zu sein.

Mobilität

Mobilität ist die Bereitschaft eines Arbeitnehmers, einen anderen Arbeitsplatz, der häufig mit einem Wechsel des Arbeits- und Wohnortes verbunden ist, anzunehmen.

Humanisierung der Arbeit

Die Verbesserung der objektiven Bedingungen, unter denen Menschen arbeiten, wird auch als Humanisierung der Arbeit bezeichnet. Sie ist natürlich zunächst besonders für die unmittelbar betroffenen, die Arbeitnehmer, von Bedeutung. Da eine solche Humanisierung aber meist, besonders langfristig gesehen, zu besseren Produktionsergebnissen führt, liegt sie auch im Interesse der Arbeitgeber.
Merkmale einer Humanisierung der Arbeit sind u. a.:
- zweckmäßige Gestaltung der Betriebsmittel
- sinnvolle Organisation der Arbeit und des Arbeitszeitregimes
- Beseitigung körperlich schwerer und eintöniger Arbeiten
- Verbesserung des Unfall- und Gesundheitsschutzes
- Kampf gegen die Arbeitslosigkeit
- Verbesserung des Betriebsklimas, d. h. der zwischenmenschlichen Beziehungen im Betrieb
- Förderung des Übergangs des Arbeitnehmers vom einfachen Arbeiter zum Mitarbeiter, Partner (Dies geschieht vor allem durch das Betriebsverfassungsgesetz und die unterschiedlichsten Möglichkeiten der Beteiligung des Arbeitnehmers am Betriebsergebnis.)

Arbeitsschutz

Der Begriff Arbeitsschutz ist mehrdeutig. Hier soll darunter der Schutz des Menschen an seinem Arbeitsplatz vor Unfällen verstanden werden. Die Verwendung des Wortes Gefahrenschutz ist daher sicher günstiger.

Arbeitsschutzgesetze

Vor etwa einhundert Jahren wurden erste Gesetze zum Schutz des Arbeitnehmers vor Gefahren bzw. zu seiner finanziellen Absicherung nach einem Unfall erlassen. So entstanden
- 1884 das Unfallversicherungsgesetz,
- 1889 das Invaliditätsgesetz,
- 1903 das Kinderschutzgesetz, das zumindest die schlimmsten Auswüchse der Kinderarbeit milderte.

Darüber hinaus sind die Gewerbeordnung, die Reichsversicherungsordnung, das Arbeitssicherheitsgesetzt und das Maschinengesetz zu nennen.

Heute gehören zu den Arbeitsschutzgesetzen im weiteren Sinne
- die Sozialversicherungsgesetze, die die Arbeitslosen-, Kranken- und Unfallversicherungen regeln,
- die arbeitsrechtlichen Bestimmungen zum Tariflohn, zur Arbeitszeit, zur Kündigung und zum Umgang mit Anlagen und Geräten,
- spezielle Schutzgesetze, wie Jugendschutzgesetz, Mutterschutzgesetz und Schwerbehindertengesetz.

Für den unmittelbaren Arbeitsschutz im Betrieb ist der Arbeitgeber verantwortlich. Die Berufsgenossenschaften erlassen für die Gewerbezweige, die Arbeitsstätten, die Arbeitsplätze Unfallverhütungsvorschriften, die z. T. auch von ihnen kontrolliert werden. In bestimmten Zweigen und Unternehmen werden Anlagen, Geräte und Fahrzeuge durch den Technischen Überwachungsverein (TÜV) überprüft.

Arbeitsunfälle

Im Jahr 1991 gab es in der Bundesrepublik 2330000 registrierte Arbeitsunfälle. Davon waren 245000 Wegeunfälle (d. h. auf dem Weg zur und von der Arbeit) und 69000 Berufskrankheiten. Die Unfälle nehmen tendenziell ab; im Zeitraum zwischen 1960 und 1990 ist ein Rückgang von etwa 50 % zu verzeichnen.
Allerdings kommen, bedingt durch den wissenschaftlichen und technischen Fortschritt, ständig neue Unfallquellen und Berufskrankheiten hinzu (z. B. Schäden durch Strahlungen, Gift- und Reizstoffe oder durch falsche Arbeitshaltung). Besonders Lärmeinwirkung ist eine Quelle für Gesundheitsschäden. Dabei ist die Langzeitwirkung des Lärms wegen der schleichenden Herbeiführung von Gehörschäden nicht zu unterschätzen.
Einer der wichtigsten Gründe für Unfälle am Arbeitsplatz ist menschliches Versagen. So machen durch Routine, Übermüdung, Gedankenlosigkeit, Streß oder Arbeitshetze hervorgerufene Unfälle schätzungsweise 80 % der Gesamtzahl aus.

ENTLOHNUNG DER ARBEIT

Lohn und Gehalt

Im allgemeinen Sprachgebrauch wird das Entgeld für geleistete Arbeit als Lohn bezeichnet, unabhängig davon, ob es an Arbeiter, Angestellte, Beamte usw. gezahlt wird. Im engeren Sinne heißt jedoch nur die Leistungvergütung an Arbeiter Lohn, während das Entgeld für die Arbeitsleistung der Angestellten, Beamten und Führungskräfte Gehalt genannt wird.

Bruttolohn

Die Gesamthöhe des Arbeitsentgeldes ist der Bruttolohn. Neben dem tariflich oder privat vereinbarten Lohn sind darin auch Zuschläge für Überstunden, besondere Leistungen, das Urlaubs- und Weihnachtsgeld u. a. enthalten.

Nettolohn

Vom Bruttolohn werden gesetzlich festgelegte Abzüge einbehalten. Das sind Lohnsteuer, bei Kirchenmitglieder die Kirchensteuer, die Arbeitnehmeranteile zur Kranken-, Renten-, Arbeitslosen- und Pflegeversicherung sowie gegenwärtig der Solidaritätszuschlag. Weitere Abzüge können Sparbeiträge oder Lohnabtretungen zur Schuldentilgung sein.

Reallohn

Für den Arbeitnehmer ist nicht nur die Höhe des Lohnes bzw. des Gehaltes bedeutsam, sondern auch die Frage, wieviel man für dieses Geld kaufen kann. Wenn z. B. die Löhne und Gehälter in einem Jahr um 3 % steigen, die Lebenshaltungskosten sich aber um 5 % erhöhen, so bedeutet das, daß der Reallohn gesunken ist. Der Reallohn ist der an der Kaufkraft gemessene Lohn.

Tarifverträge

Tarifautonomie

Das Recht der Gewerkschaften als Vertreter der Arbeitnehmer und das der Arbeitgeberverbände als Interessenvertreter der Arbeitgeber die Arbeitsbedingungen und damit auch die Höhe der Löhne und Gehälter ohne Einmischung staatlicher Stellen auszuhandeln, wird als Tarifautonomie bezeichnet. Die Grundlage dafür ist das Tarifvertragsgesetz.

Arten von Tarifverträgen

Im Tarifvertrag werden die Lohn- und Arbeitsbedingungen für einen ganzen Wirtschaftszweig (z. B. Metallindustrie, Öffentlicher Dienst) für eine bestimmte Laufzeit festgelegt. Unterschieden werden Lohn- und Gehaltstarifverträge und Manteltarifverträge.

Lohn- und Gehaltstarifverträge. Enthalten Vereinbarung über die Höhe der zu zahlenden Löhne und Gehälter sowie der Ausbildungsvergütung. Ihre Laufzeit beträgt meistens ein Jahr.

Manteltarifverträge. Beinhalten grundlegende Regelungen zu den Arbeitsbedingungen. Das sind z. B. Wochenarbeitszeit, Überstunden, Urlaub und Zuwendungen. Ihre Laufzeit liegt zwischen drei und fünf Jahren, weil diesbezüglich nicht so schnell Veränderungen eintreten, wie bei den Löhnen und Gehältern.
Während der Laufzeit der Tarifverträge dürfen beide Vertragspartner keine Arbeitskampfmaßnahmen einleiten (Friedenspflicht).

Gültigkeit von Tarifverträgen

Tarifverträge gelten zunächst nur für die Mitglieder der Tarifparteien. Sie können jedoch als allgemeinverbindlich erklärt werden. Wenn das nicht geschehen würde, wären z. B. gewerkschaftlich nicht organisierte Arbeitnehmer von den getroffenen Vereinbarungen ausgeschlossen.

Tariflohn

Die im Tarifvertrag festgelegte Lohnhöhe entspricht dem Tariflohn. Er ist ein Mindestlohn. Gleiches gilt auch für das Gehalt.

Lohnformen

Die grundlegenden und am häufigsten anzutreffenden Lohnformen sind der Zeitlohn und der Leistungslohn. Innerhalb dieser Formen gibt es verschiedene Lohnarten. Sonderformen sind z. B. Provision und Beteiligungslohn.

Zeitlohn

Beim Zeitlohn erfolgt die Bezahlung nach der geleisteten Arbeitszeit. Das kann die Stunde, der Tag, die Woche oder der Monat sein. Mit der Festlegung der Lohnhöhe (z. B. des Stundenlohnes) ist die Erwartung verknüpft, daß ein bestimmtes Arbeitspensum erbracht wird.
Anwendung: Zeitlohn wird gezahlt, wenn
– die Qualität wichtiger ist als die Menge (Prüfarbeiten),
– die Leistung nicht oder nur schwer meßbar ist (Büroberufe, Wachtätigkeiten),
– keine Kontinuität in der Arbeit gegeben ist (Reparaturbereiche).
Vorteile: weniger Leistungsdruck, aber bessere Qualität.
Nachteile: Leistungsunterschiede werden nicht berücksichtigt, geringer Anreiz für Leistungssteigerung.

Leistungslohn

Beim Leistungslohn erfolgt die Bezahlung nach der quantitativen und/oder qualitativen Arbeitsleistung. Arten des Leistungslohnes sind der Akkordlohn – bei dem zwischen Zeit- und Geldakkord unterschieden wird – und der Prämienlohn.

Akkordlohn. Setzt sich aus dem Tariflohn und dem Akkordzuschlag zusammen. Die Summe beider Teile ergibt den Akkordrichtsatz. Erbringt ein Arbeitnehmer die erwartete Normleistung, so erhält er diesen Satz als Lohn. Bei Überbietung der normalen Leistung fällt sein Verdienst entsprechend höher aus. Erreicht er die Normalleistung nicht, verdient er weniger.
Entsprechend der Leistungsmessung wird zwischen Zeitakkord und Geldakkord unterschieden.
Bei Zeitakkord wird eine bestimmte Zeit für die Bearbeitung eines Teiles vorgegeben (z. B. 15 Minuten je Stück). Das bedeutet, der Arbeitnehmer muß die vorgegebene Zeit unterschreiten, wenn er mehr Geld verdienen will, als der Akkordrichtsatz ausmacht.
Bei Geldakkord wird festgelegt, wieviel Teile in einer Stunde oder in einer Schicht herzustellen sind. Fertigt der Arbeitnehmer mehr Teile in der Stunde oder in einer Schicht, überbietet er die Normleistung und verdient mehr. Schafft er die vorgegebene Menge nicht, büßt er Geld ein.

4

■ Der Akkordrichtsatz beträgt 18,00 DM, pro Stück sind 12 Minuten vorgegeben.
Stellt der Arbeitnehmer pro Stunde 5 Stück her, so erhält er den Akkordrichtsatz von 18,00 DM.
Fertigt er jedoch 6 Teile je Stunde, so erhält der Arbeitnehmer:

$$\text{Bruttolohn je Stunde} = \frac{\text{Akkordrichtsatz (18,00 DM} \cdot \text{6 Stück} \cdot \text{12 Minuten)}}{\text{60 Minuten}} = \underline{\underline{\text{21,60 DM}}}$$

■ Der Akkordrichtsatz beträgt 18,00 DM, pro Stunde sind 6 Stück zu fertigen.
Bei Erreichen der vorgegebenen Stückzahl entspricht der Bruttolohn dem Akkordrichtsatz von 18,00 DM.
Schafft der Arbeitnehmer an diesem Tag aber nur 5 Stück je Stunde, so erhält er:

$$\text{Bruttolohn je Stunde} = \frac{\text{Akkordrichtsatz (18,00 DM} \cdot \text{5 Stück)}}{\text{6 Stück (Normalleistung)}} = \underline{\underline{\text{15,00 DM}}}$$

Anwendung: Akkordlohn kann angewendet werden, wenn
- die Bearbeitungszeit genau zu ermitteln ist,
- der Arbeitnehmer das Arbeitstempo beeinflussen kann,
- sich die Arbeitsgänge wiederholen.

Vorteile: mehr Verdienst bei höherer Leistung, leistungsgerechtere Entlohnung.
Nachteile: mehr Leistungsdruck (höhere Unfallgefahr, mehr Gesundheitsschäden).

Prämienlohn

So wird die Lohnform bezeichnet, bei der zum vereinbarten Grundlohn eine Prämie für die Einhaltung bzw. Überbietung bestimmter Vorgaben gezahlt wird. Das können Qualitätsmerkmale, Terminvorgaben, Einsparung an Material u. a. sein.
Durch Prämienlohn kann die Maschinenauslastung gefördert werden.

Provision

Darunter versteht man eine in Prozent berechnete Vergütung für eine erbrachte Leistung. Geläufig ist ist diese Form u. a. bei Vertretern, die für jeden Vertragsabschluß einen bestimmten Prozentsatz von der Vertragssumme als Provision erhalten.

Beteiligungslohn

Am Ende eines Jahres gewähren einige Unternehmen den Arbeitnehmern einen sogenannten Beteiligungslohn, wenn ein gutes Betriebsergebnis erwirtschaftet worden ist. Damit soll das Interesse der Arbeitnehmer an einem guten Betriebsergebnis geweckt und eine hohe Einsatzbereitschaft erzeugt werden.

ARBEITSLOSIGKEIT

Arbeitslosigkeit bedeutet, daß arbeitsfähige und -willige Menschen keine Arbeit haben oder finden. Man unterscheidet zwischen dauernder und zeitweiliger Arbeitslosigkeit sowie zwischen freiwilliger und unfreiwilliger.

Vor allem Massen- und Langzeitarbeitslosigkeit sind nicht nur für die unmittelbar Betroffenen ein Problem. In großem Maße werden auch die Unternehmen und die gesamte Volkswirtschaft geschädigt. Durch Arbeitslosigkeit sinkt die Kaufkraft, die Produktion geht zurück.

Da der Sozialstaat das Existenzminimum der Arbeitslosen sichern muß, hat er größere Ausgaben. Darüber hinaus fließen dem Staatshaushalt geringere Steuereinnahmen zu. In der Regel steigt dann die Staatsverschuldung, und die Entwicklung der öffentlichen Haushalte stagniert oder geht zurück.

↗ Wirtschaftspolitik, S. 26

Ursachen der Arbeitslosigkeit

Wenn Unternehmen durch unzureichende Marktübersicht, mangelnde betriebliche Flexibilität oder fehlende Mobilität der Arbeitnehmer auf eine kurzfristig notwendig gewordene Produktionsanpassung oder einen Strukturwandel in der Wirtschaft nur unzureichend reagieren, kann dies eine erhöhte Arbeitslosigkeit nach sich ziehen.

In Abhängigkeit von den objektiven Ursachen für die Entstehung von Arbeitslosigkeit lassen sich mehrere Erscheinungsformen unterscheiden:

- Saisonale Arbeitslosigkeit
  Sie entsteht durch Produktionsrückgang, der jahreszeitlich oder witterungsbedingt ist (z. B. in der Bauwirtschaft, wo bei starkem Frost nicht gearbeitet werden kann).
- Konjunkturelle Arbeitslosigkeit
  Sie entsteht in Zeiten konjunktureller Krisen.
- Strukturelle Arbeitslosigkeit
  Sie entsteht infolge von Unterschieden zwischen dem Angebot von Arbeitskräften einerseits und dem Bedarf danach andererseits. Diese Unterschiede können territorial bedingt sein (z. B. werden in einem Bundesland Arbeitnehmer gesucht, während in einem anderen Leute entlassen werden), sektorale Ursachen haben (z. B. Krise in der Stahlproduktion, Aufschwung in der Automobilbranche) oder mit der unterschiedlichen Qualifikation der Arbeitnehmer in Zusammenhang stehen (z. B. viele ungelernte Arbeitslose und freie Stellen bei hochqualifizierten Berufen).

↗ Flexibilität, S. 101; Konjunktur, S. 23

Entwicklung der Arbeitslosigkeit

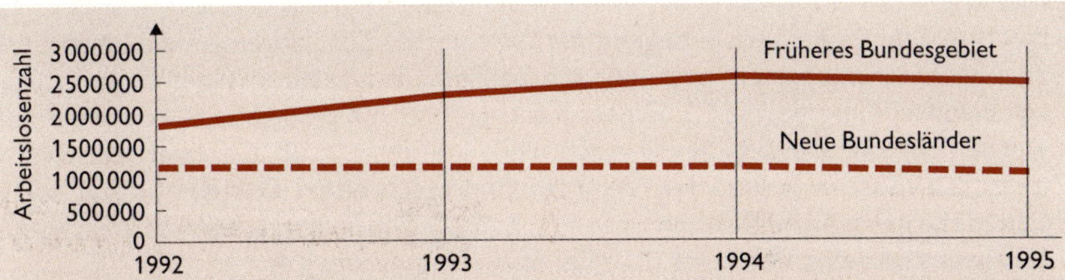

	Früheres Bundesgebiet			Neue Länder und Berlin-Ost		
	insgesamt	männlich	weiblich	insgesamt	männlich	weiblich
1992	1808310	1725757	82553	1170261	1056444	113817
1993	2270349	1277088	993261	1148792	1032194	116598
1994	2555967	1461639	1094328	1142090	1024982	117108
1995	2452466	1376918	1075548	1040853	344272	696581

4

Maßnahmen gegen die Arbeitslosigkeit

Ein Allheilmittel gegen die Arbeitslosigkeit gib es nicht. Ihr kann nur durch eine ausgewogene und sinnvolle Konjunkturpolitik des Staates entgegengewirkt werden. Derartige Maßnahmen können wie folgt aussehen:

- Der Staat tritt selbst als Nachfrager auf und vergibt Aufträge, z. B. auf dem Gebiet der Infrastruktur.
- Der Staat fördert die Investitionsfreudigkeit der Unternehmen, indem er z. B. die unternehmerspezifischen Steuern senkt.
- Der Staat fördert gezielt die Einrichtung arbeitsintensiver Produktionen, indem er zinsgünstige Kredite oder preiswertes Bauland vergibt.
- Der Staat sichert Exportaufträge durch die Übernahme von Zahlungsgarantien.

Arbeitslosenquote. Verhältnis der beschäftigungslosen zur Gesamtzahl der abhängigen Erwerbspersonen.

Kurzarbeit. Herabsetzung der täglichen oder wöchentlichen Arbeitszeit für einen bestimmten Zeitraum.

↗ Arbeitslosengeld, Arbeitslosenhilfe, Kurzarbeitergeld, Arbeitslosenversicherung, S. 134

ARBEITSRECHTLICHE GESETZE UND VORSCHRIFTEN

Die Beziehungen zwischen Arbeitgeber und Arbeitnehmer werden durch zahlreiche Gesetze und Vorschriften geregelt.

Grundlagen für diese Gesetze und Vorschriften bilden

- das Grundgesetz der Bundesrepublik Deutschland,
- der Vertrag zur Gründung der Europäischen Wirtschaftsgemeinschaft,
- die Richtlinie Nr. 76/207/EWG zur Verwirklichung des Grundsatzes der Gleichbehandlung von Männern und Frauen hinsichtlich des Zugangs zur Beschäftigung, zur Berufsbildung und zum beruflichen Aufstieg sowie in bezug auf die Arbeitsbedingungen.

Arbeitsvertragsrecht

Lehrvertrag

Nach Abschluß der Schule beginnt für die meisten Schulabgänger die Lehrzeit. Dazu schließt er mit seinem ausbildenden Betrieb/Unternehmen einen Lehrvertrag ab, vgl. Berufsbildungsgesetz § 3. Dieser Vertrag muß von beiden Seiten unterschrieben werden. Ist der Auszubildende noch nicht volljährig, muß zusätzlich ein Elternteil (oder ein anderer gesetzlicher Vertreter) unterschreiben. Darüber hinaus sind verschiedene gesetzliche Bestimmungen (z. B. das Jugendschutzgesetz) zu beachten.
Mindestinhalte des Vertrages (laut Berufsbildungsgesetz § 4):

- inhaltliches Ziel der Berufsausbildung
- Beginn und Dauer der Ausbildung
- Art der Ausbildungsmaßnahmen außerhalb der Ausbildungsstätte
- Dauer der Probezeit (1-3 Monate)
- Höhe der Vergütung und Art ihrer Auszahlung
- Dauer des Urlaubs
- Kündigungsgründe

Arbeitsvertrag

Nach erfolgreicher Beendigung der Lehre wird im Normalfall eine Arbeitsstelle gesucht und ein Arbeitsvertrag abgeschlossen. Für diesen Vertrag ist die Schriftform nicht zwingend vorgeschrieben, auch ein mündlich abgeschlossener Vertrag ist gültig. Da die Schriftform aber im Streitfall beweiskräftiger ist, sollte sie bevorzugt werden.
Im Arbeitsvertrag müssen folgende Fragen geklärt sein:

- Wer sind die Vertragspartner (Arbeitnehmer und Arbeitgeber)?
- Welche Art der Tätigkeit soll ausgeführt werden?
- Wie hoch ist der Lohn?
- Wie ist die Arbeitszeit geregelt?
- Wie ist der Arbeitsvertrag befristet und wie lang ist die Probezeit?
- Welche Sozialleistungen werden gewährt?
- Welche Urlaubsregelungen sind vereinbart?

Die Inhalte des Arbeitsvertrages können nicht beliebig festgelegt werden. Gesetze und Verordnungen schreiben den Vertragspartnern Mindestregelungen vor, wobei Abweichungen zugunsten des Arbeitnehmers gestattet sind. Zu beachten sind u. a. die Regelungen in

- der Arbeitszeitordnung (AZO) § 3,
- dem Bundesurlaubsgesetz § 3,
- dem Jugendarbeitsschutzgesetz,
- dem Mutterschutzgesetz,
- und gegebenenfalls dem Schwerbehindertengesetz.

Nach Abschluß eines Arbeitsvertrages ergeben sich für beide Vertragspartner Pflichten, die nicht gesondert im Vertrag enthalten sein müssen:

Treuepflicht	Über betriebliche Sachverhalte darf öffentlich nicht gesprochen werden. Dem Arbeitgeber darf keine Konkurrenz gemacht werden (Wettbewerbsverbot).

Arbeitspflicht	Die vertraglich vereinbarte Arbeit muß nach Art, Tempo und Umfang ausgeführt werden. Der Arbeitnehmer darf keinen Ersatzmann schicken.
Weisungsgebundenheit	Der Arbeitnehmer ist an die Weisungen des Arbeitgebers gebunden und kann nicht nach „Belieben" bei seiner Arbeit verfahren.
Lohnzahlungspflicht	Der vereinbarte Lohn wird in voller Höhe zum entsprechenden Zeitpunkt fällig.
Beschäftigungspflicht	Der Arbeitnehmer muß vertragsgemäß beschäftigt werden. Wenn dies aus betrieblichen Gründen nicht möglich ist, hat er Anspruch auf volle Bezahlung.
Fürsorgepflicht	Der Arbeitgeber hat im Betrieb für Leben, Gesundheit und Eigentum des Arbeitnehmers Sorge zu tragen. Alle Steuern, Abgaben, Versicherungen müssen pünktlich und in voller Höhe gezahlt werden.

Kündigungsrecht und Kündigungsschutz

Ordentliche Kündigung

Soll aus irgendeinem Grund ein bestehendes Arbeitsverhältnis beendet werden, ist die ordentliche Kündigung der normale Weg. Die Kündigungsfrist beträgt in der Regel 14 Tage.
Der Arbeitgeber ist bei einer Kündigung an das Kündigungsschutzgesetz gebunden. Danach besteht ein Schutz vor sozial ungerechtfertigten Kündigungen (§ 1). Besonderen Kündigungsschutz haben werdende und stillende Mütter sowie Schwerbehinderte.

Für Kündigungen durch den Arbeitgeber können die Gründe sehr verschieden sein:

Betriebliche Gründe	– Änderungen der Betriebsorganisation – Betriebsrationalisierung – mangelnde Auftragslage – Betriebsstillegung Diese Gründe verursachen oft Massenarbeitslosigkeit.
Gründe, die in der Person oder im Verhalten des Arbeitnehmers liegen	– häufige krankheitsbedingte Abwesenheit, die zu Besetzungsproblemen im Betrieb führt (z. B. am Fließband) – Arbeitsverweigerung – Störung des betrieblichen Friedens – Unpünktlichkeit – geringe Leistungsbereitschaft – Alkoholgenuß am Arbeitsplatz – Beleidigung von Betriebsangehörigen – Begehung einer Straftat

Fristlose Kündigung

Die fristlose Kündigung erfolgt in der Regel nach erfolglos verlaufenen Abmahnungen durch den Arbeitgeber, denen Fehlverhalten des Arbeitnehmers vorausgegangen sind.

Aufhebungsvertrag

Neben der Kündigung kann man im gegenseitigen Einvernehmen über einen Aufhebungsvertrag das Arbeitsverhältnis lösen.

Jugendarbeits- und Mutterschutz

Jugendarbeitsschutzgesetz
(Gesetz zum Schutz der arbeitenden Jugend – JarbSchG)

Dieses Gesetz wurde im Jahr 1976 beschlossen. Es gilt für die Beschäftigung von Personen, die noch nicht 18 Jahre alt sind und enthält allgemeine Regelungen. Für einzelne Berufsgruppen gelten Einschränkungen.

Inhalt:

- Verbot der Beschäftigung von Kindern, also Personen, die das 14. Lebensjahr noch nicht vollendet haben.
- Verbot der Beschäftigung von Jugendlichen unter 15 Jahren, wenn nicht ein Berufsausbilungsverhältnis besteht (Als Jugendlicher gilt, wer älter als 14 und jünger als 18 Jahre ist.).
- Verpflichtung, Jugendliche für den Berufsschulunterricht freizustellen.
- Verbot der Beschäftigung Jugendlicher in der Zeit von 20.00 bis 6.00 Uhr. Ausnahmen bilden das Gaststättengewerbe, die Landwirtschaft und Bäckereien.
- Festlegung der Urlaubstage, je nach Alter zwischen 25 und 30 Werktagen (Tarifverträge sind zu beachten.).
- Beschäftigungsverbot für Jugendliche bei gefährlichen Arbeiten (Arbeiten bei Hitze, Kälte, Nässe; Arbeiten mit Giften und Strahlen oder Arbeiten, bei denen größere Erschütterungen entstehen; Akkordarbeit; Arbeiten, die sittliche Gefahren bergen).
- Züchtigungsverbot

Weiterhin sind die Bedingungen am Arbeitsplatz, die gesundheitliche Betreuung und die Befugnisse der Aufsichtsbehörde geregelt.

Mutterschutzgesetz
(Gesetz zum Schutz der werktätigen Mutter – MuSchG)

Dieses Gesetz wurde 1968 erlassen und gilt für werdende und stillende Mütter, die in einem Arbeitsverhältnis stehen. Für einzelne Berufsgruppen gibt es Ausnahmeregelungen (z. B. für Künstler, im Gaststättengewerbe, in der Landwirtschaft, im Verkehrswesen, in der Krankenpflege).

In diesem Gesetz sind z. B. geregelt:

- die Gestaltung des Arbeitsplatzes (z. B. Sitzgelegenheiten zum kurzen Ausruhen, Möglichkeit kurzer Arbeitsunterbrechungen)
- die Einrichtung von Liegeräumen
- Beschäftigungsverbote vor der Entbindung
  - Arbeitsbefreiung in den letzten sechs Wochen der Schwangerschaft
  - Verbot schwerer körperlicher Arbeit
  - Vermeidung von schädlichen Gasen, Stäuben, Lärm, Erschütterungen
  - Vermeidung des Lastentragens
  - Verbot der Akkordarbeit
- Beschäftigungsverbote nach der Entbindung
  - Arbeitsbefreiung bis zur achten Woche nach der Entbindung – danach sind Mütter nicht über ihre individuelle Leistungsfähigkeit zu beanspruchen.

• Mütter sind auf ihr Verlangen während der Arbeitszeit zum Stillen des Säuglings freizustellen. Verdienstausfall darf dadurch nicht entstehen.
- Verbot von Mehr-, Nacht- und Sonntagsarbeit
- Kündigungsverbot bis vier Monate nach der Entbindung
- Zahlung von Mutterschaftsgeld
- Freistellung für Untersuchungen

Arbeitsrechtliche Gesetze im Überblick

Regelungen zum **Arbeitsvertragsrecht** sind niedergelegt
- im Bürgerlichen Gesetzbuch, 6. Titel
- in der Arbeitszeitordnung,
- in der Gewerbeordnung,
- im Handelsgesetzbuch,
- im Kündigungsgesetz,
- im Arbeitsplatzschutzgesetz,
- im Arbeitsförderungsgesetz.

Arbeitnehmerschutz und **Berufsbildungsrecht** sind geregelt
- im Arbeitssicherheitsgesetz,
- in der Arbeitszeitordnung,
- im Mutterschutzgesetz,
- im Jugendarbeitsschutzgesetz,
- im Schwerbehindertengesetz,
- im Heimarbeitergesetz,
- im Berufsbildungsgesetz.

Koalitionsfreiheit und **Tarifautonomie** sind festgelegt durch
- das Tarifvertragsgesetz,
- das Gesetz über die Festsetzung von Mindestarbeitsbedingungen.

Mitbestimmung in Betrieb und Unternehmen sind gewährleistet durch
- das Betriebsverfassungsgesetz,
- das Sprecherausschußgesetz,
- das Mitbestimmungsgesetz,
- das Montanbestimmungsgesetz.

BERUFSAUSBILDUNG UND STUDIUM

Schulsystem und Abschlüsse

Die Wahl der Schulform und der angestrebte Abschluß sind eine wichtige Vorentscheidung für den späteren beruflichen Entwicklungsweg. Während für eine Ausbildung in einem anerkannten Ausbildungsberuf im allgemeinen ein Hauptschulabschluß oder die mittlere Reife ausreichend ist, ist für ein Studium an Fachhochschulen oder Hochschulen die Fachhochschulreife oder die allgemeine Hochschulreife (Abitur) notwendig.
Bis auf wenige Ausnahmen stehen alle Berufe sowohl Mädchen als Jungen offen; aus Platzgründen wird hier allerdings meist auf die Nennung der Berufsbezeichnung in beiden Geschlechterformen verzichtet.

4

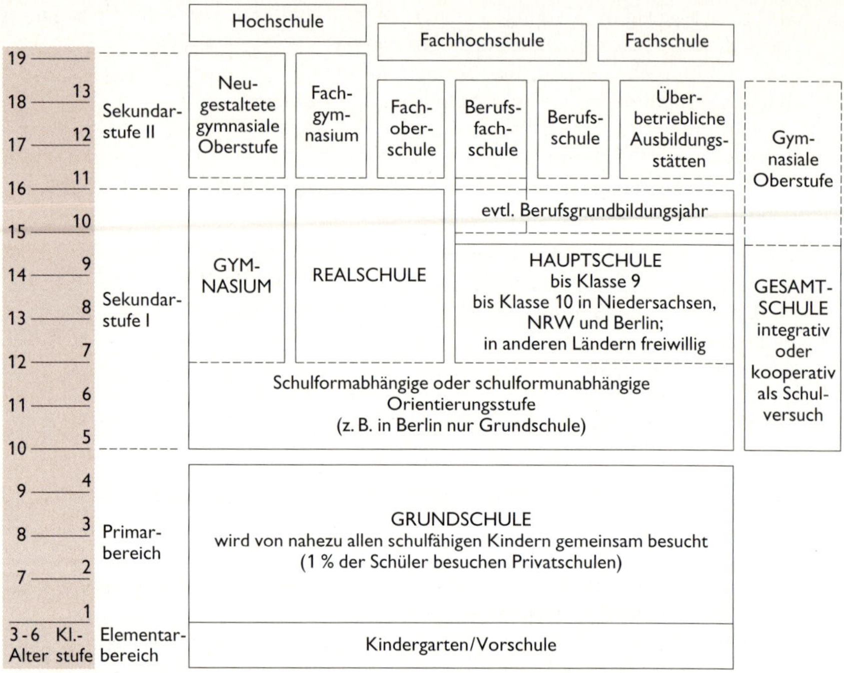

Übersicht über das Schulsystem

Schulform

Grundschule. Wird von nahezu allen Schülern des Primarbereichs besucht und umfaßt die Klassen 1-4 (teilweise bis Klasse 6), anschließend können sich Eltern und Kinder in Abhängigkeit von Interessen und Leistungsvermögen für eine der weiterführenden Schulformen entscheiden.

Hauptschule. Kann im Anschluß an die Grundschule je nach Bundesland bis zur Klasse 9 oder 10 besucht werden.

Realschule. Beginnt ebenfalls nach der Grundschule und endet immer mit Klasse 10. Höhere Anforderungen als an Hauptschulen. Abschluß berechtigt zum Besuch bestimmter weiterführender Schulen oder studienqualifizierender Ausbildungsgänge.

Gymnasium. Führt ebenfalls im Anschluß an die Grundschule zur Hochschulreife.

Regelschule. Die Hauptschulen, Realschulen und Gymnasien werden auch als Regelschulen zusammengefaßt.

Gesamtschule. Existiert als Schulversuch und integrieren den Unterricht der Regelschulen an einer Schule. Teilweise mit angeschlossener gymnasialer Oberstufe.

Privatschulen. Bieten die gleiche Ausbildung wie staatliche Schulen, unterscheiden sich aber häufig durch die pädagogische Konzeption oder bieten besondere Lernbedingungen. Eltern können an den Schulkosten beteiligt werden.

Abschluß

Hauptschulabschluß. Nach erfolgreichem Besuch der 9. Klasse der Regelschule (Hauptschule, Realschule, Gymnasium) oder einer Gesamtschule. In einigen Bundesländern dauert die allgemeine Schulpflicht 10 Jahre.

Realschulabschluß/mittlerer Bildungsabschluß. Z. B. nach erfolgreichem Besuch der 10. Klasse einer Realschule (auch Sekundar- oder Mittelschule) oder eines Gymnasiums.

Fachhochschulreife. Z. B. Abschluß einer Fachoberschule, Höheren Handelsschule, Berufsausbildung an einer technischen Berufsfachschule (nur Berlin).

Allgemeine Hochschulreife/Abitur. Z. B. Abschluß eines Gymnasiums (auch beruflichen Gymnasiums oder Fachgymnasiums), einer gymnasialen Oberstufe einer Gesamtschule, eines Abendgymnasiums oder Abschlußprüfung einer Fachhochschule.

Fachgebundene Hochschulreife. Z. B. Abschluß von Berufsoberschulen, Technischen Oberschulen, beruflichen Gymnasien, Fachakademien.

Gliederung der Berufsfelder

Die große Zahl von Berufen, Studiengängen und Tätigkeitsbezeichnungen (z. Z. etwa 380 Ausbildungsberufe und 25 000 verschiedene Berufstätigkeiten) erschwert eine zielgerichtete Berufswahl. Deshalb ist eine Einteilung nach bestimmten Gesichtspunkten notwendig. Zunächst unterscheidet man:

- Anerkannte Ausbildungsberufe nach dem Ausbildungsgesetz (BBiG). Die Ausbildung erfolgt meist im „Dualen System".
- Berufe mit geregelten Ausbildungsgängen an beruflichen Schulen, in Betrieben und Verwaltungen
- Studiengänge an Fachhochschulen/Hochschulen mit entsprechenden Abschlüssen
- Tätigkeitsbezeichnungen, Anlernberufe ohne geregelten Ausbildungsgang

Um die Orientierung bei der Berufswahl zu erleichtern werden in der Berufsberatung Einteilungen in Berufsfelder (1–14) und Tätigkeitsbereiche (1–12) verwendet:

1	Berufe im Verkauf und in der Kundenberatung
2	Berufe in Wirtschaft und Verwaltung
2 a	Berufe bei Bundesgrenzschutz, Bundeswehr, Feuerwehr, Justiz (Vollzug), Polizei, Zoll
3	Berufe in der Metallverarbeitung und Montage
4	Berufe im Kraftfahrzeugbereich
5	Installations- und feinhandwerkliche Metallberufe
6	Elektroberufe
7	Bau- und Holzberufe
8	Textil- und Bekleidungsberufe
9	Berufe im Bereich Chemie, Physik und Biologie
10	Berufe der Raum-, Form-, Farbgestaltung und Drucktechnik
11	Berufe im Gesundheitswesen
11 a	Körperpflegende Berufe
12	Berufe in der Sozialpflege und Erziehung
13	Berufe im Gastgewerbe, in der Hauswirtschaft und Nahrungsmittelherstellung
14	Berufe in der Tierpflege und Agrarwirtschaft

1	Material verarbeiten, z. B. Bäcker, Gießer
2	Zusammenbauen, montieren, z. B. Zimmerer, Klempner
3	Gestalten, z. B. Glasmacher, Graveur
4	Bedienen und überwachen von Maschinen, z. B. Näherin, Fräser
5	Bebauen und züchten, z. B. Landwirt
6	Untersuchen und messen, z. B. Geräteprüfer
7	Zeichnen und reproduzieren, z. B. Technischer Zeichner
8	Bedienen und Beraten, z. B. Verkäufer/in
9	Wirtschaften, z. B. Bankkaufmann
10	Verwalten, z. B. Bürokauffrau
11	Sichern, in Ordnung halten, z. B. Binnenschiffer, Schornsteinfeger
12	Versorgen und Betreuen, z. B. Hauswirtschafter/in

Ausbildung im Dualen System

Anerkannte Ausbildungsberufe (früher Lehrberufe) werden in der Regel im Dualen System erlernt, d. h. die Ausbildung erfolgt an zwei Orten – der Berufsschule und dem Ausbildungsbetrieb.

Ausbildungsbetrieb – Verwaltung	Berufsschule
vermittelt Arbeitsmethoden und Arbeitstechniken lehrt Fertigkeiten und Kenntnisse Erfahrungen im Umgang mit Maschinen, Geräten und Werkstoffen werden gesammelt	vermittelt Fachtheorie vertieft fachpraktische Kenntnisse und Fertigkeiten erweitert die Allgemeinbildung
praktische Ausbildung	theoretische Ausbildung
	Teilzeitform 1 oder 2 Tage pro Woche oder Blockform Blöcke von 2-4 Wochen
Dauer 1 bis $3\frac{1}{2}$ Jahre	

↓

Prüfung vor IHK oder Handwerkskammer

Bei einigen Berufen wird die Ausbildung im Betrieb durch überbetriebliche Ausbildungsphasen (z. B. auf Lehrbauhöfen) ergänzt. Einige Berufe können auch an Berufsfachschulen oder an anderen berufsbildenden Einrichtungen erlernt werden.

Lernort Betrieb	Lernort Berufsschule
↑	↑
Auszubildende (Lehrlinge)	Berufsschüler
Grundlagen der Ausbildung	
Berufsausbildungsvertrag Ausbildungsordnungen Berufsbildungsgesetz des Bundes	Schulpflicht Lehrpläne Schulgesetze der Länder

Duales System

Ausbildungsdauer 3 Jahre Auszubildende 16 211 (Handwerk); 256 Industrie. Blätter zur Berufskunde: 1-I E 101	Bäcker backen nicht nur Brot, sondern auch Kleingebäck. Feinback-, Dauerback- und Konditorwaren. Sie stellen die Massen nach Rezept zusammen, sorgen durch Abwiegen und Abmessen der Zutaten für die richtige Mischung und überwachen die Teigbildungs- und Gärungsvorgänge. Sie bedienen zum Beispiel Rühr- und Knetmaschinen, die ihnen schwere und ständig wiederkehrende Arbeiten erleichtern. Sie beschicken Backöfen oder Backautomaten nach vorausgeplantem Programm und geben der Ware durch Überziehen. Glasieren oder Garnieren das appetitliche Aussehen. Moderne Kühlanlagen und Gefrierverfahren erleichtern in Handwerk und Industrie die Vorratshaltung der leichtverderblichen Backwaren.

Berufsbeschreibung (Beispiel)

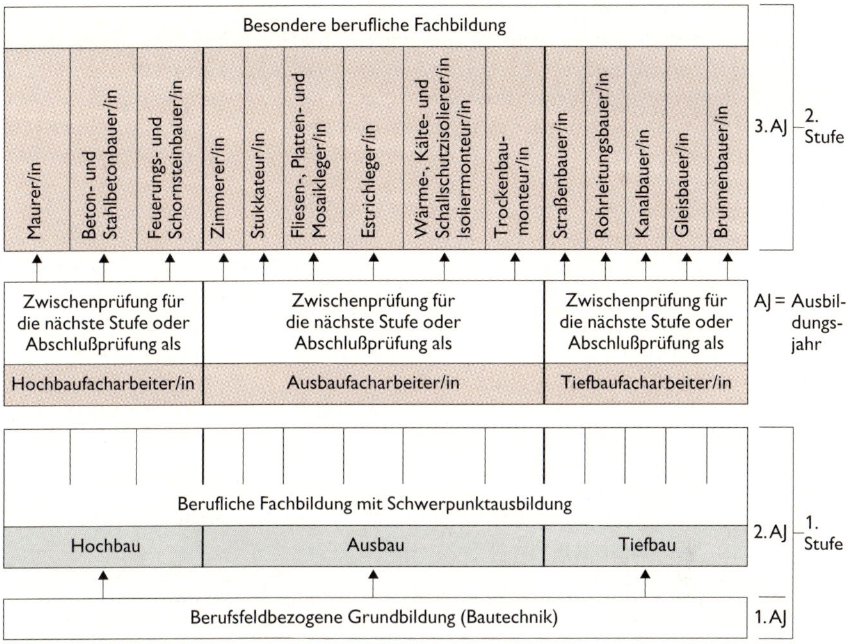

Stufenausbildung in der Bauwirtschaft

Ausbildungsgänge in Schulen und Verwaltungen

Hier handelt es sich um Berufe, die vorwiegend an Schulen ausgebildet und mit einem staatlich anerkannten Abschluß beendet werden. Die Ausbildung erfolgt an Berufsfachschulen, Fachschulen, in öffentlichen Verwaltungen oder ihnen gleichgestellten Einrichtungen usw.

Berufsfachschulen

Das sind Schulen mit Vollzeitunterricht von mindestens einjähriger Dauer. Sie haben die Aufgabe, allgemeine und berufliche Lerninhalte zu vermitteln und bereiten auf die Fachbildung in einem Ausbildungsberuf vor oder führen direkt zu einem Berufsabschluß. Bei manchen Ausbildungsgängen werden auch noch höhere Schulabschlüsse, z. B. mittlerer Bildungsabschluß, erreicht. In den einzelnen Bundesländern sind Ausbildungsgänge und berufliche Abschlüsse unterschiedlich geregelt.

- Kaufmännische Assistenten

Fachschulen

Sie vermitteln grundsätzlich den Abschluß einer einschlägigen Berufsausbildung. Häufig ist eine entsprechende Berufstätigkeit vor oder nach der Ausbildung Voraussetzung für die Anerkennung. Die Bildungsgänge in Vollzeitform dauern 1-3 Jahre und vermitteln vertiefte berufliche Fachbildung und Allgemeinbildung. Bei verschiedenen Ausbildungsgängen wird zusätzlich die Fachhochschulreife erworben.

- Erzieherin/Erzieher

Berufe im Behördendienst

Behörden des Bundes, der Länder und der Gemeinden bieten eine große Zahl von Arbeitsplätzen mit unterschiedlichsten Aufgabenstellungen. Unterschieden wird nach technischem und nichttechnischem Dienst, nach dem Schwierigkeitsgrad der Aufgaben und nach den Laufbahnen des einfachen, mittleren, gehobenen und höheren Dienstes. Eine Tätigkeit ist sowohl im Angestelltenverhältnis als auch als Beamter/Beamtin möglich.

Voraussetzungen für eine Beamtenlaufbahn sind die deutsche Staatsangehörigkeit und die Gewähr, jederzeit für die freiheitlich demokratische Grundordnung einzutreten. Bewerber müssen zunächst einen Vorbereitungsdienst absolvieren, der mit der Laufbahnprüfung abschließt. Anschließend erfolgt mit der Ernennung zum „Beamten auf Probe“ eine bis zu 5jährige Probezeit und danach die Verleihung des Eingangsamtes (bei Erreichen des 27. Lebensjahres auch die Anstellung auf Lebenszeit).

Die Ausbildung erfolgt während des Vorbereitungsdienstes in den Behörden, in Schulen und in Ausbildungseinrichtungen des öffentlichen Dienstes. Für viele Tätigkeiten kann man sich aber auch nach Abschluß eines Studiums oder Berufsausbildung bewerben.

Eine Beschreibung aller Ausbildungsgänge enthält die jährlich von der Bundesanstalt für Arbeit herausgegebene Publikation BERUF AKTUELL.

Die Polizeibeamten im Bundesgrenzschutz werden zur polizeilichen Überwachung der Grenzen, zur polizeilichen Kontrolle des grenzüberschreitenden Verkehrs, zum Personen- und Objektschutz im In- und Ausland und zum Schutz eigener Einrichtungen eingesetzt. Sie nehmen die grenzpolizeilichen Aufgaben auf hoher See wahr; dazu gehören auch Umweltaufgaben, und sie sind zum Schutz vor Angriffen auf die Sicherheit des Luftverkehrs zuständig. Sie unterstützen die Polizei der Länder auf Anforderung in besonderen Fällen bei ihren Aufgaben, helfen bei der Bekämpfung von Katastrophen und Unglücksfällen und werden im Hubschrauberrettungsdienst eingesetzt.
Je nach Einsatz- oder Verwendungsgebiet können sie zum Beispiel als Hubschrauberführer, Bordwart, Bordmechaniker, als Funktruppenführer, Elektroniker, Polizeitaucher, Sprengmeister oder als Waffenmechaniker tätig sein. Im Kraftfahrwesen können sie als Fahrer eingesetzt werden, als Mechaniker arbeiten oder als Fahrlehrer ihre Verwendung finden. Weitere Bereiche wären zum Beispiel das Sanitätswesen, die GSG 9 und der BSG See.
Die Polizeivollzugsbeamten/-innen im Bundesgrenzschutz werden überwiegend bei der Grenzpolizei, der Bahnpolizei, der Luftsicherheit und dem Objektschutz eingesetzt.

Zugangsvoraussetzungen: Realschul- oder vergleichbarer Abschluß oder Hauptschulabschluß und abgeschlossene handwerklich-technische Berufsausbildung.

Der Vorbereitungsdienst dauert für Bewerber/innen mit Realschulabschluß oder vergleichbarem Abschluß $2^1/_2$ Jahre für Bewerber/innen mit Hauptschulabschluß $3^1/_2$ Jahre.

Blätter zur Berufskunde: 2-VI D 20

Beispiel für den Behördendienst

Studium

Auch wenn die Tendenz weiterhin zu Arbeitsplätzen mit höheren Anforderungen an die berufliche Qualifikation geht, und die Arbeitslosigkeit unter Hochschulabsolventen insgesamt noch relativ niedrig ist, bietet ein Studium alleine keine Sicherheit für die berufliche Zukunft. Wegen des langen Zeitraums zwischen der Studienentscheidung und dem Eintritt ins Berufsleben nach dem Studienabschluß sind sichere Prognosen über die Beschäftigungschancen einzelner Fachrichtungen kaum möglich.
Entsprechend der Aufgabenstellung kann man unterscheiden zwischen:

- Universitäten und Hochschulen mit vergleichbarer Aufgabenstellung (Universitäten, Technische Universitäten/Hochschulen, Gesamthochschulen, Fernuniversitäten, Universitäten der Bundeswehr, Hochschulen für Medizin, Tiermedizin oder Sport, Kirchliche Hochschulen, Pädagogische Hochschulen)
- Kunst- und Musikhochschulen
- Fachhochschulen und Fachhochschulen der öffentlichen Verwaltung (Technische Fachhochschulen, Hochschule für Verwaltung und Rechtspflege)

Das Studium soll auf ein berufliches Tätigkeitsfeld vorbereiten und die dafür erforderlichen fachlichen Kenntnisse und Fähigkeiten vermitteln. Es ist in Form von Studiengängen (d. h. einer Kombination von einem bzw. mehreren Studienfächern mit einem berufsqualifizierendem Abschluß) organisiert. Inhalt und Aufbau der Studiengänge (z. B. Grund- und Hauptstudium), Arten der Lehrveranstaltungen (z. B. Vorlesungen, Seminare, Praktika, Übungen usw.) und Prüfungen sind in Prüfungsordnungen, Studienordnungen oder Studienplänen geregelt.
Für jeden Studiengang ist eine Regelstudienzeit, in der dieses Studium abgeschlossen werden kann, festgelegt. Diese Regelstudienzeiten werden aus unterschiedlichen Gründen häufig überschritten. In der Regel wird von einem Präsenzstudium in Vollzeitform (Ausnahme Fernstudium) ausgegangen. Das Studienjahr wird fast immer in ein Wintersemester (WS) und ein Sommersemester (SS) unterteilt.

Studium an Universitäten und Hochschulen mit vergleichbarer Aufgabenstellung

Zulassung. Für die Zulassung ist die allgemeine Hochschulreife oder die entsprechende fachgebundene Hochschulreife nötig. Außerdem gibt es eine Reihe von Sonderregelungen für besonders befähigte Berufstätige ohne Zugangsberechtigung.
Für die Mehrzahl der Studiengänge erfolgt die Studienaufnahme durch Einschreibung (Immatrikulation). Bei Studiengängen mit Zulassungsbeschränkungen (Numerus clausus) ist eine Teilnahme an dem entsprechenden Vergabeverfahren notwendig.

Studium. Die Studiengänge sind in der Regel in ein Grund- (meist 4 Semester) und ein Hauptstudium gegliedert. Die Regelstudienzeit der Studiengänge ist unterschiedlich und liegt zwischen 7-10 Semestern (Medizin mindestens 12 Semester). Insbesondere im Hauptstudium hat man die Möglichkeit der Schwerpunktbildung durch Wahl- und Wahlpflichtfächer.

Abschlüsse. Folgende Abschlüsse sind möglich:
- Diplomprüfung – vorwiegend in ingenieur-, wirtschafts-, natur- und sozialwissenschaftlichen Fächern
- Magisterprüfung – vorwiegend in den Sprach- und Kulturwissenschaften, teilweise auch in Sozial-, Natur- und Wirtschaftswissenschaften. Magisterstudiengänge unterscheiden sich durch die Einbeziehung mehrerer eigenständiger Fächer (ein Haupt- und zwei Nebenfächer oder zwei Hauptfächer)
- Staatsprüfung – beim Studium der Medizin, Pharmazie, Lebensmittelchemie, Rechtswissenschaft und bei Lehramtsstudiengängen.

Studium an Kunst- und Musikhochschulen

Zulassung. Für die Zulassung ist die allgemeine Hochschulreife oder fachgebundene Hochschulreife nötig. Daneben wird ein Nachweis der persönlichen künstlerischen Eignung in Form einer Eignungsprüfung vorgenommen. Wer eine überdurchschnittliche künstlerische Begabung in einer besonderen Aufnahmeprüfung nachweist, kann auch ohne Hochschulreife aufgenommen werden. Das Vergabeverfahren der Studienplätze wird von jeder Hochschule selbst durchgeführt.

Studium. An Kunsthochschulen wird das Studium der freien bildenden und der gestalterischen Künste und teilweise der darstellenden Kunst angeboten. Die Studiengänge sind oft wenig strukturiert. Das Studium der darstellenden Künste (Schauspiel,

Musik) erfolgt an Musikhochschulen. Vorwiegend erfolgt die Ausbildung als Einzelunterricht oder in kleinen Gruppen/Klassen. Wer nach dem Studium ein Lehramt anstrebt, muß mit einer Staatsprüfung abschließen.

Abschlüsse. Diplom, Staatsexamen, Ernennung zum Meisterschüler (Meisterklassendiplom), künstlerische Reifeprüfung, Konzertexamen

Studium an Fachhochschulen und Fachhochschulen der öffentlichen Verwaltung

Die Studiengänge sind durch eine stärker anwendungsbezogene Ausbildung in Vorbereitung auf berufliche Tätigkeiten gekennzeichnet. Vor allem in den Bereichen Ingenieurwesen, Wirtschaft, Sozialwesen, Landwirtschaft und Gestaltung werden Ausbildungen angeboten. An Fachhochschulen für öffentliche Verwaltung des Bundes und der Länder werden Beamte für die Laufbahnen des gehobenen Dienstes in der Öffentlichen Verwaltung ausgebildet.

Zulassung. Für die Zulassung ist die Fachhochschulreife oder ein als gleichwertig anerkannter Abschluß notwendig. Die allgemeine Hochschulreife oder eine entsprechende fachgebundene Hochschulreife berechtigen ebenfalls. In vielen Bundesländern gibt es Sonderregelungen für besonders befähigte Berufstätige ohne derartige Abschlüsse. Bei vielen Studiengängen wird ein Vorpraktikum mit bis zu 12 Monaten Dauer verlangt.

Studium. Das Studium ist meist wesentlich straffer gegliedert als an Universitäten und Hochschulen und umfaßt ein Grund- und ein Hauptstudium. Es ist allgemein auf 4 Jahre angelegt, einschließlich 1-2 Praxissemester und der Prüfungszeit.

Abschluß. Diplomprüfung mit dem Zusatz Fachhochschule (FH), z. B. Diplomingenieur (FH), Diplom-Betriebswirt (FH)

Weitere Informationen zu den Studiengängen und Hochschulen findet man in der jährlich aktualisierten Publikation „Studien und Berufswahl".

BERUFSWAHL

Persönliche Eignung und Wahl des Ausbildungsplatzes

Nach Abschluß der Schule steht jeder vor der Entscheidung, ob er sofort die Aufnahme einer Arbeit oder eine berufliche Ausbildung oder eines Studiums anstrebt.

Für die Aufnahme einer beruflichen Ausbildung sprechen die besseren Chancen auf dem Arbeitsmarkt, höheres Einkommen, günstigere Aufstiegs-

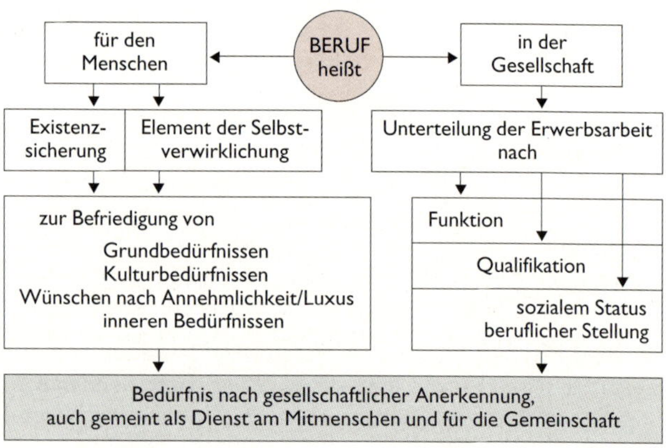

und Qualifizierungsmöglichkeiten und eine höhere gesellschaftliche Anerkennung. Welcher Beruf den eigenen Bedürfnissen, Wünschen und Fähigkeiten am besten entspricht, hängt von vielen Faktoren ab.

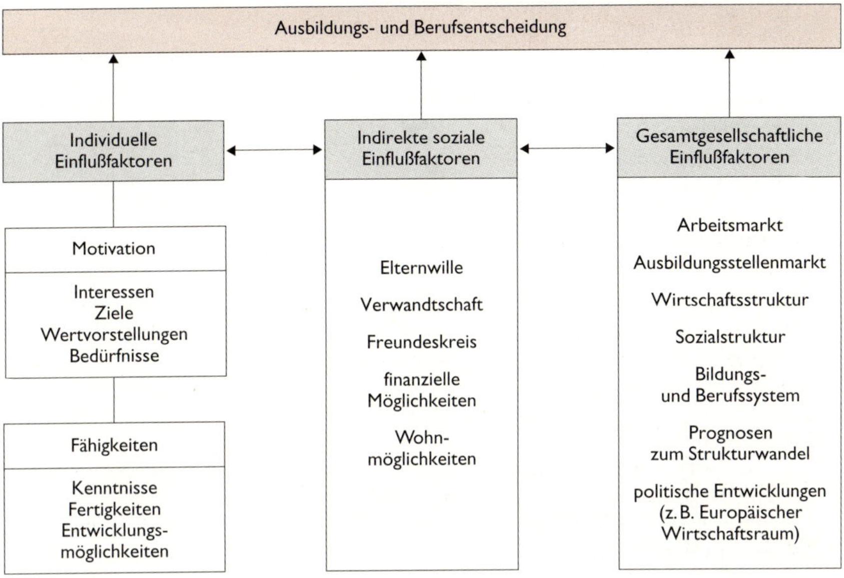

Einflußfaktoren der Berufswahl

Bei der Berufswahlentscheidung wird folgende Schrittfolge empfohlen:

1. Welche Erwartungen habe ich an meinen Beruf?
   - Interessen, Wünsche, Umgang mit Menschen, Technik usw.

2. Über welche Voraussetzungen für eine berufliche Tätigkeit verfüge ich?
   - Fähigkeiten, Fertigkeiten, Kenntnisse, Stärken und Schwächen, Schulabschluß, Erfahrungen aus Praktika, Ferienarbeit, Freizeitgestaltung usw.

3. Auswahl geeigneter Berufe und Vergleich der Anforderungen an diese Berufe mit den persönlichen Möglichkeiten.
   - Information über Berufe bei der Berufsberatung, bei Lehrern, Verwandten usw.
   - Auswahl interessierender und geeigneter Berufe
   - Vergleich der Anforderungen mit den eigenen Möglichkeiten

4. Perspektiven des gewählten Berufes
   - Chancen auf einen Arbeitsplatz nach der Ausbildung
   - Aufstiegs- und Fortbildungsmöglichkeiten
   - Einsatzmöglichkeiten in anderen Bereichen

5. Alternative Ausbildungsmöglichkeiten in der gewünschten oder in anderen Richtungen
   - Berufe mit ähnlichen Tätigkeitsmerkmalen wie der Wunschberuf
   - andere Berufsfelder für die Eignung und Interesse vorliegen

6. Suche eines geeigneten Ausbildungsplatzes
- Berufsberatungszentrum des Arbeitsamtes
- Frage bei Eltern, Freunden, Verwandten, Nachbarn usw.
- Anfrage bei Betrieben, Schulen usw.
- Suche im Branchenbuch, Stellenmarkt der Zeitungen usw.
- selbst eine Anzeige aufgeben

7. Bewerbung um den Ausbildungsplatz
- schriftliche Bewerbung
- telefonische Bewerbung
- Vorstellungsgespräch, ggf. Eignungstest

Bewerbung und Ausbildungsvertrag

Nachdem man einen oder mehrere Betriebe gefunden hat, die Ausbildungsplätze oder später Arbeitsplätze in der gewünschten Richtung anbieten, sind meist die schriftlichen Bewerbungsunterlagen zu schicken. Die richtige Form der Bewerbungsunterlagen ist oftmals schon entscheidend, ob man überhaupt in dem Auswahlverfahren berücksichtigt wird.

Telefonische Bewerbung

Sie ist eine Form der Kontaktaufnahme mit dem zukünftigen Ausbildungsbetrieb oder Arbeitgeber. Ziel ist es, Informationen über mögliche Ausbildungs- und Arbeitsplätze zu erhalten und eventuell auch schon einen Termin für ein persönliches Vorstellungsgespräch. Eine schriftliche Bewerbung wird meistens trotzdem notwendig sein. Auf ein so wichtiges Telefongespräch sollte man sich gut vorbereiten und die wichtigsten Fragen und Antworten als Stichwortkonzeption erstellen.

Schriftliche Bewerbung (Bestandteile und Hinweise)

- Ausführung der Schreiben mit Schreibmaschine oder PC mit Tintenstrahl- oder Laserdrucker (handschriftlich nur, wenn ausdrücklich gefordert)
- Beachten der DIN-Normen für Maschinenschreiben (Blatteinteilung, linksbündig, vollständige Adresse und Absender usw.)
- Einhalten der Bewerbungsfristen, rechtzeitiges Absenden der Unterlagen
- Unterlagen übersichtlich und chronologisch ordnen, möglichst in einer Mappe
- keine Schreib-, Tippfehler oder Korrekturen, qualitativ gutes Papier verwenden

1. Anschreiben oder Bewerbungsschreiben (↗ S. 121)
- möglichst nur eine Seite

2. Lebenslauf (↗ S. 121)
- ausführlicher Lebenslauf, hand- oder maschinengeschrieben, oder
- tabellarischer Lebenslauf (immer häufiger geforderte Form, da übersichtlich und schnell die wichtigsten Informationen zu entnehmen)

Bestandteile:

• aktuelles Paßbild (kein Automatenfoto) mit Klebepunkten in die rechte obere Ecke

• persönliche Daten (Vor- und Zuname, Geburtsdatum und Ort, Name und Beruf der Eltern, vollständige Adresse und Telefonnummer)

Hans Mustermann
Sourmondtstraße 46
13053 Berlin
Tel. (030) 4 32 17 26

Bielefeld, 06.07.1995

Fred Holz KG
Personalabteilung
Fraunstraße 13

30471 Halberstadt

Ihre Anzeige in der Volksstimme vom 04. Juli 1995
„Ausbildungsplatz für Kaufmann im Groß- und Außenhandel" –
Filiale Halberstadt

Sehr geehrte Damen und Herren,

mit den beigefügten Unterlagen bewerbe ich mich um den in der Volksstimme ausgeschriebenen Ausbildungsplatz zum Groß- und Außenhandelskaufmann.

Ich besuche zur Zeit das hiesige Brecht-Gymnasium. Nach meinenem Abitur im Sommer 1996 möchte ich eine kaufmännische Ausbildung beginnen.

Im letzten Jahr lernte ich bereits durch einen Ferien-Job Ihre Halberstädter Filiale kennen. Seinerzeit erfuhr ich auch von Ihren exzellenten Geschäftsverbindungen in Europa und Ihrem hervorragenden Ruf als Ausbildungsbetrieb – zwei gute Gründe, sich bei Ihrem Unternehmen zu bewerben.

Durch Schriften und Gespräche mit Fachleuten habe ich mich genau über die Aufgaben eines Groß- und Außenhandelskaufmanns informiert. Da meine Stärken auf sprachlichem Gebiet liegen, ich gerne mit Menschen umgehe, aber auch vor Zahlen nicht zurückschrecke, glaube ich, für diesen Beruf gut gerüstet zu sein.

Über eine Einladung zu einem Gespräch würde ich mich freuen.

Mit freundlichen Grüßen

Hans Mustermann

<u>Anlagen</u>
Lebenslauf mit Foto
Zeugniskopien
Kopie der Bescheinigung über Ferien-Job

Paßbild

<u>Lebenslauf</u>

Name:	Hans Mustermann
Geburtsdatum:	17.06.74
Geburtsort:	Halberstadt
Eltern:	Eberhard Mustermann, Kaufmann im Groß- und Außenhandel Irmgard Mustermann, geb. Neumann, Hausfrau
Wohnort:	Sourmondtstraße 7, 13053 Berlin Tel. (030) 4 32 17 26
Familienstand:	ledig
Schulausbildung:	September 1981 bis Juli 1985 Grundschule in Berlin, seit September 1985 Brecht-Gymnasium in Bielefeld, zur Zeit Jahrgangsstufe 13
Schulabschluß:	Sommer 1996: Abitur
Sprachkenntnisse:	Englisch (9 Jahre), Französisch: (7 Jahre)
Aushilfstätigkeit:	1992, 1993 je vier Wochen in der Halberstädter Filiale der Fred Holz KG
Berufswunsch:	Kaufmann

4

• schulische Daten
• lückenlose und chronologische Darstellung des bisherigen Berufsweges (einschließlich der Zeiten des Wehr-, Ersatz- oder eines Sozialdienstes, andere Unterbrechungen möglichst plausibel erklären)
• Ort, Datum und Unterschrift

3. Abschlußzeugnisse der Schule, Berufs- und Studienabschlüsse
– Zeugnisse, Bescheinigungen u. ä. immer nur als Kopie beilegen, das Original ist oft unersetzlich und wird nur auf Verlangen gezeigt.
– Nur neue und gut lesbare Kopien verwenden.
– Wer noch die Schule besucht, verwendet das letzte Zwischenzeugnis und das letzte Versetzungszeugnis.

4. Arbeitszeugnisse
– möglichst vollständig von allen bisherigen Arbeitgebern

5. Arbeitsproben, Schriftproben, Bescheinigungen
– Bei bestimmten Arbeitsplätzen kann auch ein polizeiliches Führungszeugnis, ein SCHUFA-Auszug oder der Nachweis der deutschen Staatsangehörigkeit gefordert werden.
– weitere Bescheinigungen, die für die Tätigkeit förderlich sein können (z. B. Sprachkurse, Praktika, Schreibmaschinen oder PC-Kurse, Hinweis auf Führerschein)

Eignungstest

Bei großen Unternehmen, hohen Bewerberzahlen und Tätigkeiten, die eine besondere Eignung oder Begabung erfordern, werden häufig Eignungstests in das Auswahlverfahren einbezogen. Folgende Formen kann man unterscheiden:

Intelligenztest. Sollen Auskunft über Intelligenzniveau und Struktur geben.
Prüfen Sprachbeherrschung, Raumvorstellung, Kombinationsfähigkeit, räumliches Vorstellungsvermögen, Denkfähigkeit, Reaktionsvermögen und Gedächtnis.

Wissenstest. Prüfen den Wissensstand auf für den Beruf wichtigen Gebieten.

Persönlichkeitstest. Versuchen, die Charaktereigenschaften, Interessen, Motive, Verhaltensmuster usw. zu erfassen.

Berufseignungstest. Sollen die speziellen Fähigkeiten, Kenntnisse oder Begabungen, die für die Tätigkeit von besonderer Bedeutung sind, erfassen.

Es werden auch kombinierte Varianten der genannten Tests verwendet, um ein möglichst genaues Bild von der Persönlichkeit des Bewerbers zu erhalten.

Auch das Lösen von Tests kann man lernen und trainieren, da viele Aufgaben nach ähnlichen Mustern aufgebaut sind.
Verhalten während des Tests:
– Ausgeruht und pünktlich erscheinen.
– Aufgabenstellungen und Anleitungen gründlich lesen und Beispieldemonstrationen aufmerksam verfolgen.
– Zügig aber nicht hektisch arbeiten, ggf. erst die Aufgaben lösen, die man beherrscht und schwierige zunächst übergehen.

- Auch unter Zeitdruck sorgfältig arbeiten.
- Die volle Bearbeitungszeit ausnutzen, bei Zeitreserven nochmal kritische Aufgaben durchdenken.

Vorstellungsgespräch

Wer eine Einladung zum Vorstellungsgespräch erhält, hat schon wichtige Etappen auf dem Weg zum Arbeits- oder Ausbildungsplatz bewältigt und ist im engeren Kreis der Bewerber. Vom richtigen Auftreten und der eigenen Vorbereitung hängt entscheidend der Erfolg ab:

- angemessene und korrekte Kleidung (aber Branche beachten, z. B. erwartet eine Bank ein anderes Aussehen als eine Werbefirma)
- pünktliches Erscheinen ist selbstverständlich, Verkehrsprobleme bei Anfahrt berücksichtigen
- über die Firma informieren (Produktbreite, Erwartungen an die Mitarbeiter, Führungsstil usw.)
- eigene Fragen vorbereiten, die sich auf Inhalte der Arbeit bzw. der Ausbildung, auf Fortbildungs- und Aufstiegsmöglichkeiten usw. beziehen
- Antworten auf mögliche Fragen des Gesprächs überlegen
- ruhig und natürlich auftreten, nicht schauspielern

Nach erfolgreicher Bewerbung schließen Ausbildender und Auszubildender bzw. dessen gesetzlicher Vertreter einen Ausbildungsvertrag nach dem Berufsbildungsgesetz ab. In ihm sind die Rechte und Pflichten beider Parteien geregelt.
Aus dem Ausbildungsvertrag und dem Berufsbildungsgesetz ergeben sich für beide Parteien eine Reihe von Pflichten:

- für den Auszubildenden z. B. Lernpflicht, Befolgen von Weisungen, Sorgfaltspflicht, Teilnahme am Berufsschulunterricht, Einhalten der betrieblichen Ordnung, Führung des Berichtsheftes usw.
- für den Ausbildenden z. B. Ausbildungspflicht, kostenlose Bereitstellung von Ausbildungsmitteln, Vermeidung ausbildungsfremder Tätigkeiten, Freistellung und Anmeldung zu Prüfungen usw.

Berufswegplanung und beruflicher Aufstieg

Bei der Entscheidung für eine Erstausbildung sollte man auch schon seine späteren beruflichen Ziele und Möglichkeiten für weiterführende Abschlüsse berücksichtigen. An einigen typischen Beispielen sollen weiterführende Ausbildungen und damit verbundene berufliche Perspektiven dargestellt werden.

Meister

Die Meisterprüfung hat im gewerblich-technischen Bereich eine lange Tradition. Nach einer erfolgreich abgeschlossenen Berufsausbildung und mehrjähriger erfolgreicher Tätigkeit als Geselle oder Facharbeiter kann in dem Fachgebiet die Meisterprüfung abgelegt werden. Dazu werden Vorbereitungslehrgänge besucht.

Meister/Meisterin im Handwerk. Wird zur Zeit in 127 Fachrichtungen vom Bäckermeister bis zum Büroinformationselektronikermeister angeboten. Die Meisterprüfung ist Voraussetzung für die Führung eines selbständigen Handwerksbetriebes und die Erlaubnis, Lehrlinge auszubilden.

Industriemeister/Industriemeisterin. Es gibt zur Zeit 14 bundeseinheitliche Regelungen für die Prüfung in den Bereichen Metall, Elektro, Druck usw. Industriemeister sind wichtige Bindeglieder zwischen Produktion und Verwaltung, sie führen Mitarbeiter und kontrollieren den Materialfluß, die Kosten und die Arbeitsleistungen.

Betriebswirt/Fachwirt/Fachkaufmann

Das sind mittlere Führungskräfte die vorrangig im betriebswirtschaftlichen und kaufmännischen Bereich tätig sind. Die Ausbildung erfolgt meist berufsbegleitend in Voll- oder Teilzeitform und dauert bis zu 6 Semester.
Voraussetzung sind eine abgeschlossene kaufmännische Berufsausbildung sowie eine Berufspraxis von unterschiedlicher Dauer.

Techniker

Staatlich geprüfte(r) Technikerin/Techniker ist ebenfalls ein Fortbildungsberuf, der eine abgeschlossene berufliche Ausbildung mit anschließender praktischer Tätigkeit im Beruf oder eine langjährige (meist 7 Jahre) Tätigkeit in der entsprechenden Ausbildungsrichtung voraussetzt. Die Ausbildung erfolgt an Fachschulen mit zweijähriger Ausbildungsdauer in Vollzeitform und endet mit einer Abschlußprüfung. Sie ist in vielen Berufsrichtungen möglich.

Als „mittlere Führungskräfte" gibt es vielfältige Einsatzmöglichkeiten in allen Wirtschaftsbereichen und vielen Verwaltungen. Sie stehen zwischen dem Facharbeiter und dem Ingenieur und erfüllen vielfältige Aufgaben in allen Funktionsbereichen von der Konstruktion, über die Fertigung bis zum Kundendienst.

Neben diesen und vielen weiteren Qualifizierungs- und Studienmöglichkeiten, dem Nachholen von Abschlüssen usw. gibt es natürlich auch Aufstiegsmöglichkeiten am Arbeitsplatz. Bei erfolgreicher und engagierter Arbeit ist der Aufstieg in erste Führungspositionen oder die Übernahme verantwortungsvollerer Arbeiten erreichbar (z. B. erster Verkäufer, Gruppenleiter, Vorarbeiter).

Technischer Wandel und Fortbildung

Während früher der erlernte Beruf oft das ganze Berufsleben ausgeübt wurde, ist heute unter den Bedingungen des schnellen technischen Fortschrittes und des umfassenden Strukturwandels damit nicht mehr zu rechnen.
Beraten, Informieren, Entwickeln und Organisieren werden die Arbeitsaufgaben der Zukunft sein, wie viele Prognosen zeigen.
Gleichzeitig werden die Anforderungen an die berufliche Qualifikation allgemein weiter steigen, und der Arbeitsmarkt wird für nicht oder nur gering Qualifizierte erheblich enger werden. In den kommenden Jahren wird die gesamte Wirtschafts- und Arbeitswelt von Grund auf umgebaut werden, wobei die Informationstechnik die klassischen Produktionsbranchen in den Hintergrund drängt und den Dienstleistungssektor total verändert.
Außerdem wird der Umweltschutz in unterschiedlichen Bereichen eine weiter steigende Zahl von Arbeitsplätzen (von heute 700000 auf über 1 Mio. nach dem Jahr 2000) erzwingen.
Wegen des schnellen technischen und technologischen Wandels sind eng begrenzte Spezialisierungen in der Ausbildung ebenfalls wenig sinnvoll. Arbeitskräfte mit einer

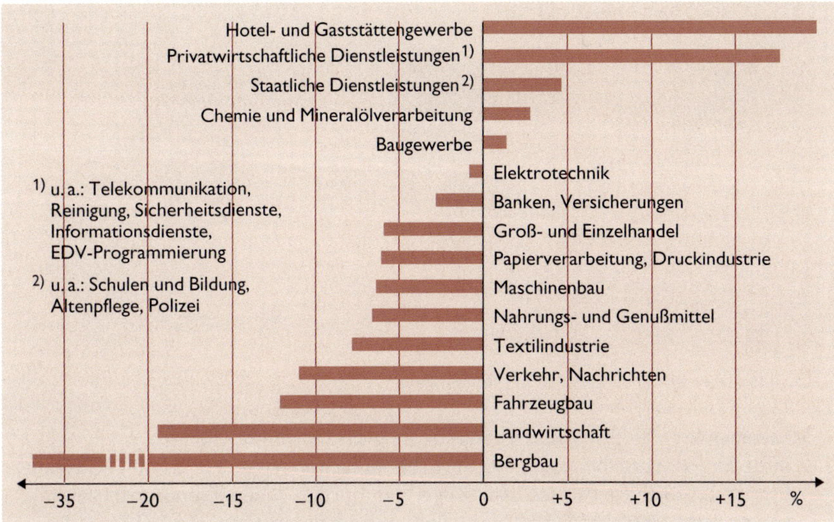

Beschäftigungsprognosen einzelner Branchen in Deutschland 1993 bis 2005

breiter angelegten Ausbildung und der Bereitschaft und Flexibilität, sich neuen Entwicklungen anzupassen, sind gefordert.
Dieser Strukturwandel und die Durchdringung immer weiterer Berufsbereiche mit moderner Informationstechnik hat nicht nur Auswirkungen auf die Beschäftigungsstruktur sondern ändert auch die Anforderungen am einzelnen Arbeitsplatz ständig. Deshalb spielen individuelle Fort- und Weiterbildung eine zunehmend größere Rolle.

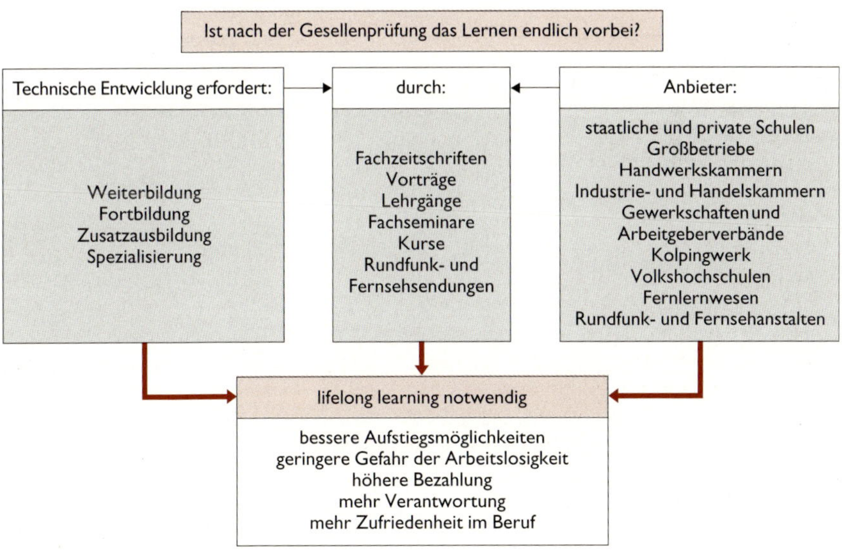

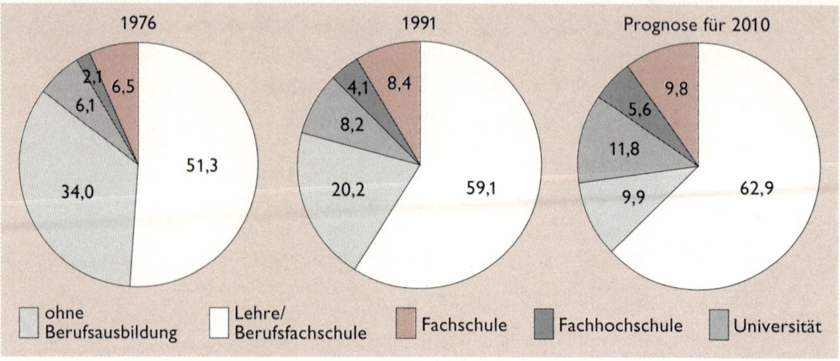

Qualifikation der Arbeitskräfte in Deutschland

4

Schwerpunkte der Fort- und Weiterbildung sind folgende Gebiete:

- Informationsverarbeitende Technik (beherrschen neuer Hard- und Software)
- Fremdsprachenkenntnisse (Im Zuge des europäischen Binnenmarktes und des weltweiten wirtschaftlichen Handelns ist das Beherrschen von 1-2 Fremdsprachen zunehmend gefordert.)
- kaufmännisches Wissen und Managementtechniken
- Verkaufstraining
- technisches Spezialwissen, meist arbeitsplatzbezogen

Wenn in dem bisher ausgeübten/erlernten Beruf keine Beschäftigungschancen mehr bestehen oder man den Beruf wechseln will, ist eine Umschulung dafür eine Möglichkeit. Hierbei handelt es sich um keine Fortbildung, sondern um eine neue berufliche Ausbildung. Deshalb ist eine Umschulung in bezug auf Inhalt und Dauer auch wesentlich weiter angelegt und schließt häufig mit einem anerkannten beruflichen Abschluß ab. Informationen zu Umschulungsangeboten und Förderbedingungen erhält man z. B. beim Arbeitsamt.

Sozial- und Individualversicherungen

AUFGABEN UND BEDEUTUNG DER VERSICHERUNG

Jeder Mensch ist sowohl im privaten als auch im betrieblichen Bereich unterschiedlichen Gefahren und Risiken ausgesetzt. Daher besteht das Bedürfnis, die Lebens- und Berufsrisiken durch eine Versicherung zu mindern.
Versicherungen verfolgen das wirtschaftliche Ziel, den von bestimmten Risiken und Gefahren ausgelösten, zwar ungewissen aber doch abschätzbaren Geldbedarf auf der Grundlage des gegenseitigen Risikoausgleichs abzudecken.
Versicherungsgesellschaften in unserem heutigen Sinne gibt es erst seit etwa zweihundert Jahren. Ende des 17. Jahrhunderts entstanden die ersten Feuerkassen und Hagelversicherungen für Landwirte.

Grundgedanke jeder Versicherung. Personen oder Gruppen, die vom gleichen Risiko (z. B. Brand, Diebstahl, Krankheit usw.) bedroht sind, übertragen das finanzielle Risiko für den Fall des Gefahreneintritts auf die Versicherung. Dazu verteilen die Versicherungen das mit Hilfe der Wahrscheinlichkeitsrechnung ermittelte Risiko auf viele Schultern (Versicherungsnehmer). Durch die Erhebung von Beiträgen wird Kapital angesammelt, daß zur Deckung der bei einzelnen eingetretenen Schadensfälle verwendet wird. Der Beitrag ist der Preis für den Versicherungsschutz und wird Prämie genannt.

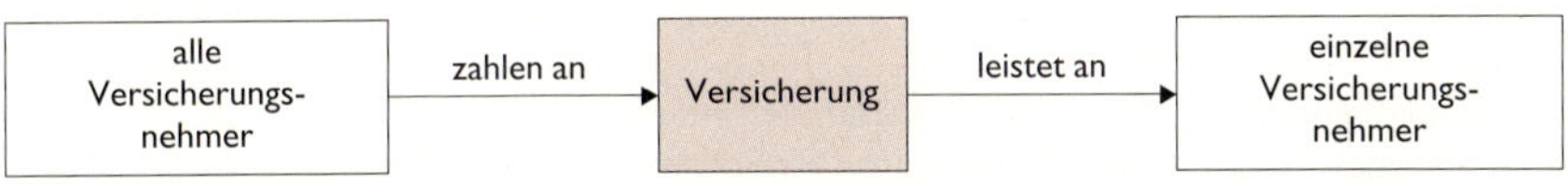

Eine Voraussetzung für die Entstehung großer Versicherungsunternehmen war die Entwicklung der Wahrscheinlichkeitsrechnung. Die Versicherungen finanzieren den Schadensausgleich über die Prämien ihrer Versicherungsnehmer. Die Höhe der Prämien richtet sich nach der zu erwartenden Schadenshäufigkeit und der voraussichtlichen Schadenshöhe. Um diese Werte realistisch einzuschätzen, sind komplizierte statistische und mathematische Verfahren notwendig, die aufgrund langjähriger Beobachtungen von Unfall- und Schadenverläufen eine ungefähre Schadensentwicklung vorausberechnen. Der Einfluß sich sprunghaft verändernder Häufigkeit der Schadensfälle zeigt sich u. a. bei der jährlichen Anpassung der Prämien für Kraftfahrzeug- oder die Hausratsversicherung.

Wirtschaftliche Bedeutung der Versicherungen

Volkswirtschaftlich sind Versicherungen neben den Banken die größten Investoren und Kapitalgeber für die Wirtschaft. Da von den eingesammelten Prämien nur ein kleiner Teil sofort zum Ausgleich von Schäden und zur Auszahlung von z. B. Lebensversicherungen benötigt wird, werden die anderen Beträge möglichst gewinnbrin-

gend investiert oder angelegt. In Form von Überschußbeteiligungen (z. B. bei Lebens- und Rentenversicherungen) kommen die Erträge auch den Versicherten zugute. Außerdem entlasten sie den Staat von Fürsorge- und Unterstützungspflichten.
Betriebswirtschaftlich und persönlich bewirken Versicherungen einen Schutz vor drohenden Gefahren und finanziellen Risiken. Sie sichern die Fortführung der wirtschaftlichen Tätigkeit auch bei Eintritt unvorhergesehener Ereignisse, heben die Kreditwürdigkeit und erhöhen die finanzielle Sicherheit.

Aufgaben der Versicherungen	Merkmale der Versicherungen
Vorsorge für künftigen Vermögensbedarf; Lebens- und Rentenversicherung Ersatz von Schäden Zahlen von Kosten zur Wiederbeschaffung Mildern von Schäden Leistungen bei Unfall oder Invalidität Verhüten von Schäden Erlaß von Vorschriften, Vorsorgeuntersuchungen	Der Eintritt des Schadensereignisses ist zufällig, d. h. für den Einzelnen ist nicht bestimmbar, ob und wann der Schaden eintritt. Anzahl und Kosten der für die Gesamtheit der Versicherten eintretenden Schadensfälle müssen schätzbar sein (durch Wahrscheinlichkeitsrechnung). Die Risiken werden von einer Vielzahl von Personen gemeinsam getragen. So wird die Belastung für den Einzelnen geringer.

5

Versicherungsunternehmen sind in der Bundesrepublik überwiegend privatwirtschaftliche Unternehmen, mit Ausnahme der Sozialversicherungsträger und der Brandversicherungskassen, die öffentlich-rechtliche Institutionen sind. Die privaten Versicherungen sind allgemein als Aktiengesellschaft oder als Versicherungsverein auf Gegenseitigkeit (VVaG) als Rechtsform organisiert.

Arten der Versicherung

Man unterscheidet zunächst zwischen der gesetzlichen Sozialversicherung (in der alle Arbeitnehmer, die bis zu bestimmten Einkommensgrenzen Pflichtmitglieder sind) und der Individualversicherung. Die Individualversicherung kommt erst durch einen Vertrag zwischen Versicherungsnehmer und Versicherung zustande. Bei ihr unterscheidet man Sach-, Vermögens- und Personenversicherung.

Versicherungen			
Sozialversicherung (gesetzliche Versicherung)	Individualversicherung privater und gewerblicher Bereich		
Krankenversicherung Rentenversicherung Arbeitslosenversicherung Unfallversicherung Pflegeversicherung	Personen- versicherung	Vermögens- versicherung	Sach- versicherung
	Lebensvers. private Krankenvers. private Unfallvers.	Haftpflicht Kreditvers. Rechtschutzvers.	Gebäudevers. Hausratvers. Diebstahlvers. Kfz-Vers. Transportvers.

SOZIALVERSICHERUNG

Die Sozialversicherung ist eine gesetzliche Pflichtversicherung für alle Arbeitnehmer bis zu einer bestimmten Einkommensgrenze. Sie hat die Aufgabe, ihre Gesundheit und Leistungsfähigkeit zu schützen und bei verminderter Erwerbsfähigkeit, Unfall, Krankheit, Arbeitslosigkeit, Pflegebedürftigkeit sowie im Alter für die wirtschaftliche Existenz der Versicherten und ihrer Angehörigen zu sorgen.
Beiträge und Leistungen der Sozialversicherung sind gesetzlich festgelegt. Sie ist eine Versicherung auf Gegenseitigkeit (Solidargemeinschaft), d. h. die Gesunden zahlen für die Kranken, die Berufstätigen für die Rentner usw. Die Sozialversicherung ist ein wichtiger Baustein des sozialen Netzes der Bundesrepublik.
Die Anfänge der Sozialversicherung liegen in Deutschland gut einhundert Jahre zurück. Mit der Industrialisierung ab der Mitte des 19. Jahrhunderts stieg die Zahl der Armen und das Risiko, durch Unfall oder Krankheit die Existenzgrundlage zu verlieren. Die Ausnutzung der Arbeitskraft stand im Vordergrund, und die noch auf mittelalterliche Grundsätze zurückgehende Armenpflege war den Anforderungen nicht mehr gewachsen. Nur wenige fortschrittliche Unternehmer, wie z. B. WERNER VON SIEMENS, ALFRED KRUPP, begannen mit der Einrichtung betrieblicher Unterstützungskassen und dem Bau von Werkswohnungen. Um wenigstens das Existenzminimum für die Betroffenen zu sichern, wurde ab 1883 schrittweise die Sozialversicherung in Deutschland (als erstem Land in der Welt) eingeführt:

1881 „Kaiserliche Botschaft" zum Rechtsanspruch auf Versicherung gegen Unfall, Krankheit, Invalidität und Not im Alter; Beginn der Ausarbeitung der Gesetze
1883 Einführung der Krankenversicherung für Arbeiter
1884 Unfallversicherungsgesetz
1889 Alters- und Invalidenversicherung für Arbeiter
1911 Rentenversicherung für Angestellte
1927 Arbeitslosenversicherung
1953 Schaffung der Sozialgerichte
1957 Neuordnung der Rentenversicherung (Einführung der „Dynamischen Rente")
1970 Lohnfortzahlung im Krankheitsfall auch für Arbeiter
1990-93 Einführung des Sozialversicherungssystems in den neuen Bundesländern, Gesundheits- und Rentenreform zur Anpassung der Leistungen an die wirtschaftlichen Möglichkeiten
1994 Einführung der Pflegeversicherung, Beginn der Beitragszahlung am 1.1.1995

Die fünf Säulen der Sozialversicherung				
Krankenversicherung	Unfallversicherung	Arbeitslosenversicherung	Rentenversicherung	Pflegeversicherung

Die Sozialversicherungen arbeiten nach dem Prinzip der Selbstverwaltung. Die sozialversicherten Arbeitnehmer und Arbeitgeber wählen aller sechs Jahre eine Vertreterversammlung, die wiederum Vorstand und Geschäftsführer bestimmt. Die Selbstverwaltungsorgane beschließen z. B. über die Höhe der Beiträge, über Leistungen, über Satzungsänderungen usw. Diese Mitbestimmungsrechte sind in ihrem Umfang vielen nicht bewußt, weshalb sie oft nicht ausreichend wahrgenommen werden.

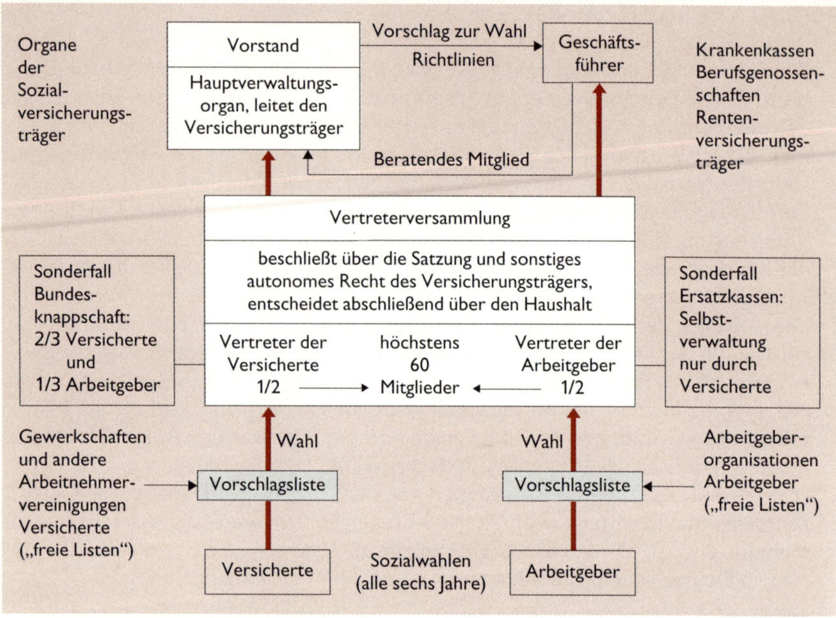

Selbstverwaltung in der Sozialversicherung

Meldeverfahren und Sozialversicherungsausweis

Jeder Arbeitnehmer erhält ein Sozialversicherungsnachweisheft und einen Sozialversicherungsausweis (seit 1. 7. 1991). Bei Antritt einer neuen Stelle muß das Sozialversicherungsnachweisheft dem Arbeitgeber ausgehändigt werden.

Der Arbeitgeber ist dann zu folgenden Meldungen verpflichtet:

- Anmeldung bei der Krankenkasse innerhalb von 2 Wochen nach der Arbeitsaufnahme,
- Abmeldung innerhalb von 6 Wochen nach der Beendigung des Arbeitsverhältnisses und Rückgabe des Heftes an den Arbeitnehmer,
- Jahresmeldung bis zum 31. 3. des Folgejahres an die Krankenkasse,
- Unterbrechungsmeldung zwei Wochen nach Ablauf des ersten vollen Unterbrechungsmonats.

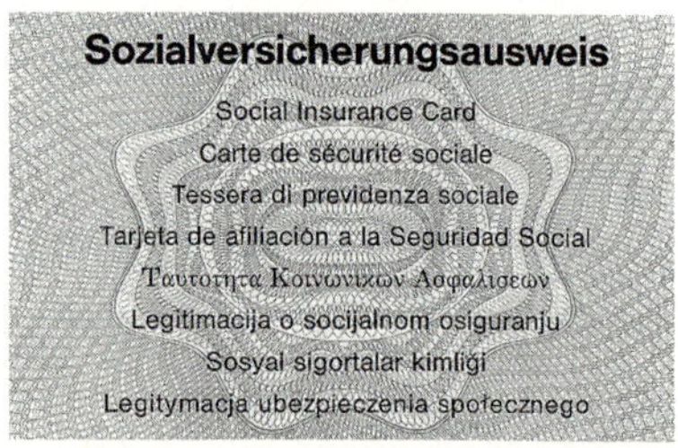

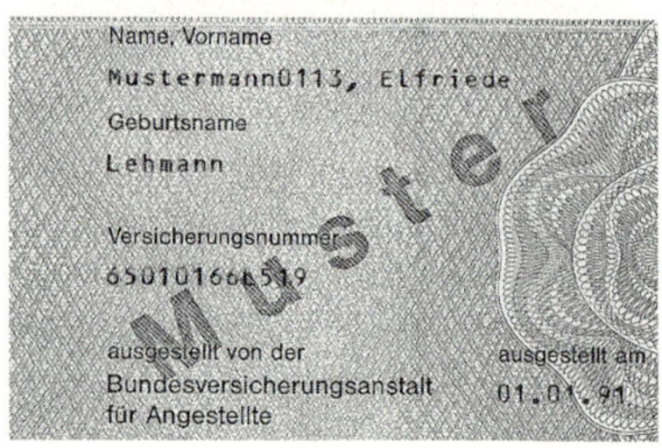

Für einige Berufsgruppen (z. B. Bau-, Schausteller- und Gebäudereinigungsgewerbe) besteht die Pflicht zum ständigen Mitführen des Sozialversicherungsausweises.

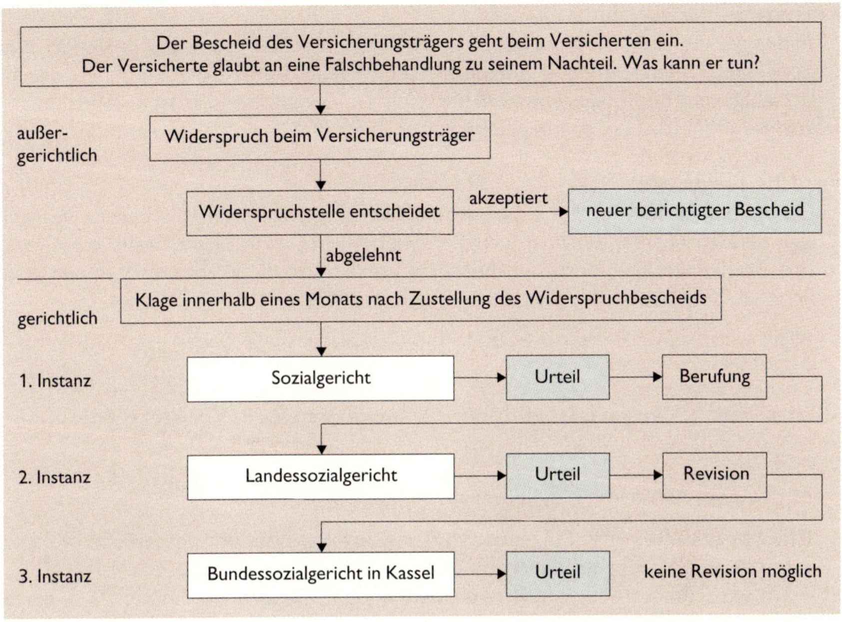

Sozialgerichte

5

Sozialgerichtsbarkeit

Für Streitigkeiten auf dem Gebiet der Sozialversicherungen und staatlicher Sozialleistungen sind die Sozialgerichte zuständig. Der Betroffene hat die Möglichkeit, erhaltene Bescheide von Versicherungsträgern oder staatlichen Stellen, z. B. zu Rentenhöhen, Sozialhilfeleistungen, Wohngeld usw., gerichtlich überprüfen zu lassen. Das Verfahren vor dem Sozialgericht ist für den Betroffenen in der Regel kostenfrei, außer er hat vorsätzlich gehandelt.

Das Sozialrecht geht auf unterschiedliche rechtliche und gesellschaftspolitische Wurzeln schon aus dem Kaiserreich und der Weimarer Republik zurück. Um diese zersplitterten und uneinheitlichen Rechtsgrundlagen überschaubar zu machen und ihre Handhabung zu erleichtern, wurde 1970 von der Bundesregierung die Erarbeitung eines einheitlichen Sozialgesetzbuches (SGB) beschlossen. Daneben gelten weiterhin Teile der Reichsversicherungsordnung (RVO), und es ist das Arbeitsförderungsgesetz (AFG) als Rechtsgrundlage von Bedeutung. Bisher konnten folgende Bücher des Sozialgesetzbuches abgeschlossen werden:

Buch I (1976): Allgemeiner Teil
Buch IV (1977): Gemeinsame Vorschriften für die Sozialversicherung
Buch V (1989): Gesetzliche Krankenversicherung
Buch VI (1992): Gesetzliche Rentenversicherung
Buch VIII (1993): Kinder- und Jugendhilfe
Buch X (1981-83): Verwaltungsverfahren, Schutz der Sozialdaten, Zusammenarbeit der Leistungsträger

Krankenversicherung

In den gesetzlichen Krankenkassen sind etwa 90 % der Bevölkerung versichert. Krankenkassen helfen, den Versicherten und seine Familie im Falle der Krankheit, der Mutterschaft und des Todes finanziell abzusichern. Gleichzeitig fördern sie Maßnahmen zur gesundheitlichen Vorsorge und zur Früherkennung von Krankheiten.

Versicherungsträger

Da bei der Errichtung der gesetzlichen Krankenversicherung die bereits bestehenden Selbsthilfeorganisationen erhalten blieben, gibt es in Deutschland eine Vielzahl von Krankenkassen. Deshalb haben viele Versicherte die Wahl zwischen der gesetzlichen Krankenkasse AOK oder einer anderen Kasse.

Allgemeine Ortskrankenkasse (AOK)
Betriebskrankenkasse (BKK)
Innungskrankenkasse (IKK)
Ersatzkassen für Angestellte (z. B. Barmer)
Ersatzkassen für Arbeiter
Bundesknappschaft
Seekrankenkasse
Landwirtschaftliche Krankenkassen

Versicherte

5

Es gibt zwei Arten von Mitgliedschaft:

Pflichtversicherung. Folgender Personenkreis gehört der gesetzlichen Krankenversicherung als Pflichtmitglied an:
- Arbeiter, Angestellte und Auszubildende, deren Bruttoeinkommen 75 % der Beitragsbemessungsgrenze nicht übersteigt (1996: monatlich 6000,00 DM in den alten und 5100,00 DM in den neuen Bundesländer).
- Rentner
- Studenten und Praktikanten
- Arbeitslose, die Geld aus der Arbeitslosenversicherung beziehen
- selbständige Landwirte

Ehepartner ohne selbständiges Einkommen und Kinder sind mitversichert.

Freiwillige Versicherung. Personen deren Bruttoeinkommen über 75 % der Beitragsbemessungsgrenze liegt oder die ihre Berufstätigkeit aufgegeben haben, können sich freiwillig versichern. Auch Freiberufler und Selbständige haben unter bestimmten Voraussetzungen die Möglichkeit zur freiwilligen Mitgliedschaft.

Beiträge

Die Beiträge sind bei den einzelnen Kassen unterschiedlich und werden teilweise jährlich geändert. Die Höhe liegt zwischen 10 und 15 % des Bruttoeinkommens bis zur Höhe der ebenfalls jährlich neu festgelegten Beitragsbemessungsgrenze. Der Beitrag wird je zur Hälfte von Arbeitnehmer und Arbeitgeber gezahlt. Für Arbeitslose zahlt die Bundesanstalt für Arbeit den gesamten Beitrag, Rentner erhalten Zuschüsse vom Rentenversicherungsträger.

Leistungen

Neben vielfältigen Maßnahmen zur Gesundheitsförderung durch Beratung und Aufklärung erfolgt eine Übernahme der Kosten für
- Arzt- und Zahnarztbehandlung (einschließlich Zuschüsse zum Zahnersatz),
- Krankenhausaufenthalt,

- Behandlung in Kur- und Spezialeinrichtungen,
- häusliche Krankenpflege und Haushaltshilfe,
- Krankengeld in Höhe von 80 % des entgangenen Bruttoarbeitsentgeltes, in der Regel ab der 7. Woche nach Ende der Lohnfortzahlung durch den Arbeitgeber,
- Vorsorgeuntersuchungen zur Früherkennung von Krankheiten,
- Versorgung mit Arznei-, Verband-, Heilmitteln und Brillen,
- Mutterschaftshilfen wie Stationäre Entbindung, Hebammenhilfe, Arzneimittel, Mutterschaftsgeld (6 Wochen vor bis 8 Wochen nach der Entbindung).

Die Kosten für die gesundheitliche Versorgung der Versicherten sind in den letzten Jahren drastisch angestiegen. Auch Beitragserhöhungen (1972 durchschnittlich um 8,4 %) und gestiegene Beitragsbemessungsgrenzen (1972 lag die Grenze bei nur 1 575,00 DM) konnten die Ausgabenexplosion nicht kompensieren. Deshalb wurde von der Bundesregierung am 1. 1. 1993 das Gesundheitsstrukturgesetz (GSG) in Kraft gesetzt. Dieses soll die Kostenentwicklung im Gesundheitswesen stoppen, führt aber auch zu finanziellen Mehrbelastungen für die Versicherten.

Hier einige Beispiele für Regelungen, bei denen der Versicherte an den Ausgaben beteiligt wird:

- Zuzahlung bei Arzneimittelkosten (bei Kosten bis 30,00 DM müssen 3,00 DM, bis 50,00 DM 5,00 DM und über 50,00 DM 7,00 DM zugezahlt werden) und Heilmittelkosten (10 %).
- Zuzahlung zur Krankenhausbehandlung für längstens 14 Tage im Jahr.
- Fahrtkosten zur ambulanten medizinischen Behandlung werden nur noch erstattet, wenn dadurch eine stationäre Behandlung vermieden wird. Der Eigenanteil beträgt 40,00 DM.
- Bei Zahnersatz übernimmt die Krankenkasse je nach Vorsorgeverhalten 50 bzw. 60 % der Kosten. Bestimmte aufwendige Zahnersatzkonstruktionen fallen nicht mehr in die Leistungspflicht der Krankenkassen.

Im Gesetz sind entsprechende Härtefallregelungen enthalten, die z. B. Kinder und Jugendliche und Geringverdienende von bestimmten Zuzahlungen befreien.

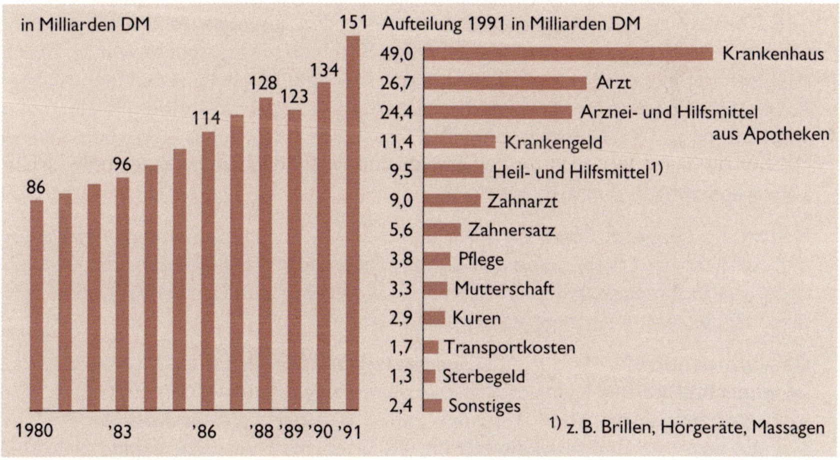

Leistungsausgaben der gesetzlichen Krankenversicherungen

Arbeitslosenversicherung und Arbeitsförderung

Träger der Arbeitslosenversicherung und der Arbeitsförderungsmaßnahmen ist die Bundesanstalt für Arbeit. Rechtsgrundlage ist das Arbeitsförderungsgesetz (AFG) einschließlich der zugehörigen Rechtsverordnungen und Änderungsgesetze. Für die Durchführung ist die Bundesanstalt für Arbeit in Nürnberg mit den zugehörigen Landesarbeitsämtern, Arbeitsämtern und sonstigen Dienststellen zuständig.

Aufgaben der Bundesanstalt für Arbeit

- Vermeidung oder Beseitigung von Arbeitslosigkeit und unterwertiger Beschäftigung
- berufliche Eingliederung Arbeitsloser, insbesondere schwer vermittelbarer
- Berufsberatung und Arbeitsvermittlung
- Förderung der beruflichen Bildung
- Gewährung von Leistungen bei vollständigem oder teilweisem Verlust des Arbeitsplatzes (Arbeitslosengeld, Kurzarbeitergeld, Arbeitslosenhilfe usw.)
- Arbeitsmarkt- und Berufsforschung

Mitgliedschaft

In der Arbeitslosenversicherung sind alle Angestellten, Arbeiter und Auszubildenden sowie ihnen Gleichgestellte, wie Übergangsgeldbezieher und Heimarbeiter, versichert. Ein freiwilliger Beitritt ist nicht möglich. Nicht erfaßt werden Selbständige, Beamte, Arbeitnehmer über 65 Jahre und Erwerbsunfähige.

Beiträge

Die Beiträge werden entsprechend dem jeweils gültigen Beitragssatz je zur Hälfte von Arbeitgeber und Arbeitnehmer entrichtet. Sie betrugen für 1996 z. B. 6,5 % vom Bruttoeinkommen, höchstens aber von der Beitragsbemessungsgrenze (1996: monatlich 8 000,00 DM in den alten bzw. 6 800,00 DM in den neuen Ländern).

Leistungen

Arbeitslosengeld. Wird für unfreiwillig Arbeitslose gezahlt, die aber arbeitsfähig und arbeitswillig sind. Voraussetzung ist, daß in den vergangenen drei Jahren mindestens für 12 Monate eine beitragspflichtige Beschäftigung ausgeübt wurde. Der Leistungsempfänger muß beim Arbeitsamt arbeitslos gemeldet sein und einen Antrag auf Arbeitslosengeld stellen. Während des Leistungsbezuges muß er dem Arbeitsamt zur Vermittlung zur Verfügung stehen. Die Dauer des Anspruches auf Arbeitslosengeld richtet sich nach dem Lebensalter und danach, wie lange man in den letzten 7 Jahren beitragspflichtig beschäftigt war.

Kurzarbeitergeld. Soll dem Arbeitnehmer bei vorübergehendem Arbeitsausfall den Arbeitsplatz erhalten und den Lohnausfall mindern. Es wird über den Betrieb an den Arbeitnehmer gezahlt und muß vom Arbeitgeber oder Betriebsrat beim zuständigen Arbeitsamt beantragt werden.

Arbeitslosenhilfe. Ist der Anspruch auf Arbeitslosengeld ausgeschöpft, so kann unter bestimmte Bedingungen Arbeitslosenhilfe bezogen werden. Zusätzlich zu den Voraussetzungen für einen Anspruch auf Arbeitslosengeld wird bei der Arbeitslosenhilfe noch die Bedürftigkeit geprüft. Berücksichtigt wird das eigene Einkommen und Vermögen sowie das des nicht dauernd getrennt lebenden Ehegatten.

Dauer der Beschäftigung in Kalendertagen	in Jahren (vor der Arbeitslosmeldung und Antragstellung)	Anspruchsdauer Wochentage (ohne Sonntage)				
		Lebensalter				
		unter 42	ab 42	ab 44	ab 49	ab 54
180	3	78	78	78	78	78
240	3	104	104	104	104	104
360	3	156	156	156	156	156
480	7	208	208	208	208	208
600	7	260	260	260	260	260
720	7	312	312	312	312	312
840	7		364	364	364	364
960	7		416	416	416	416
1 080	7		468	468	468	468
1 200	7			520	520	520
1 320	7			572	572	572
1 440	7				624	624
1 560	7				676	676
1 680	7					728
1 800	7					780
1 920	7					832

Arbeitslosengeld

5

Schlechtwettergeld. Dient dem Ausgleich für witterungsbedingten Arbeitsausfall in der Bauwirtschaft und soll eine durchgehende Beschäftigung der Arbeitnehmer fördern. Die Regelung soll zum 29.2.1996 auslaufen.

Lohnersatzleistungen in Prozent vom Nettoeinkommen (Sätze ab 1.1.1994)		
Art der Leistung	mit Kind	ohne Kind
Arbeitslosengeld Kurzarbeitergeld Schlechtwettergeld Unterhaltsgeld	67	60
Arbeitslosenhilfe Eingliederungshilfe	57	53
Eingliederungsgeld	60	60
Übergangsgeld	75	68

Konkursausfallgeld. Wird als Ausgleich für rückständiges Arbeitsentgelt bei Zahlungsunfähigkeit des Arbeitgebers gezahlt. Anspruch besteht für die letzten 3 Monate des Arbeitsverhältnisses vor Konkurseröffnung. Das Konkursausfallgeld entspricht in der Höhe dem rückständigen Netto-Entgelt.

Unterhaltsgeld und berufliche Bildung. An Teilnehmer von Maßnahmen zur beruflichen Fortbildung oder Umschulung kann ein Unterhaltsgeld gezahlt werden. Häufig übernimmt das Arbeitsamt auch ganz oder teilweise die Lehrgangs- und Fahrtkosten. Entsprechend den individuellen Voraussetzungen und der Entwicklung auf dem Arbeitsmarkt kann eine berufliche Ausbildung, Fortbildung oder Umschulung gefördert werden.

Förderung der Arbeitsaufnahme und Bekämpfung von Langzeitarbeitslosigkeit. Folgende Hilfen können beispielsweise gewährt werden:
– Einarbeitungszuschüsse für Arbeitgeber, die Arbeitslose einstellen

- Zuschüsse zu Bewerbungskosten
- Zuschüsse zu Reise- oder Umzugskosten anläßlich einer auswärtigen Arbeitsaufnahme
- Überbrückungsgeld zur Förderung der Aufnahme einer selbständigen Tätigkeit in Höhe des vorher bezogenen Arbeitslosengeldes/Arbeitslosenhilfe für 26 Wochen
- Trennungs- und Eingliederungsbeihilfe

Arbeitsbeschaffungsmaßnahmen (ABM). Ziel ist die Schaffung zusätzlicher Arbeitsplätze durch öffentlich-rechtliche und private Träger für Empfänger von Arbeitslosenhilfe oder -geld. Es werden Lohnkostenzuschüsse von 50-75 % (in Regionen besonders hoher Arbeitslosigkeit bis 100 %) gezahlt, und das Arbeitsentgelt seinerseits darf nicht mehr betragen als 90 % des Lohnes einer vergleichbaren ungeförderten Arbeit. Fortbildungs- und Umschulungsmaßnahmen können auch mit Teilzeit-ABM kombiniert und gefördert werden. Durch die Arbeitsförderung nach § 249 h bzw. § 242 s AFG werden ebenfalls Arbeitsplätze in den Bereichen Umweltsanierung, soziale Dienste und in der freien Kulturarbeit gefördert.

Rentenversicherung

Seit dem 1. 1. 1992 gilt in ganz Deutschland ein einheitliches Rentensystem. Es trat gleichzeitig die Rentenreform 1992 in Kraft. Die Rentenversicherung stellt für die Mehrzahl der Bürger die wichtigste Form der Altersvorsorge dar.
Grundlage der Rentenversicherung ist das Umlageverfahren nach dem Prinzip des Generationenvertrages. Dieses System bedeutet, daß die derzeitig eingenommenen Beiträge aus der Rentenversicherung an die derzeitigen Rentenempfänger weitergeleitet werden. Dafür wird erwartet, daß die folgende Generation mit ihren Beiträgen die dann fälligen Renten trägt. Fehlbeträge auf der Einnahmenseite werden durch einen Bundeszuschuß ausgeglichen.

Versicherte

- Pflichtversichert sind bis auf wenige Ausnahmen alle Arbeiter und Angestellten. Frauen, die nach dem 1. 1. 1992 geborene Kinder erziehen, sind grundsätzlich 3 Jahre nach der Geburt des Kindes beitragsfrei pflichtversichert (auf Antrag können auch ersatzweise Väter diese Leistung erhalten).
- Bezieher von Lohnersatzleistungen (Krankengeld, Arbeitslosengeld, Altersübergangsgeld, Arbeitslosenhilfe, Vorruhestandsgeld, Übergangsgeld) sind während des Bezuges versicherungspflichtig, wenn sie es auch im letzten Jahr vor dem Leistungsbezug waren.
- Auszubildende, Wehr- und Zivildienstleistende sind ebenfalls versichert.
- Wer nicht der Versicherungspflicht unterliegt, kann freiwillig Beiträge leisten, um einen Rentenanspruch zu erwerben (z. B. Hausfrauen, Selbständige).

Träger

- Bundesversicherungsanstalt für Angestellte (BfA)
- Landesversicherungsanstalten für Arbeiterrenten (LVA)
- Bahnversicherungsanstalt, Bundesknappschaft, Seekasse
- Landwirtschaftliche Alterskassen bei den landwirtschaftlichen Berufsgenossenschaften

Beiträge

Die Beiträge werden entsprechend dem jeweils gültigen Beitragssatz je zur Hälfte vom Arbeitgeber und Arbeitnehmer entrichtet. Die Höhe wird durch die Beitragsbemessungsgrenze beschränkt. Beitragssatz und Beitragsbemessungsgrenze werden der Einkommensentwicklung und dem Bedarf angepaßt (Werte für 1996: Beitragssatz 18,6 %, Beitragsbemessungsgrenze 8000,00DM in den alten und 6800,00 DM in den neuen Bundesländern).

Leistungen

Rentenarten und Anspruch. Grundvoraussetzung für einen Rentenanspruch ist, daß vorher eine bestimmte Versicherungszeit (auch Wartezeit genannt) zurückgelegt wurde. Die allgemeine Wartezeit beträgt 5 Jahre. Für einzelne Rentenarten gibt es unterschiedliche und höhere Wartezeiten.

1. Regelaltersrente ab 65 Jahren – Wartezeit 5 Jahre.
2. Altersrente für langjährig Versicherte (flexible Altersrente ab 63 Jahren) – Wartezeit 35 Jahre, aber Minderung der Rentenhöhe um 0,3 % je Monat des vorzeitigen Rentenbeginns.
3. Witwen- und Witwerrente – Hinterbliebene nach dem Tod des Ehegatten haben Anspruch, wenn sie eine Wartezeit von 5 Jahren erfüllt haben.
4. Waisenrente
5. Berufs- und Erwerbsunfähigkeitsrenten
6. Teilrente zum gleitenden Übergang in den Ruhestand

5

Ein vorzeitiger Rentenbeginn ist möglich oder vorgeschrieben:

- für langjährig unter Tage Beschäftigte (60 Jahre, Wartezeit 25 Jahre),
- für Langzeitarbeitslose (60 Jahre, Wartezeit 15 Jahre, 52 Wochen arbeitslos in den letzten 1,5 Jahren),
- für Frauen (60 Jahre, Wartezeit 15 Jahre, wird ab dem Jahr 2001 schrittweise angehoben),
- Altersrente für Schwerbehinderte, Berufs- und Erwerbsunfähige (60 Jahre, Wartezeit 35 Jahre).

Rentenberechnung. Die Höhe der Rente richtet sich in erster Linie nach der Höhe und der Anzahl der durch Beiträge versicherten Arbeitsentgelte und Arbeitseinkommen. Das in den einzelnen Kalenderjahren durch Beiträge versicherte Arbeitseinkommen wird in Entgeltpunkte umgerechnet. Die Berechnung erfolgt nach der neuen Rentenformel:

PEP x RAF x AR = Monatsrente		
PEP = Persönliche Entgeltpunkte	RAF = Rentenartfaktor	AR = Aktueller Rentenwert
Versichertes Arbeitsentgelt (bis zur Beitragsbemessungsgrenze) für jedes Kalenderjahr, geteilt durch das Durchschnittsentgelt aller Versicherten für dasselbe Kalenderjahr, summiert für das gesamte Versicherungsleben und multipliziert mit dem Zugangsfaktor (ZF).	Ein nach dem jeweiligen Sicherungsziel festgelegter Faktor.	Betrag, der einer monatlichen Rente wegen Alters entspricht, die sich aus Beiträgen aufgrund eines Durchschnittsentgelts für ein Kalenderjahr ergibt (z. Z. 46,00 DM alte Bundesländer, 34,49 DM neue Bundesländer).

Neben den durch Beiträge vom Arbeitseinkommen versicherten Zeiten werden weitere Zeiträume als Beitragszeiten (Anrechnungszeiten) anerkannt:
- Für Wehr- und Zivildienstzeiten werden Beiträge in Höhe von 80 % der Bezugsgröße abgeführt.
- Zeiten der Krankheit und Arbeitslosigkeit werden ebenfalls mit 80 % anerkannt.
- Ausbildungszeiten werden mit 75 % angerechnet.
- Kindererziehungszeiten für die ersten 3 Lebensjahre des Kindes werden mit 75 % angerechnet.

Ersatzzeiten sind Zeiträume, in denen der Versicherte aus besonderen Gründen an der Entrichtung von Beiträgen gehindert war (z. B. Militärdienst oder Kriegsgefangenschaft).

Berücksichtigungszeiten sind Zeiten der Kindererziehung bis zur Vollendung des 10. Lebensjahres des Kindes sowie Zeiten nicht erwerbsmäßiger häuslicher Pflege eines Bedürftigen. Sie sichern für diese Zeit den Anspruch auf Erwerbs- oder Berufsunfähigkeitsrente und werden bei der 35jährigen Wartezeit für vorzeitige Altersrenten und für Renten nach Mindesteinkommen angerechnet.

Durch Berücksichtigungszeiten wird vermieden, daß der Rentenwert für beitragsfreie Zeiten sinkt.

5

Rentenanpassung. Die Renten werden jährlich der Entwicklung der Einkommen angepaßt. Die Dynamisierung richtet sich nach der Entwicklung der Nettolöhne und erfolgt zum 1. Juli jeden Jahres.

Für ein sorgenfreies Leben im Alter sind die Leistungen der gesetzlichen Rentenversicherung allein oft nicht ausreichend. Außerdem erhalten viele Empfänger aus unterschiedlichsten Gründen nur geringere Renten. Deshalb wird eine zusätzliche Absicherung für das Alter empfohlen und gefördert. Die eigene Altersvorsorge sollte sich aus den sogenannten „3 Säulen" zusammensetzen
- Gesetzliche Rentenversicherung
- Betriebliche Altersversorgung
- Private Vorsorge (Lebensversicherung, private Rentenversicherung)

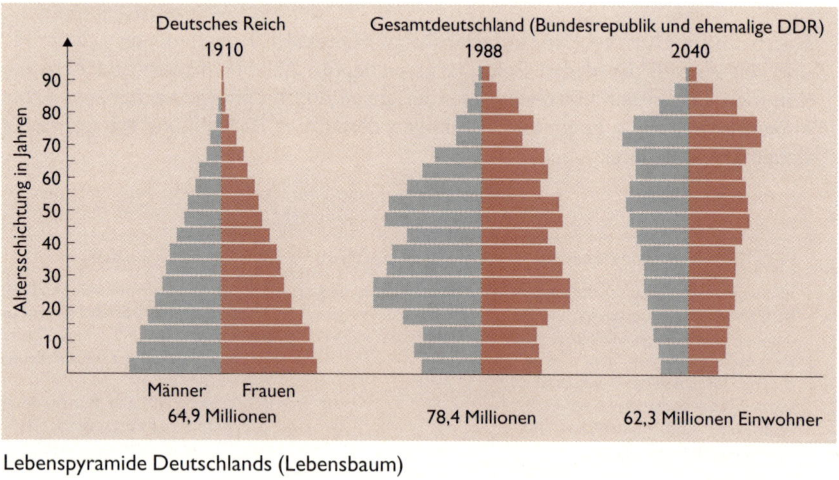

Lebenspyramide Deutschlands (Lebensbaum)

Dazu kommen für die gesetzliche Rentenversicherung durch die sich verändernde Altersstruktur der Bevölkerung neue Probleme. Das Umlageverfahren nach dem Generationenvertrag wird kaum noch die Mittel für die Renten im nächsten Jahrtausend aufbringen können, wenn auf einen Beitragszahler ein Rentner kommt. Die Situation auf der Einnahmeseite wird durch folgende Entwicklungen immer komplizierter:

- Veränderungen des deutschen Lebensbaumes (z. B. durch eine höhere Lebenserwartung) und Bevölkerungsrückgang (z. B. durch abnehmende Geburtenraten).
- späterer Eintritt ins Erwerbsleben bedingt durch längere Ausbildungszeiten.

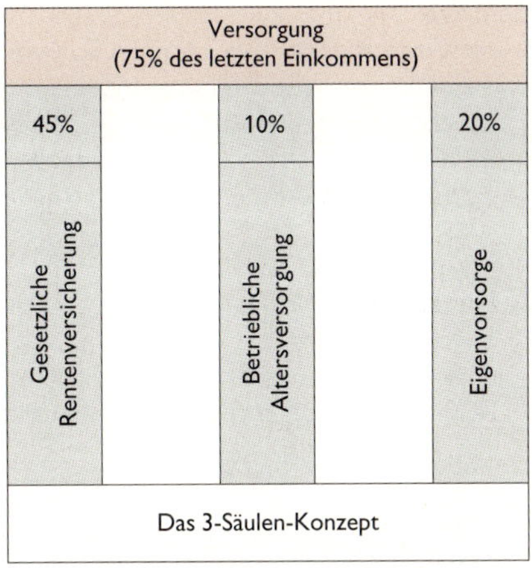

Das 3-Säulen-Konzept

Maßnahmen wie Erhöhung des Rentenalters, der Beitragssätze oder des Bundeszuschusses sind zu erwarten, können das Problem aber auch nicht alleine lösen. Deshalb wird der persönlichen Vorsorge für das Alter erhöhte Bedeutung zukommen.

Gesetzliche Unfallversicherung

Die Verhütung von Arbeitsunfällen und die Verminderung von Berufskrankheiten sind wichtige Aufgaben der gesetzlichen Unfallversicherung. Außerdem werden die Folgen für die Betroffenen von arbeitsbedingten Gesundheitsschäden gemindert und die damit zusammenhängenden Kosten übernommen.

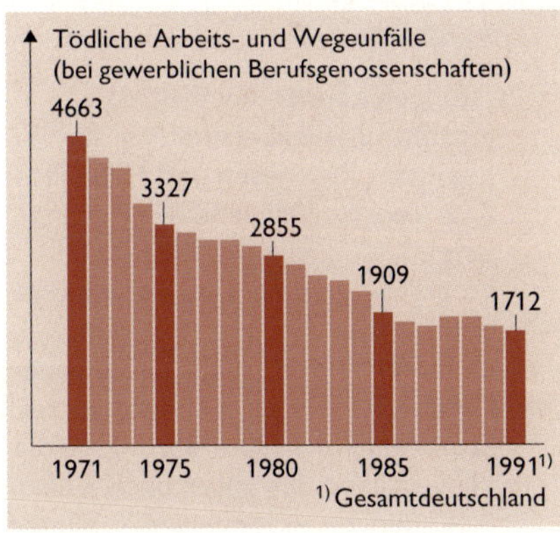

Träger

- Gewerbliche, landwirtschaftliche und See-Berufsgenossenschaften
- Eigenunfallversicherungen von Bund, Ländern und Gemeinden

Rechtsgrundlage ist das Unfallversicherungs-Neuregelungsgesetz (UNVG) vom 30.4.1963 und die Reichsversicherungsordnung (RVO) von 1911.

Versicherte

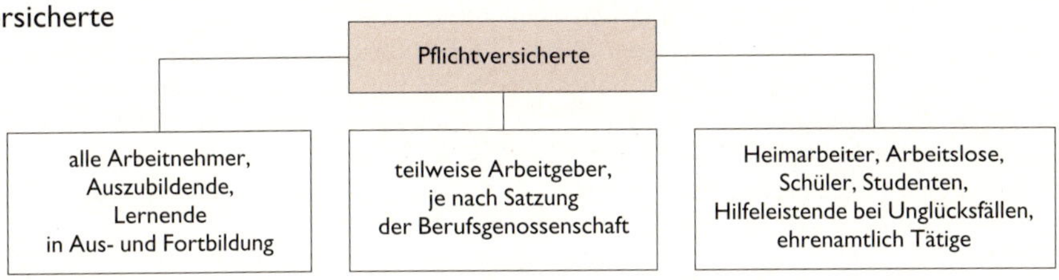

Beiträge

Im Gegensatz zu den anderen Sozialversicherungen werden die Beiträge zur Unfallversicherung vom Arbeitgeber allein gezahlt. Ihre Höhe richtet sich nach dem Arbeitsverdienst der Versicherten, nach der Betriebsgröße und dem Grad der Unfallgefahr in dem Unternehmen. Jeder Arbeitsunfall muß innerhalb von drei Tagen vom Arbeitgeber dem Versicherungsträger angezeigt und vom Betriebsrat unterzeichnet werden.

Aufgaben und Leistungen

Unfallverhütung
- Erarbeitung und Erlaß von Unfallverhütungsvorschriften
- Kontrolle durch technische Beauftragte und Ahndung von Verstößen

Hilfestellung erfolgt bei:
- Arbeitsunfällen,
- Wegeunfällen auf dem Weg von und zur Arbeitsstelle,
- Berufskrankheiten, durch betriebliche Tätigkeit verursachte Erkrankungen, z. B. „Staublunge", bestimmte Hautkrankheiten.
- Unfällen im Zusammenhang mit dem Schulbesuch.

In diesen Fällen erfolgt keine Zahlung durch die Krankenversicherung, sondern durch die Unfallversicherung.
Unfälle im Haushalt und in der Freizeit führen nicht zu Ansprüchen gegen die gesetzliche Unfallversicherung. Diese Risiken müssen durch eine private Unfall- oder Berufsunfähigkeitsversicherung abgesichert werden.

Leistungen können beinhalten:
- Kosten für Heilbehandlung, für ärztliche und zahnärztliche Behandlung, für Arzneimittel, Prothesen und Hilfsmittel,
- Krankengeld während der Arbeitsunfähigkeit (ab 6. Woche nach der Lohnfortzahlung),
- Übergangsgeld für eine notwendige Umschulung oder die Wiedereingliederung in den Beruf,
- Unfallrente wenn mehr als 20 % der Arbeitskraft eingebüßt wurden, maximal zwei Drittel des Jahresarbeitverdienstes bei Vollrente,
- Sterbegeld und Überführungsgeld an den Bestattungsort,
- Hinterbliebenenrenten bei Berufsunfalltod,
- Abfindungen als einmalige Zahlung für bestimmte Renten.

Pflegeversicherung

Ab 1. 1. 1995 sind alle Mitglieder der gesetzlichen Krankenkassen Pflichtmitglieder in der sozialen Pflegeversicherung. Dazu wurden von den Krankenversicherungsträgern entsprechende Pflegekassen gegründet. Die Einführung der Pflegeversicherung war für die soziale Absicherung der heute bereits 1,6 Mio. (1994) Pflegebedürftigen dringend notwendig. Aus den Leistungen der Renten- und Krankenversicherung waren die Pflegeleistungen nicht mehr finanzierbar, und die Bevölkerungsentwicklung läßt einen weiter steigenden Anteil alter und pflegebedürftiger Bürger erwarten.
Die Einführung der Pflegeversicherung erfolgt in 2 Stufen:

1. Stufe: Pflegeversicherung für die häusliche Pflege
Die Beitragszahlungen beginnen am 1.1.1995, und die Leistungen können ab dem 1.4.1995 in Anspruch genommen werden. Der Beitragssatz beträgt 1 % vom beitragspflichtigen Einkommen (1996 Beitragsbemessungsgrenze 6000,00 DM alte und 5100,00 DM neue Bundesländer) für die Krankenversicherung. Die Zahlung erfolgt jeweils zur Hälfte durch den Arbeitgeber und den Arbeitnehmer. Die einzelnen Bundesländer konnten entscheiden, welcher Feiertag zur Kompensation des Arbeitgeberanteils gestrichen wird. Sollte kein Feiertag gestrichen werden, wird der gesamte Beitrag vom Arbeitnehmer entrichtet.

■ Monatliches Arbeitsentgeld:	6500,00 DM
davon beitragspflichtig (Beitragsbemessungsgrenze in den alten Bundesländern 1996):	6000,00 DM
Beitrag zur Pflegeversicherung (1 %):	60,00 DM
Beitragszuschuß des Arbeitgebers:	30,00 DM

Eine Befreiung von der Pflegeversicherung ist auf Antrag möglich, wenn z. B. ein Pflegeversicherungsvertrag bei einem privaten Versicherungsunternehmen besteht oder abgeschlossen wird. Für freiwillig Krankenversicherte gilt grundsätzlich die gleiche Regelung. Rentner zahlen den Pflegeversicherungsbeitrag ebenfalls nur zur Hälfte, während der Rentenversicherungsträger die andere Hälfte zahlt. Für Berufsfachschüler, Studenten, Praktikanten und Auszubildende ohne Arbeitsentgelt beträgt der Beitrag zunächst monatlich 7,95 DM (bzw. 6,50 DM in den neuen Bundesländern). Die Beitragszahlung erfolgt nach den gleichen Verfahrensweisen wie bei der Krankenversicherung.

Leistungen.	Häusliche Pflegehilfe Pflegeeinsätze bis zu einen Wert	Pflegegeld
Pflegestufe I erhebliche Pflegebedürftigkeit	von 750,00 DM	400,00 DM
Pflegestufe II Schwerpflegebedürftigkeit	von 1800,00 DM	800,00 DM
Pflegestufe III Schwerstpflegebedürftigkeit	von 2800,00 DM in Härtefällen bis 3750,00 DM	1300,00 DM

Die Pflegeleistungen müssen bei der Pflegekasse beantragt werden. Über die Pflegestufen und den Umfang der Sach- und/oder Geldleistungen entscheidet ein Gutachten des Medizinischen Dienstes der Krankenversicherungen (MDK).
Häusliche Pflegehilfe wird durch geeignete Kräfte ambulanter Pflegeeinrichtungen als Sachleistung erbracht, mit denen die Pflegekasse einen Versorgungsvertrag abgeschlossen hat. Die Abrechnung erfolgt direkt zwischen Vertragspartner und der Pflegekasse. Auch qualifizierte Einzelpersonen können Vertragspartner werden.
Anstelle der häuslichen Pflegehilfe können Pflegebedürftige Pflegegeld beantragen. Mit dieser Geldleistung können sie dann die erforderliche Grundpflege und die hauswirtschaftliche Versorgung selbst sicherstellen (z. B. durch Angehörige). Es sind auch Kombinationen von beiden Leistungen möglich.

- Ein Pflegebedürftiger der Pflegestufe I (Höchsbetrag der Sachleistung monatlich 750,00 DM) nimmt Sachleistungen im Wert von 500,00 DM in Anspruch. Er hat die Sachleistungen zu 67 % ausgeschöpft. Vom entsprechenden Pflegegeld (Höchstbetrag der Geldleistungen monatlich 400,00 DM) stehen ihm noch 33 %, also 133,00 DM zu.

2. Stufe: Einbeziehung der stationären Pflege
Ab 1. 7. 1996 ist die Einbeziehung der stationären Pflege in die Leistungen der Pflegeversicherung vorgesehen. Der Beitragssatz steigt dann auf 1,7 % vom beitragspflichtigen Bruttoverdienst. Für die stationäre Pflege werden durchschnittlich 2 500,00 DM pro Pflegebedürftigen (in Härtefällen bis 3 300,00 DM) gezahlt.

INDIVIDUALVERSICHERUNG

Personenversicherungen

Da nicht alle Lebensrisiken durch die gesetzliche Sozialversicherung abgedeckt bzw. nicht vollständig abgesichert sind, ist häufig eine zusätzliche individuelle Versicherung sinnvoll. Vor Abschluß einer privaten Versicherung sollte man immer gründlich prüfen, ob man den angebotenen Versicherungsschutz wirklich benötigt und die Angebote verschiedener Gesellschaften hinsichtlich des Leistungsumfangs und der Beitragshöhe vergleichen.

Lebensversicherung

Die Lebensversicherung ist eine häufige Form der Vorsorge für das Alter und der Absicherung von Familienangehörigen vor finanziellen Belastungen im Todesfall. Sie wird häufig mit einer Unfall- oder Berufsunfähigkeitsversicherung gekoppelt. Auch zur Absicherung von finanziellen Belastungen durch Kredite oder als Beleihungsgrundlage für eine Kreditaufnahme dienen Lebensversicherungen. Folgende Formen sind üblich:

Risikolebensversicherung. Die vereinbarte Versicherungssumme wird bei Eintritt des Todes fällig.

Kapitalbildende Lebensversicherung. Die Versicherung auf den Erlebensfall wird fällig, wenn der Versicherte das vereinbarte Lebensalter erreicht. Das angesammelte Kapital kann einmalig oder als Rente ausgezahlt werden. Häufig werden „gemischte“ Versicherungen angeboten, d. h. auch im vorzeitigen Todesfall erhalten die Bezugsberechtigten die vereinbarte Versicherungssumme.

Zusatz-Unfallversicherung. Sie wird mit der Lebensversicherung gekoppelt und garantiert im Falle eines Unfalltodes die doppelte Versicherungssumme.

Berufsunfähigkeitsversicherung

Diese Versicherung kann sowohl in Verbindung mit einer Lebensversicherung als auch als eigenständige Versicherung abgeschlossen werden. Sie tritt im Falle der vorzeitigen Berufsunfähigkeit (z. B. durch Unfall oder schwere Krankheit) in Leistung, um den Lebensunterhalt des Versicherten und seiner Familie abzusichern. Auch bei teilweiser Berufsunfähigkeit kann diese Versicherung in Anspruch genommen werden. Im allgemeinen wird eine Monatsrente bis zur Wiederherstellung der Arbeitsfähigkeit oder bis zum 65. Lebensjahr gezahlt. Eine mit dieser Versicherung gekoppelte Lebensversicherung bleibt in der Zeit der Rentenzahlung beitragsfrei.

Unfallversicherung

Da die gesetzliche Unfallversicherung nur den beruflichen oder schulischen Bereich abdeckt, aber viele Unfälle im Haushalt, beim Sport oder in der Freizeit passieren, kann ein Schutz für diesen Bereich durch eine private Unfallversicherung erfolgen.
- Todesfall- oder Invaliditätsentschädigung
- Tagegeld für die Zeit der Arbeitsunfähigkeit, eines Krankenhausaufenthaltes und der Genesung
- Übergangsentschädigung

Private Krankenversicherung

Personen, die nicht in der gesetzlichen Krankenversicherung Mitglied sind oder sich von der Mitgliedschaft befreien können, haben die Möglichkeit, Versicherungsschutz durch eine private Krankenversicherung zu erhalten. Bei frühem Eintrittsalter sind die Tarife oftmals wesentlich günstiger als bei der gesetzlichen Krankenversicherung. Man sollte aber bedenken, daß Familienangehörige nicht mitversichert sind, für einen Krankengeldanspruch zusätzliche Beiträge erforderlich sind und die zukünftige Beitragsentwicklung insbesondere im Alter schwer abzuschätzen ist.
Außerdem gibt es noch eine Reihe von Zusatzversicherungen als Ergänzung zur gesetzlichen Krankenversicherung:
- Auslands- oder Reisekrankenversicherung ist bei Reisen oder längerem Aufenthalt in Ländern, mit denen kein Sozialversicherungsabkommen besteht, sinnvoll.
- Zusatzversicherungen für Krankenhausaufenthalt, Kranken- oder Krankenhaustagegeld, Zahnersatz- oder Zahnarztkosten usw.

Sach- und Vermögensversicherungen

Gebäudeversicherung

Gebäudeversicherungen sind aus den schon in vergangenen Jahrhunderten entstandenen Feuerkassen entstanden. Jeder Besitzer von Wohnhäusern oder anderen Gebäuden sollte diese gegen Feuer und andere Elementargewalten versichern.

Kraftfahrzeugversicherung

Kfz-Haftpflichtversicherung. Pflichtversicherung für Autofahrer. Die Versicherung ersetzt den Schaden, der einem Dritten durch den Versicherungsnehmer zugefügt wird. Garantiert Schadenersatz für Verkehrsopfer und entlastet den Autofahrer von den finanziellen Folgen des Schadens.

Fahrzeugversicherung. Freiwilliger Abschluß als
- Teilkaskoversicherung (Fahrzeugteilversicherung): Schäden durch Brand, Diebstahl, Sturm, Hagel, Blitz, Zusammenstoß mit Haarwild, Glasbruch oder Kurzschluß.
- Vollkaskoversicherung (Fahrzeugvollversicherung): Deckt zusätzlich die Kosten für Unfallfolgen am eigenen Fahrzeug und für mutwillige Beschädigungen. Die Prämie ist abhängig von der Selbstbeteiligung, der Einordnung des Fahrzeuges in eine Gefahrenklasse und die bisher zurückgelegte unfallfreie Versicherungszeit (Schadenfreiheitsrabatt). Bei grob fahrlässig oder vorsätzlich verursachten Unfällen kann die Versicherungsleistung gekürzt oder verweigert werden.

Insassen-Unfallversicherung. Sie bezieht sich auf alle Unfälle durch die Benutzung eines Kraftfahrzeuges.

Hausratversicherung

Hier wird der zu einem Haushalt gehörende Hausrat, wie Möbel, Wäsche, Bekleidung, Haushaltsmaschinen, Radio-, Fernseh- und Tontechnik, Wertpapiere, Sammlungen, Bargeld, Campingausrüstung usw. gegen Einbruchsdiebstahl, Feuer, Leitungswasserschäden u. a. versichert.

Für bestimmte Sachen (z. B. Bargeld, Sammlungen, Schmuck, Wertpapiere) gibt es Höchstbeträge bzw. es müssen solche gesondert vereinbart werden. Darüber hinaus werden Anforderungen an die sichere Aufbewahrung dieser Dinge gestellt. Die Höhe der Prämie wird wesentlich durch den Wert der zu versichernden Gegenstände (Versicherungssumme) bestimmt. Eine zu niedrige Versicherungssumme bedeutet im Schadensfall, daß der entstandene Schaden nur anteilig ersetzt wird.

Die Hausratversicherung gehört zu den verbreitesten Versicherungen und sollte bei Gründung eines eigenen Haushaltes abgeschlossen werden. Ergänzend werden häufig noch Fahrrad- und Glasversicherungen angeboten.

Rechtsschutzversicherung

Für den privaten Haushalt kommen vor allem Verkehrs-, Familien- und Grundstücks-Mietrechtsschutz in Frage. Solche Versicherungen werden einzeln oder in Kombination angeboten.

Verkehrsrechtsschutz ist häufig in Schutzbriefen der Automobilclubs schon enthalten. Gewerkschaftsmitglieder haben die Möglichkeit, sich in Arbeitsrechtsstreitigkeiten von einem Anwalt der Gewerkschaft vertreten zu lassen. Es werden Anwalts- und Gerichtskosten bis zur vereinbarten Höhe übernommen. Eine Wartezeit von 3 Monaten nach Vertragsabschluß und ein Ausschluß bereits laufender Verfahren ist üblich.

Haftpflichtversicherung

Die Versicherung ersetzt den Schaden, der einem Dritten durch den Versicherungsnehmer zugefügt wird und übernimmt auch die Abwehr unberechtigter Forderungen.

Die Privathaftpflichtversicherung haftet immer dann, wenn jemand als Privatperson einem anderen unabsichtlich Schaden zufügt, der aus den Gefahren des täglichen Lebens resultiert.

Versicherungsart	Versicherter	Beispiel
Privat-Haftpflicht	Privatperson	Ich beschädige als Gast ein Möbelstück.
Tierhalter-Haftpflicht	Hundehalter, Pferdehalter, …	Hund beißt Briefträger.
Hausbesitzer-Haftpflicht	Haus- und Grundstücksbesitzer	Passant stürzt bei Schnee- oder Eisglätte vor dem Grundstück.
Gewässerschaden-Haftpflicht	Besitzer eines Öltanks	Öl sickert aus beschädigtem Tank in das Grundwasser.

Bei der Betriebshaftpflichtversicherung werden neben den Personen- und Sachschäden, die der Versicherungsnehmer verursacht, auch die die durch seine gesetzlichen Vertreter und sämtliche Betriebsangehörigen verursachten, abgedeckt.
Die folgende Tabelle soll in Anlehnung an die Empfehlungen der Verbraucherverbände helfen, den persönlichen Versicherungsbedarf in verschiedenen Lebensaltern und unterschiedlichen Familiensituationen einzuschätzen. Individuelle Lebensumstände und persönliche Wünsche müssen natürlich bei einer Entscheidung berücksichtigt werden. Deshalb ist diese Übersicht auch nur als Orientierung gedacht.

Versicherungsart	Single	Doppelverdiener ohne Kinder	Junge Familie	Ältere Familie	Familie, Kinder aus dem Haushalt	Alleinstehene Senioren
Risikolebensvers.	–	*	+	+	–	–
Kapitallebensvers.	–	–	*	*	+	–
Private Rentenvers.	–	–	–	*	*	–
Berufsunfähigkeitsvers.	+	+	*	–	–	–
Unfallvers.	–	+	+	–	–	–
Privat-Haftpflichtvers.	+	+	+	+	+	+
Familienrechtsschutzvers.	–	–	+	+	–	–
Hausratvers.	*	+	+	+	+	+
Gebäudevers.	+	+	+	+	+	+
Öltankhaftpflichtvers.	+	+	+	+	+	+
Glasvers.	–	–	–	–	–	–
Reisegepäckvers.	–	–	–	*	*	–
Kfz-Haftpflichtvers.	+	+	+	+	+	+
Teilkasko-Vers.	+	+	+	+	+	+
Vollkasko-Vers. Neuwagen	*	+	+	+	+	+
Vollkasko-Vers. Gebrauchtwagen	–	–	*	*	–	–
Insassen-Unfallvers.	–	–	–	–	–	–
Legende: + wichtig * möglich – überflüssig						

Versicherung geschäftlicher Risiken

Mit dem Betrieb eines gewerblichen Unternehmens sind eine Vielzahl zusätzlicher Risiken verbunden, die teilweise durch entsprechende Versicherungen kalkulierbarer werden. Abhängig vom Geschäftszweck können zu den bereits genannten folgende Versicherungen hinzukommen: Betriebsunterbrechungsversicherung, Maschinenversicherung, Produkthaftpflichtversicherung, Transportversicherung und Kreditversicherung (z. B. Waren- oder Ausfuhrkreditversicherung).

Auch Versicherungen brauchen für den Fall großer Schäden eine Absicherung. Große Risiken wie Flugzeugabstürze, Tankerunglücke, Großfeuer und Naturkatastrophen übersteigen oft auch die Finanzkraft großer Versicherungen. Über Rückversicherungen werden diese Risiken auf viele Versicherungsgesellschaften international verteilt.

Versicherungsvertrag

Der Staat hat die Versicherungen schon frühzeitig unter seine Aufsicht gestellt. Bereits 1908 wurde ein Gesetz zu den Rahmenbedingungen für Versicherungsverträge erlassen und das Reichsaufsichtsamt – heute Bundesaufsichtsamt für das Versicherungswesen – gegründet. Es kontrolliert die Zulassung von Versicherungsgesellschaften, überwacht die Vertragsgestaltung und die Vertragsbedingungen und prüft Beschwerden aus dem Kreis der Versicherungsnehmer.

Der Abschluß jeder Versicherung ist ein gegenseitiger Vertrag. Grundlage sind das Versicherungsvertragsgesetz (VVG) und die allgemeinen Versicherungsbedingungen (AVB) der Gesellschaft. Es wird eine Urkunde, die sogenannte Police, ausgestellt. Für die vertragsgemäße Leistung hat der Versicherte Prämien (Beiträge) zu zahlen.

Wesentliche Bestandteile der Police sind:

- Beginn und Laufzeit der Versicherung
- Versicherungsgegenstand und Umfang
- Geltungsbereich der Versicherung
- Versicherungsausschlüsse
- Leistungen der Gesellschaft
- Rechte und Pflichten der Vertragspartner
- Tarife und Prämien
- zusätzliche Vereinbarungen

Mit der Einführung des europäischen Binnenmarktes haben sich auch die Rahmenbedingungen für das Versicherungswesen verändert. Jede in einem Land der Europäischen Union (EU) zugelassene Versicherung kann in jedem Land der EU, und somit in Deutschland, ihre Produkte anbieten. Die Versicherungsanbieter unterliegen nur der Versicherungsaufsicht in ihrem Herkunftsland. Nur unter besonderen Bedingungen kann die deutsche Versicherungsaufsicht bei ausländischen Anbietern einschreiten. Das führt zu einer für den Verbraucher immer schwerer zu durchschauenden Vielfalt von Angeboten mit den unterschiedlichsten Tarif- und Leistungsbedingungen. Es birgt aber auch die Chance, auf bestimmten Gebieten wesentlich preiswerteren oder besser auf die individuellen Verhältnisse zugeschnittenen Versicherungsschutz zu erhalten. Rücktrittsfristen und Kündigungsmöglichkeiten wurden ebenfalls im Sinne der Verbraucher verändert.

SOZIALE SICHERUNG IN BESONDEREN LEBENSLAGEN

Die gesetzliche Sozialversicherung kann nicht alle individuellen Notlagen absichern, weshalb weitere Bestandteile des sozialen Netzes geschaffen wurden. Außerdem werden, entsprechend der Zielstellung des Grundgesetzes, zur Gewährleistung der sozialen Sicherheit und der Chancengleichheit bestimmte Gruppen wie Kinder und Mütter, Schüler, Studenten, Behinderte usw. besonders gefördert.

Diese Hilfen erfolgen als:

- direkte finanzielle Leistungen durch staatliche Stellen (z. B. Kindergeld, Sozialhilfe, Wohngeld, Baukindergeld u. a.),
- indirekte finanzielle Leistungen (Steuerermäßigungen, Freibeträge, zinsgünstige Kredite u. a.),
- Sachleistungen, Beratungshilfe (Rehabilitationsmaßnahmen, Beratungsstellen u. a.).

Von der Vielzahl der Hilfen können hier nur die wichtigsten dargestellt werden.

Sozialhilfe

Viele Menschen kommen im Laufe ihres Lebens in die Lage, ihren Unterhalt nicht aus eigener Kraft bestreiten zu können. Die Sozialhilfe ermöglicht ihnen ein menschenwürdiges Leben. Sie ist kein Almosen, sondern ein Rechtsanspruch. Sozialhilfe wird erst gewährt, wenn die eigenen Möglichkeiten (abgesehen von geringen Freibeträgen) den Lebensunterhalt zu bestreiten, aufgebraucht sind und keine unterhaltspflichtigen Angehörigen vorhanden oder diese zum Unterhalt nicht in der Lage sind. Sie soll in erster Linie Hilfe zur Selbsthilfe sein.

Grundlage ist das Bundessozialhilfegesetz (BSHG). Hilfe und Beratung erhält man in den örtlichen Sozialämtern.

Leistungen

Hilfe zum Lebensunterhalt.

- Regelsatz (Kosten für Ernährung, Kleidung, Hausrat, Körperpflege usw.)
- Kosten der Unterkunft (Miete und Heizung)
- Mehrbedarfszuschläge (z. B. für Alleinerziehende, über 65jährige, Behinderte, Schwangere ab 13. Woche)

Unter Regelsatz versteht man den DM-Betrag, der erforderlich ist, um bescheiden leben zu können. Er wird durch eine statistische Erhebung ermittelt. Eigenes Einkommen wird angerechnet und der Empfänger ist verpflichtet, eine zumutbare Arbeit anzunehmen.

Einheitliche Regelsätze in Berlin (bis zum 30. Juni 1995)	
Haushaltsvorstände und Alleinstehende	526,00 DM
Haushaltsangehörige bis zum vollendeten 7. Lebensjahr	263,00 DM
Haushaltsangehörige bis zum vollendeten 7. Lebensjahr beim Zusammenleben mit einer Person, die allein für die Pflege und Erziehung des Kindes sorgt	289,00 DM
Haushaltsangehörige vom Beginn des 8. Lebensjahres bis zum vollendeten 14. Lebensjahr	342,00 DM
Haushaltsangehörige vom Beginn des 15. Lebensjahres bis zum vollendeten 18. Lebensjahr	473,00 DM
Haushaltsangehörige vom Beginn des 19. Lebensjahres an	421,00 DM

Hilfe in besonderen Lebenslagen. Sie erfolgt, wenn jemand, der seinen Lebensunterhalt normalerweise selbst bestreiten kann, durch besondere Lebenssituation (z. B. Erholungskur für ein krankes Kind, Haushaltshilfe für alte Menschen, Pflege für erkrankte Angehörige) in Not gerät. Die erforderlichen Hilfen werden als persönliche Hilfe, Sachleistung oder Geldleistung (Beihilfe oder Darlehen) gewährt. In der Regel sollen vorübergehende Notlagen gelindert werden, aber auch für andauernde Notlagen (Behinderung, Pflegebedürftigkeit) ist diese Hilfe vorgesehen.

Die Hilfe in besonderen Lebenslagen umfaßt insbesondere

- vorbeugende Gesundheitshilfe,
- Krankenhilfe,

- Eingliederungshilfe für körperlich, geistig oder seelisch wesentlich Behinderte,
- Hilfe für werdende Mütter und Wöchnerinnen,
- Hilfe zur Weiterführung des Haushalts z. B. bei einer Erkrankung oder während einer Erholungskur der Mutter,
- Hilfe zur Pflege zu Hause oder in einem Heim,
- Hilfe zur Überwindung besonderer sozialer Schwierigkeiten,
- Hilfe zur Familienplanung,
- zusätzliche Hilfe für ältere Menschen, z. B. für altersgerechtes Wohnen,
- Unterhaltsvorschuß für Alleinerziehende, wenn von dem anderen Elternteil nicht mindestens Unterhalt in Höhe des maßgeblichen Regelsatzes gezahlt wird.

Ausbildungsförderung

Jeder soll in der Bundesrepublik die Chance zu einer guten Ausbildung haben, unabhängig von der eigenen finanziellen Situation und der der Eltern. Grundlage dafür ist das Bundesausbildungsförderungsgesetz (BAföG). In einzelnen Bundesländern gibt es noch ergänzende Regelungen, z. B. für Gymnasiasten, die bei den Eltern wohnen.

Leistungen

Die Leistungen nach BAföG sollen den Bedarf für den Lebensunterhalt und die Kosten der Ausbildung decken. Der Bedarf orientiert sich an der Art der Ausbildung und der Unterbringung. Eigenes Einkommen und Vermögen sowie das der Eltern und Ehepartner oberhalb bestimmter Freigrenzen werden angerechnet. Unterhaltsansprüche werden berücksichtigt bzw. gehen bei Nichterfüllung auf das Land über.

Bedarfssätze	alte Länder	neue Länder
Für Schüler von Berufsfachschulen und Fachschulklassen, deren Besuch eine abgeschlossene Berufsausbildung nicht voraussetzt, sofern sie in einem mindestens zweijährigen Bildungsgang einen berufsqualifizierenden Abschluß vermitteln, wenn sie bei ihren Eltern wohnen.	340,00 DM	320,00 DM
Für Schüler von weiterführenden allgemeinbildenden Schulen und Berufsfachschulen ab Klasse 10 sowie von Fach- und Fachoberschulen, deren Besuch keine abgeschlossene Berufsausbildung voraussetzt. Wenn der Schüler nicht bei seinen Eltern wohnt, weil eine entsprechende zumutbare Ausbildungsstätte von der elterlichen Wohnung aus nicht erreichbar ist.	675,00 DM	600,00 DM
Für Abendhaupt- und Abendrealschüler sowie für Schüler von Berufsaufbauschulen, Fachoberschulen (mit abgeschlossener Berufsausbildung),		
die bei ihren Eltern wohnen,	600,00 DM	570,00 DM
die nicht bei ihren Eltern wohnen.	795,00 DM	720,00 DM
Für Auszubildende an Fachschulen, deren Besuch eine abgeschlossene Berufsausbildung voraussetzt sowie für Schüler von Abendgymnasien und Kollegs,		
die bei ihren Eltern wohnen,	610,00 DM	570,00 DM
die nicht bei ihren Eltern wohnen.	840,00 DM	765,00 DM

Bedarfssätze	alte Länder	neue Länder
Studierende an Hochschulen,		
die bei ihren Eltern wohnen,	720,00 DM	670,00 DM
die nicht bei ihren Eltern wohnen.	950,00 DM	865,00 DM
Auszubildende an Höheren Fachschulen und Akademien,		
die bei ihren Eltern wohnen,	650,00 DM	610,00 DM
die nicht bei ihren Eltern wohnen.	880,00 DM	805,00 DM

Anspruchsberechtigte

Anspruchsberechtigt sind:

- Studierende an Universitäten, Hochschulen, Fachhochschulen, Akademien und höheren Fachschulen
- Schüler an Berufsfachschulen, Fachschulen, Fachoberschulen und Berufsaufbauschulen
- Schüler von Abendschulen oder Kollegs

Die Ausbildung sollte in der Regel vor Vollendung des 30. Lebensjahres begonnen werden.

Art der Förderung

Für Schüler wird BAföG in Form eines Zuschusses gewährt, der nicht zurückgezahlt werden muß. Studenten erhalten die Leistungen je zur Hälfte als Darlehen und als Zuschuß. Die Förderung wird bis zu einer von der Studienrichtung und -art abhängigen Förderungshöchstdauer geleistet. Der Darlehensteil ist zinslos, und der Rückzahlungszeitraum beträgt bis zu 20 Jahre. Bei besonders guten Studienabschlüssen und kurzer Studienzeit werden Teile des Darlehens erlassen.

Die Finanzierung erfolgt gemeinsam von Bund (65 %) und Ländern (35 %).

Antragstellung

Die Antragstellung für Schüler erfolgt beim Amt für Ausbildungsförderung in der für den Wohnort zuständigen Stadt- oder Kreisverwaltung.

Studenten stellen ihre Anträge bei den Ämtern für Ausbildungsförderung/Studentenwerke an den Hochschulen bzw. Universitäten.

Wohngeld

Wohngeld ist ein staatlicher Zuschuß zu den Kosten für Wohnraum. Er wird sowohl an Mieter (Mietzuschuß) wie auch an Eigentümer (Lastenzuschuß) gezahlt, wenn die Kosten die wirtschaftliche Leistungsfähigkeit des Haushaltseinkommens überschreiten. Wohngeld können sowohl Deutsche als auch in der Bundesrepublik lebende Ausländer erhalten, unabhängig davon, ob sie in einer Alt- oder Neubauwohnung leben. Die Höhe des Wohngeldes ist abhängig von der Zahl der zum Haushalt gehörenden Familienmitglieder, der Höhe des Familieneinkommens und der Höhe der zuschußfähigen Miete. Gesetzliche Grundlagen sind das Wohngeldgesetz und die Wohngeldverordnungen.

Anträge sind bei der zuständigen Wohngeldstelle der Gemeinde-, Stadt-, Amts- oder Kreisverwaltung zu stellen.

Wohngeldberechnung für einen 3-Personen-Haushalt

Familie:	Ehepaar mit einem Kind
Einkommen:	Ehemann ist Alleinverdiener, entrichtet Pflichtbeiträge zur gesetzlichen Krankenversicherung und zur gesetzlichen Rentenversicherung sowie Steuern vom Einkommen
Wohnung:	Mietwohnung bezugsfertig 1972, ausgestattet mit Sammelheizung und Bad
Wohnort:	Gemeinde der Mietenstufe 3

Monatseinkommen (einschließlich Kindergeld)	2258,00 DM
– Werbungskostenpauschale	167,00 DM
– Kinderfreibetrag	70,00 DM
– pauschaler Abzug (30 %) für Steuern und Sozialabgaben	606,00 DM
monatliches Familieneinkommen	1415,00 DM
zu zahlende monatliche Miete	570,00 DM
zuschußfähige monatliche Miete (höchstens 625,00 DM)	570,00 DM
Mietzuschuß monatlich	206,00 DM

Der Mietzuschuß von 206,00 DM ergibt sich aus der Wohngeldtabelle für 3 Familienmitglieder bei einem monatlichen Familieneinkommen zwischen 1420,00 DM und 1440,00 DM und einer zuschußfähigen monatlichen Miete zwischen 560,00 DM und 580,00 DM.

5

Förderung von Mutter und Kind

Mutterschutzgesetz

Für alle in Deutschland in einem Arbeitsverhältnis stehenden Frauen gelten die Bestimmungen des Mutterschutzgesetzes. Es soll vor Überlastung und vor Gefahren am Arbeitsplatz schützen. Wichtige Regelungen des Gesetzes:

- Kündigungsschutz während der Schwangerschaft und bis zu 4 Monaten nach der Entbindung
- Schutzfrist 6 Wochen vor und 8 Wochen (12 Wochen bei Früh- oder Mehrlingsgeburten) nach der Entbindung
  In dieser Zeit dürfen Mütter nur noch beschäftigt werden, wenn sie es unbedingt wünschen. In der Schutzfrist nach der Entbindung besteht absolutes Beschäftigungsverbot.
- Mutterschaftsgeld während der Schutzfristen
- Mutterschaftslohn, wenn Beschäftigungseinschränkungen oder Verbote außerhalb der Schutzfristen bestehen
- Arbeitsschutzvorschriften für die Zeit der Schwangerschaft und des Stillens
  In dieser Zeit sind verschiedene Tätigkeiten verboten, und Mütter dürfen nicht an Arbeitsplätzen mit der Gefahr schädlicher Einwirkung eingesetzt werden. Nacht-, Sonn- und Feiertagsarbeit sind grundsätzlich verboten.
- Entbindungsgeld
- Ärztliche Pflege, Vorsorge und Betreuung

Bundeskindergeldgesetz

Jeder, der in Deutschland wohnt, hat Anspruch auf Kindergeld für seine Kinder. Es soll die Eltern beim Unterhalt der Kinder unterstützen und zur sozialen Gerechtig-

keit für Familien beitragen. Für jedes anspruchsberechtigte Kind wird nur an eine Person Kindergeld gezahlt. Die Höhe des Kindergeldes beträgt nach den Regeln ab 1996: 200,00 DM für das erste und zweite Kind; 300,00 DM für das dritte Kind; 350,00 DM für jedes weitere Kind.
Ab 1.1.1997 wird das Kindergeld für das erste und zweite Kind auf 220,00 DM angehoben. Generell wird das Kindergeld für alle Kinder, die das 18. Lebensjahr noch nicht vollendet haben, gezahlt. Unter bestimmten Voraussetzungen besteht Anspruch auf Kindergeld bis zur Vollendung des 27. Lebensjahres. Dies ist z. B. der Fall, wenn

- die Schul- oder Berufsausbildung andauert,
- ein freiwilliges soziales Jahr geleistet wird,
- das Kind wegen einer Behinderung sich nicht selbst unterhalten kann,
- das Kind wegen Erziehung des eigenen Kindes die Ausbildung unterbricht.

Das eigene Einkommen des Kindes bzw. gezahlte Ausbildungshilfen dürfen bestimmte Höhen nicht überschreiten.
Neu ist die Regelung, daß die Eltern entscheiden können, ob sie das erhöhte Kindergeld oder den erhöhten Kinderfreibetrag (1996: 6264,00 DM je Kind, 1997: 6912,00 DM je Kind) als Steuerentlastung nutzen wollen. Auch bei Kindergeldbezug wird in der Jahressteuererklärung überprüft, ob der Freibetrag günstiger wäre. Die Differenz wird dann erstattet.
Arbeitnehmer erhalten das Kindergeld ab 1996 in der Regel von ihrem Arbeitnehmer mit dem Lohn ausgezahlt. Andere Berechtigte erhalten das Kindergeld von den Familienkassen der Arbeitsämter.
Der im Rahmen des Schwangeren- und Familienhilfegestzes von 1992 beschlossene Rechtsanspruch auf einen Kindergartenplatz für jedes Kind ab vollendetem 3. Lebensjahr tritt ebenfalls am 1.1.1996 in Kraft. Allerdings sind Übergangsregelungen bis 1999 vorgesehen.
Eine weitere Förderung für Familien ist das Baukindergeld. Für nach dem 31.12.1990 erstellte oder angeschaffte selbstgenutzte Wohnungen können für maximal 8 Jahre 1500,00 DM pro Kind von der Steuerschuld direkt abgezogen werden.
Auch die neue Wohneigentumsförderung wurde so gestaltet, daß junge Familien und weniger Verdienende eher den Wunsch nach Wohneigentum verwirklichen können. An die Stelle von einkommensabhängigen Steuererleichterungen tritt eine unbürokratisch in Anspruch zu nehmende Eigenheimzulage. So wird für Neubauten 8 Jahre lang ein Fördergrundbetrag von 5 % der Anschaffungs- oder Herstellungskosten bis maximal jährlich 5000,00 DM (Altbauten 2,5 %, maximal 2500,00 DM) gewährt.
Die Einkommensgrenzen wurden mit 120000,00 DM bei Ledigen und 240000,00 DM bei Verheirateten jährlich festgelegt.

Bundeserziehungsgeldgesetz

Als Anerkennung für die Leistungen von Vätern und Müttern wird seit 1986 ein Erziehungsgeld gezahlt. Die Höhe beträgt zur Zeit 600,00 DM, und die Zahlung erfolgt für die ersten 24 Monate nach der Geburt des Kindes. Das Jahresnettoeinkommen der Eltern darf 100000,00 DM für Ehepaare und 75000,00 DM für Alleinerziehende nicht überschreiten. Der Erziehungsurlaub ermöglicht den Eltern, frei zu entscheiden, wer den Anspruch wahrnimmt, das Kind nach Ablauf der Mutterschutzfrist zu betreuen. Arbeitnehmer haben Anspruch auf einen Erziehungsurlaub bis zu 36 Monaten. Während des Erziehungsurlaubs besteht Kündigungsschutz.

Kriegsopferversorgung und soziale Entschädigung

Anspruch auf Versorgung hat jeder, der einen Gesundheitsschaden erlitten hat, für dessen Folgen die staatliche Gemeinschaft nach versorgungsrechtlichen Grundsätzen einzustehen hat. Leistungsberechtigte sind:

- Kriegsopfer,
- Wehr- und Zivildienstgeschädigte,
- Opfer von Gewalttaten,
- Impfgeschädigte,
- Opfer politischer Verfolgung nach dem 8.5.1945 auf dem Gebiet der heutigen neuen Bundesländer,
- Geschädigte durch Vertreibung, Aussiedlung oder Gewaltakte der Besatzungsmächte,
- Angehörige oder Hinterbliebene von Geschädigten unter bestimmten Voraussetzungen.

Leistungen

- Heilbehandlung für anerkannte Schädigungsfolgen
- Beschädigtenrente und Renten für Witwen und Waisen
- Pflege- und Beschädigtenzulagen
- Berufliche Rehabilitation und Berufsschadensausgleich des Einkommensverlustes
- Kurmedizinische Behandlung

Ergänzende Leistungen der Kriegsopferfürsorge:

- Hilfe zur Pflege und Weiterführung desHaushalts
- Alten- und Erholungshilfe
- Hilfen in besonderen Lebenslagen (z. B. Eingliederungshilfe, Kfz-Hilfe)
- Ergänzende Hilfe zum Lebensunterhalt
- Hilfen zur beruflichen Rehabilitation
- Ersatz für Mehrverschleiß an Kleidern und Wäsche
- Führzulage für Blinde

Leistungen der Kriegsopferfürsorge sind grundsätzlich einkommens- und vermögensabhängig. Sie werden als Ergänzung der übrigen Leistungen als besondere Hilfen im Einzelfall gewährt.

Rechtsgrundlagen

- Bundesversorgungsgesetz (BVG)
- Soldatenversorgungsgesetz (SVG)
- Zivildienstgesetz (ZDG)
- Opferentschädigungsgesetz (OEG)
- Häftlingshilfegesetz (HHG)
- Bundes-Seuchengesetz (BSeuchG)
- Erstes SED-Unrechtsbereinigungsgesetz (1. SED-UnBerG)

Antragstellung

Alle in den genannten Gesetzen aufgeführten Leistungen werden nur auf Antrag gewährt. Zuständig sind die Versorgungsämter, die Hauptfürsorgestellen und die Fürsorgestellen bei den Sozialämtern.

Verbraucher in der Marktwirtschaft

BEGRIFFE UND ZUSAMMENHÄNGE

Bedürfnis

Jeder Mensch benötigt als Existenzbedingung Nahrung, Kleidung und Wohnung. Darüber hinaus möchte er jedoch mehr, als nur seinen Hunger und Durst zu stillen und sich vor Kälte und anderen Witterungseinflüssen zu schützen. Er würde zum Beispiel gern etwas Besonderes essen, sich modisch kleiden, seine Wohnung geschmackvoll einrichten, Musik hören, ins Kino gehen oder in Urlaub fahren.

Fehlt es dem Menschen an lebensnotwendigen oder das Leben verschönenden Dingen, so empfindet er das als Mangel, den er beheben möchte.

Das Empfinden eines Mangels mit dem Bestreben, diesen zu beseitigen, wird Bedürfnis genannt.

Bedarf

Die Bedürfnisse des Menschen sind in der Regel größer als die Möglichkeiten ihrer Befriedigung. Der Hauptgrund ist die Begrenztheit der zur Verfügung stehenden finanziellen Mittel. Es wird deshalb zwischen Bedürfnissen und Bedarf unterschieden. Unter Bedarf wird nur die mit Kaufkraft ausgestattete Marktnachfrage der Verbraucher verstanden.

Verbraucher

Zur Befriedigung des Lebensunterhaltes und der darüber hinausgehenden Bedürfnisse verbraucht und verwendet der Mensch wirtschaftliche Güter und Dienstleistungen. So gesehen sind alle Menschen Verbraucher oder Konsumenten.

Anbieter

Die von den Menschen benötigten Waren und Dienstleistungen müssen hergestellt bzw. angeboten werden. Das Konsumieren oder Verbrauchen ist somit untrennbar mit dem Produzieren und Verkaufen verbunden. Hersteller, Händler, Vertreter u. a., die die Waren und Dienstleistungen anbieten und an die Verbraucher verkaufen, werden auch Anbieter genannt.

Markt und Marktsituation

Das Zusammentreffen von Angebot und Nachfrage oder, anders ausgedrückt, von Anbietern und Verbrauchern erfolgt auf dem Markt. Das kann der Wochenmarkt, der Supermarkt, aber auch das Geschäft oder der Kiosk in der Straße sein.

Es muß jedoch nicht sein, daß sich Anbieter und Verbraucher an einem Ort begegnen. Das ist z. B. der Fall, wenn man beim Versandhandel eine Bestellung auslöst. Dafür gibt es den Begriff Marktsituation.

↗ Markt, S. 14

Interessen von Verbrauchern und Anbietern

Verbraucher und Anbieter haben zum Teil unterschiedliche Interessen, die auf dem Markt aufeinandertreffen.

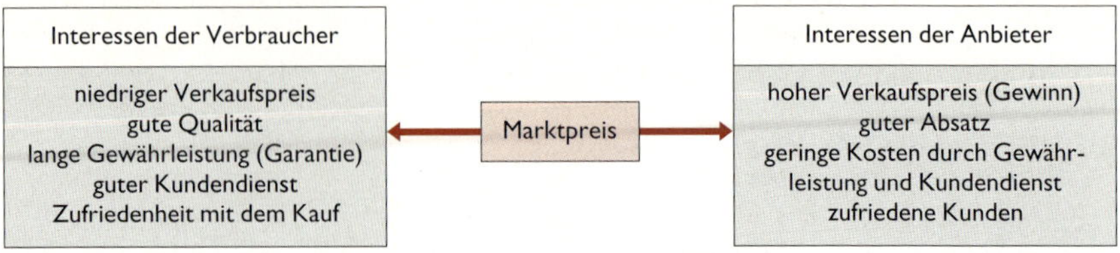

Besonders augenfällig ist der Interessengegensatz bezüglich des Verkaufspreises. Während der Anbieter für seine Ware bzw. Dienstleistung einen möglichst hohen Preis erzielen möchte, ist der Verbraucher an einem möglichst niedrigen Preis für ein qualitativ hochwertiges Produkt interessiert. Wenn Anbieter und Verbraucher sich einigen, bildet sich der Preis. Der Preis, der sich auf dem Markt aufgrund von Angebot und Nachfrage bildet, wird auch als Marktpreis bezeichnet. ↗ S. 15

Preisbildung

Zwischen Angebot, Nachfrage und Preis besteht ein Zusammenhang. Einfach ausgedrückt erfolgt die Preisbildung auf dem Markt nach folgenden Gesetzmäßigkeiten:

- Das Angebot ist größer als die Nachfrage, der Preis sinkt.
  Aufgrund der günstigen Witterung reifen viele Erdbeeren. Das Angebot ist groß, der Preis für Erdbeeren sinkt.
- Die Nachfrage ist größer als das Angebot, der Preis steigt.
  Ein unerwarteter Kälteeinbruch zwingt zum Heizen. Die Nachfrage nach Heizmaterial ist hoch, der Preis steigt.
- Steigt der Preis einer Ware, geht die Nachfrage zurück.
  Die Benzinpreise ziehen stark an. Die Autofahrer verzichten häufiger auf die Fahrt mit dem eigenen Auto. Die Nachfrage an Benzin geht zurück.
- Sinkt der Preis der Ware, steigt die Nachfrage an.
  Der Preis für Computer ist in den letzten Jahren stark gesunken. Die Nachfrage nach den preiswerten Geräten erhöhte sich. ↗ Preisarten, S. 15

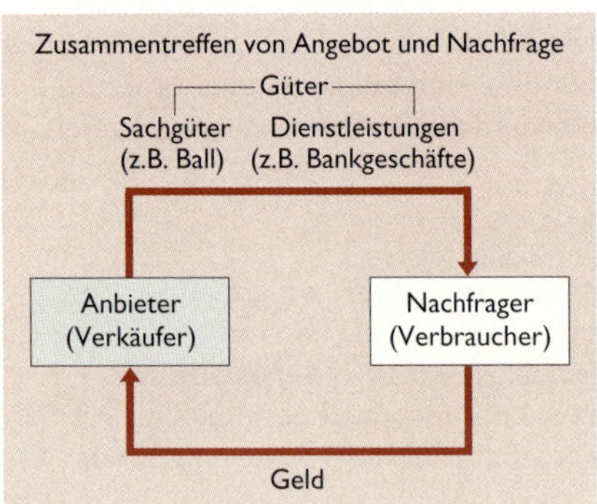

Vereinfachtes Marktmodell

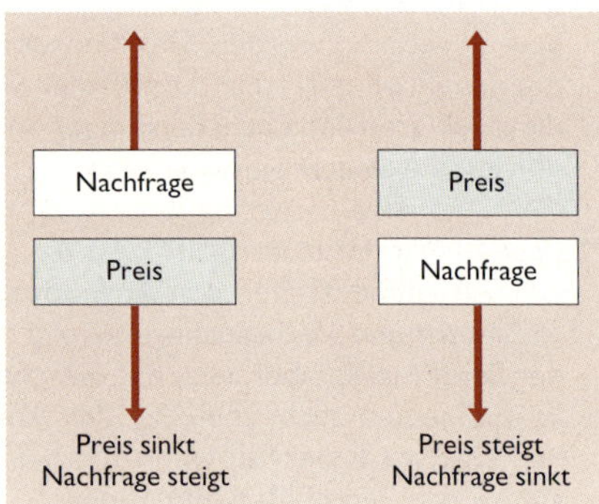

Preisbildungsmodell

MASSNAHMEN DER ANBIETER ZUR ABSATZFÖRDERUNG

In der Marktwirtschaft ist es den Unternehmen überlassen, welche Produkte sie entwickeln, produzieren und anbieten. Auch die Geschäftsleute können weitestgehend selbst entscheiden, womit sie handeln. Das gemeinsame Interesse aller Anbieter besteht darin, die Waren bzw. Dienstleistungen mit Gewinn zu verkaufen. Der Gewinn ist ihr Verdienst und zugleich die Voraussetzung, um die Produkte weiter zu verbessern oder neue herzustellen bzw. um das Warenangebot zu erweitern oder das Geschäft zu vergrößern.
Da unsere Wirtschaft und die internationale Konkurrenz ein riesiges Waren- und Dienstleistungsangebot bereitstellt und die meisten Produkte und Leistungen von mehreren Anbietern auf den Markt gebracht werden, wird um die Gunst des Verbrauchers mit vielfältigen Mitteln intensiv gerungen.

Werbung

Werbeziele

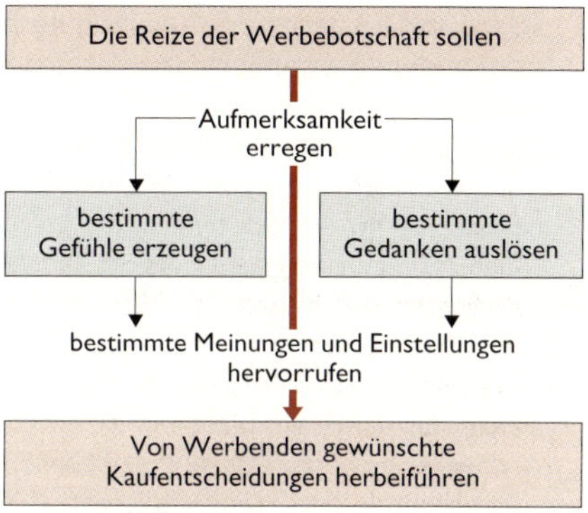

Werbung ist für die Wirtschaftsunternehmen ein Instrument zur Förderung des Absatzes. Dem Verbraucher vermittelt sie bestimmte Produktinformationen bzw. Hinweise auf Bezugsquellen.
Werbung wird aber auch genutzt, um durch Bedarfsweckung und -steuerung die Nachfrage im Sinne der Unternehmen zu beeinflussen und damit den Markterfolg des Angebotenen zu verbessern.
Im einzelnen soll Werbung helfen:
- ein neues Produkt einzuführen,
- den Bekanntheitsgrad von Produkten zu erhöhen,
- das Image eines Erzeugnisses bzw. einer Marke zu verbessern,
- den Absatz zu sichern und nach Möglichkeit auszudehnen,
- die Marktanteile zu erhalten und möglichst zu vergrößern.

Werbung – Pro und Contra

Für die Werbung wird angeführt	Gegen die Werbung wird vorgebracht
Werbung macht neue Produkte bekannt. Sie liefert dem Verbraucher unentbehrliche Informationen über das Angebot an Waren auf dem Markt. Werbung zeigt dem Verbraucher, wie er seine Bedürfnisse befriedigen kann. Werbung ist der Motor des wirtschaftlichen Lebens.	Der Verbraucher wird durch die Werbung nicht vollständig informiert, da sie die negativen Seiten der Ware verschweigt. Werbung weckt verborgene Wünsche und Träume und schränkt das kritische Verbraucherverhalten ein (Kauf von Dingen, die häufig gar nicht gebraucht werden). Werbung kostet viel Geld, die Ware wird unnütz verteuert.

Werbeformen

Die Werbeexperten lassen sich viel einfallen, um die Botschaft der Werbung „rüberzubringen“. So werden beispielsweise bei der Direktwerbung zu Messen, bei kulturellen Veranstaltungen, vor dem Kaufhaus und anderswo kostenlose Proben verteilt, um das Interesse der Verbraucher auf das Produkt oder die Marke zu lenken. Das ist jedoch eine sehr teure Werbung und bringt nicht immer den gewünschten Erfolg, denn bei kostenlosen Proben greift fast jeder zu. Eine andere Form ist die sogenannte „Leitbildwerbung“, bei der bekannte Sportler, Schauspieler oder andere Persönlichkeiten für Produkte oder Dienstleistungen werben. Die Werbeleute setzen in diesem Fall darauf, daß die Fans zur gleichen Schokolade greifen oder die angepriesene Kleidung kaufen, um mit „ihren“ Stars etwas gemeinsam zu haben.

Werbeträger und Werbemittel

Werbung kommt mit der Tageszeitung, mit den verschiedensten Zeitschriften, steckt als Anzeigenblatt im Briefkasten und wird nicht zuletzt durch Fernsehen und Hörfunk „frei Haus“ geliefert.

Werbeträger	Werbemittel
Zeitungen	Anzeigen, Beilagen
Zeitschriften	Anzeigen, Beilagen
Anzeigenblätter	Anzeigen
Fernsehen	Spots (Ton/Bild/Text)
Hörfunk	Spots (Ton/Text)
Kino	Werbefilme, Dias
Anschlagflächen	Plakate

Werbeausgaben

Die Werbung wird in der Regel von Werbeagenturen gemacht, die die verschiedensten Fachleute beschäftigen. Es gilt, die entsprechende Idee zu finden, Texte zu entwerfen, Fotos und Grafiken zu gestalten, den Werbespot zu drehen und anderes mehr. Auch die Farbgestaltung, die Musik, der Drehort, die Darsteller oder der Sender und die Sendezeit bleiben nicht dem Zufall überlassen. Schließlich müssen der Platz für die Anzeige in der Zeitung, die Fläche der Plakatwand bzw. die Sendezeit im Fernsehen oder im Hörfunk, bezahlt werden. Das alles kostet sehr viel Geld. Mehr als 40 Mrd. DM werden gegenwärtig im Jahr dafür ausgegeben.

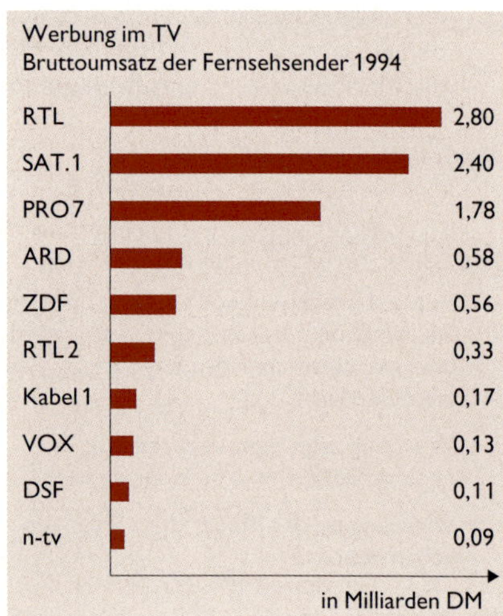

Werbung für Jugendliche

Werbung richtet sich häufig, wenn auch nicht ausschließlich, gezielt an Jugendliche. Das hat mehrere Gründe:

- Die Jugendlichen verfügen in ihrer Gesamtheit über eine enorme Kaufkraft. Untersuchungen sagen aus, daß jährlich weit über 30 Mrd. DM von Jugendlichen ausgegeben werden. Davon profitieren Hersteller von Textilien, Sportbekleidung, Heimelektronik, die Getränke- und Süßwarenindustrie u. a. m.
  Hersteller und Händler und die in deren Auftrag arbeitenden Werbefachleute bemühen sich daher intensiv um die jugendlichen Verbraucher. Werbung erfolgt deshalb in Jugendzeitschriften ebenso wie im Kinder- oder Familienprogramm von Fernsehen und Hörfunk.
- Jugendliche sind Konsumvorbilder für andere.
  Viele Jugendliche orientieren sich bezüglich ihrer Kleidung, des Essens und Trinkens und ihrer Freizeitinteressen an Gleichaltrigen, die in der Gruppe oder Clique das Sagen haben. Sie sind ihre heimlichen Vorbilder. Anbieter und Werber versuchen gezielt, diese Meinungsführer für ihre Produkte zu gewinnen, denn was „in" ist und im Trend liegt, wollen nach jüngsten Untersuchungsergebnissen 68 % der Befragten besitzen.
- Jugendliche beeinflussen das Kaufverhalten der Eltern und anderer Erwachsener.
  Vieles, was von Eltern oder Großeltern gekauft wird, geht auf den Wunsch, den Rat oder das Vorbild von Jugendlichen zurück. Das ist nicht nur bei Geschenken so, sondern auch bei Anschaffungen für den Haushalt. Jugendliche wissen oft recht gut über Fernsehen, Radio, Videorecorder u. ä. Bescheid, so daß ältere Leute sich gern von ihnen beim Kauf beraten lassen. Manche Erwachsene ahmen bezüglich ihrer Kleidung Jugendliche nach, weil sie gern jünger aussehen möchten. Für die Werbung ein Grund mehr, den Jugendlichen große Aufmerksamkeit zu schenken.
- Jugendliche gewöhnen sich an Marken und bleiben ihnen treu.
  Hersteller von Markenartikeln, Banken und andere bemühen sich intensiv um junge Menschen, denn sie wissen: Wer in jungen Jahren eine bestimmte Jeansmarke kauft oder ein bestimmtes Getränk bevorzugt, der bleibt häufig dieser Marke auch als Erwachsener treu. Ähnlichen Überlegungen folgen auch Banken mit ihren Angeboten für junge Sparer. Ihre Erfahrungen besagen, daß der junge Kunde von heute voraussichtlich auch morgen bei „seiner" Bank bleiben wird.

6

Weitere absatzfördernde Maßnahmen

Im Ringen um die Gunst der Verbraucher setzen die Anbieter nicht nur die Werbung, sondern darüber hinaus eine Vielzahl anderer Maßnahmen zur Steigerung des Absatzes ein. Dazu zählen z. B.:

- Einführungspreise, Sonderangebote, Rabatte;
- Aufmachung des Produkts, Kundendienst, Garantieleistungen;
- Warenanordnung, Wühltische, Kundenlauf.

Sonderangebote

Mit dem Hinweis „Sonderangebot" versuchen die Anbieter Ware abzusetzen, die sich schlecht verkauft oder die bald überlagert wäre bzw. verderben würde. Sonderangebote werden von den Verbrauchern gern angenommen, denn man verspricht sich davon einen preiswerteren Einkauf. Das kann, muß aber nicht so sein.

■ Ein Obst- und Gemüsehändler hat am späten Nachmittag noch einen größeren Posten an frischem Beerenobst. Am nächsten Tag wären die Beeren überreif und ließen sich kaum noch verkaufen. Er macht daraus ein Sonderangebot, setzt den Preis herab und wird die meiste Ware noch los. Wer hier zugreift, spart Geld.

Ein Händler bietet Socken das Paar zu 2,95 DM an, aber kein Kunde kauft. Er packt drei Paar zusammen, macht daraus ein Sonderangebot und verlangt für den Packen „nur“ 10,00 DM. In wenigen Tagen ist der gesamte Posten verkauft, obwohl die Kunden mehr als für drei Einzelpaare bezahlt haben. Der Hinweis „Sonderangebot“ hat bei den Käufern wohl den Eindruck erweckt, etwas sehr preisgünstig zu kaufen.

Warenplazierung

Die Anbieter plazieren bestimmte Waren so, daß sie die Aufmerksamkeit der Kunden auf sich lenken. Dafür gibt es eine ganze Reihe bewährter Praktiken.

In der Eingangszone werden häufig preigünstige Artikel oder Sonderangebote plaziert, um die Kunden zum Betreten des Geschäftes zu animieren.

Eine Form der Warenplazierung ist die sogenannte Schüttplazierung. Der Kunde soll den Eindruck gewinnen, daß es sich dabei um ein besonders günstiges Angebot handelt. Häufig wird auch eine Gruppe von Produkten (z. B. Reinigungsmittel) mit dem Hinweis „Alles für Küche und Bad“ auf diese Weise angeboten.

In der Kassenzone werden Süßigkeiten, Kaugummi, Zigaretten, kleine Flaschen mit Spirituosen und anderes angeboten, was zu Zusatzkäufen veranlassen soll, wenn man an der Kasse ansteht.

Auch die Plazierung der Waren in den Regalen spielt eine wichtige Rolle. Teure Erzeugnisse stehen so, daß der Kunde sich nicht bücken oder recken muß, um sie zu sehen. Mehl, Zucker, Teigwaren – Dinge, die sowieso gekauft werden – nehmen dagegen die ungünstigeren Plätze ganz unten oder oben im Regal ein.

Kundenlauf im Supermarkt

In den Supermärkten wird das Kaufverhalten in starkem Maße durch das breite Warensortiment, die Warenanordnung und den damit verbundenen Kundenlauf beeinflußt. Supermärkte bieten nicht nur Lebensmittel an, sondern auch Haushaltwaren, Schreibwaren, Textilien und anderes mehr. Diese Waren werden so plaziert, daß der Kunde, um seinen geplanten Lebensmitteleinkauf zu tätigen, an vielen anderen Produkten vorbei muß und so zu Impulskäufen verleitet werden soll.

↗ Kaufverhalten, S. 165

6

SCHUTZ UND HILFE FÜR DEN VERBRAUCHER

Verbraucherpolitik

Ziele und Aufgaben

Verbraucherpolitik, die vom Staat und von verschiedenen Institutionen getragen wird, ist notwendig, weil die Anbieter den Verbrauchern überlegen sind. Anbieter sind wesentlich besser als Verbraucher informiert und organisiert. Zuweilen bedienen sie sich fragwürdiger Werbemethoden und Geschäftspraktiken. Wachsende Unternehmenskonzentration und wettbewerbsbeschränkende Vereinbarungen und Verhaltensweisen stärken die Macht der Anbieter am Markt. Dazu kommt, daß die auf dem Markt angebotenen Produkte und Dienstleistungen einen Umfang angenommen haben, die dem Verbraucher keinen Überblick und damit auch keine optimale Kaufentscheidung ermöglicht. Schließlich tragen die zunehmende Kompliziertheit vieler technischer Güter, ihre Typenvielfalt und ihre ständige Veränderung, die häufig gar keine Weiterentwicklung ist, und anderes mehr dazu bei, den Markt immer unübersichtlicher zu machen.

Die staatliche und die von zahlreichen Vereinen und Verbänden getragene Verbraucherpolitik will deshalb

- die Stellung und die Rechtsposition des Verbrauchers stärken,
- die Information und Beratung des Verbrauchers verbessern und
- die Sicherheit des Verbrauchers erhöhen.

Die wichtigsten Instrumente der Verbraucherpolitik sind die Verbraucherinformation, die Verbraucherberatung und der Verbraucherschutz.

Verbraucherinformation

Die Information des Verbrauchers soll ihm helfen, sich am Markt zu orientieren, seine Kaufentscheidungen sachkundig zu treffen und/oder sich über sein Konsumverhalten Klarheit zu verschaffen. Solche Informationen werden sowohl von den Anbietern als auch von unabhängigen Organisationen (z. B. Verbraucherzentralen, Stiftung Warentest) gegeben.

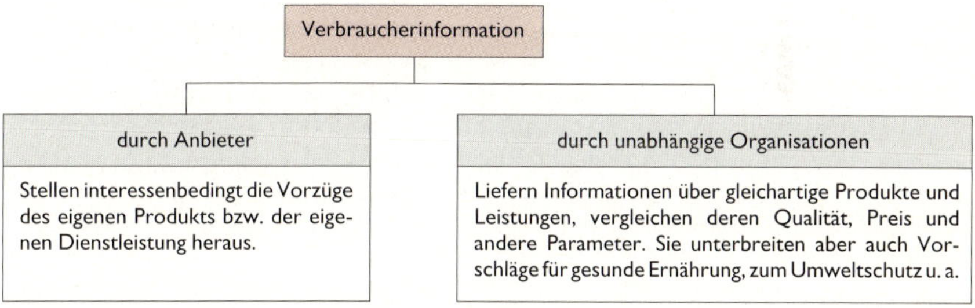

Verbraucherberatung

Die Verbraucherberatung erfolgt durch staatliche bzw. staatlich geförderte Institutionen, die von der privaten Wirtschaft unabhängig sind. Ziel der Beratung ist es, dem Verbraucher Entscheidungshilfen für größere Anschaffungen, Mittel zur Durchsetzung von Garantieansprüchen, die Überwindung von Zahlungsschwierigkeiten u. a. m. anzubieten. Der Verbraucher kann sich auch durch die entsprechenden Institutionen zu Wohnungs- und Ernährungsfragen beraten lassen. Der Verbraucher kann sich auch in diesen Beratungsstellen über Verkaufsmethoden oder Lieferpraktiken eines Händlers/Unternehmers beschweren und sich über seine Rechte informieren.

Institutionen der Verbraucherberatung (Auswahl)

- staatliche Stellen
  - Bundeszentrale für gesundheitliche Aufklärung
  - Bundesinstitut für Berufsbildung
- staatlich geförderte Stellen (bundesweit)
  - Arbeitsgemeinschaft für Verbraucher e.V.
  - Verbraucherzentralen (regional, in jeder größeren Stadt)
  - Stiftung Warentest
  - Stiftung Verbraucherinstitut
  - Verein zum Schutz der Verbraucher gegen unlauterenWettbewerb e.V.

Verbraucherschutz

Der Verbraucherschutz umfaßt alle Maßnahmen, die den Verbraucher mit Hilfe von Gesetzen und Verordnungen vor Schaden schützen sollen, der ihm aus der Unübersichtlichkeit des Marktes, dem teilweise unseriösen Verhalten von Anbietern oder den Nebenwirkungen des Verbrauches entstehen kann.

Zielbereiche des Verbraucherschutzes

- Schutz vor Gefährdung der Sicherheit und Gesundheit des Verbrauchers
- Schutz vor Täuschung und Übervorteilung des Verbrauchers
- Hilfe für optimale Entscheidungsfindung des Verbrauchers

Gesetze und Verordnungen zum Schutz des Verbrauchers

Zur Durchsetzung dieser Ziele wurden zahlreiche Gesetze und Verordnungen erlassen, die die Anbieter verpflichten, bei der Herstellung von Waren, beim Anbieten von Dienstleistungen, bei Vertragsabschlüssen, bei ihrem Auftreten auf dem Markt u. a. m. bestimmte Vorschriften und Regeln einzuhalten.

Gesetz zur Regelung des Rechts der Allgemeinen Geschäftsbedingungen (AGBG)

Schutz vor Übervorteilung; es legt fest, was in den Allgemeinen Geschäftsbedingungen stehen darf und was nicht. So sollen Verträge und Vertragsabschlüsse verhindert werden, die den Verbraucher eindeutig benachteiligen, weil er mit seiner Rechtskenntnis die Konsequenzen verklausulierter Vertragstexte kaum überschauen kann.

Gesetz gegen den unlauteren Wettbewerb (UWG)

Schutz vor irreführenden Angaben; es verbietet u. a.:

- irreführende Angaben über Beschaffenheit, Ursprung, Herstellungsart, Preis, Bezugsquelle, Zweck des Verkaufs oder Menge der Vorräte;

- Bestechung von Angestellten;
- Diskriminierung oder Schädigung des Rufs von Mitbewerbern;
- Verwendung fremder oder ähnlich klingender Namen oder Warenzeichen, um Verwechslungen und damit Vorteile zu erzielen;
- Preisgabe von Geschäftsgeheimnissen.

Verboten sind z. B. folgende Werbungen:

Preishammer! Glühlampen (Markenartikel) nur **60 Pfennige** Abgabe nur in haushaltsüblichen Mengen!	Verboten, weil eine beschränkte Abgabemenge nicht gestattet ist.
nur im August: **Polstermöbel zu Sommerpreisen** Kaufen Sie jetzt und sparen Sie jede Menge Geld	Verboten, weil eine zeitliche Begrenzung der Sonderpreise nur unter besonderen Bedingungen, wie z. B. für Sonderveranstaltungen, möglich ist.

Eichgesetz

Es schreibt vor, daß neben dem Gewicht des Inhalts und dem Endpreis auch der Grundpreis je Kilogramm oder für eine andere Mengeneinheit angegeben werden muß. Das erspart dem Verbraucher langes Rechnen, um Preise miteinander vergleichen zu können.

Textilkennzeichnungsgesetz

Es verlangt Angaben über den Rohstoffgehalt der Ware. Die Kennzeichnung erfolgt im allgemeinen an der Ware. Bei Meterware ist sie manchmal mit eingewebt, bei Kleidung als Etikett eingenäht, bei Kurzwaren auf der Verpackung angebracht.

Oberstoff:
65 % Polyester
35 % Baumwolle
beschichtet mit PU
Futter: 100 % Polyester
Wattierung: 100 % Polyester

Lebensmittelkennzeichnungsverordnung

Diese schreibt vor, welche Angaben auf Lebensmittelverpackungen enthalten sein müssen. Damit soll der Verbraucher vor gesundheitlichen Gefahren und vor Täuschungen geschützt werden.

Vorgeschrieben sind folgenden Angaben:
- Anschrift des Herstellers, des Verpackers oder eines in der EU niedergelassenen Verkäufers,
- handelsübliche Inhaltsbezeichnung,
- Verzeichnis der Zutaten,
- Mindesthaltbarkeitsdatum,
- Menge nach deutschem Maß oder Gewicht.

Preisangabeverordnung

Sie schreibt vor, alle Waren und Dienstleistungen, die dem Endverbraucher angeboten werden, mit einem Preis zu versehen. Das soll dem Käufer Preisvergleiche ermöglichen und den Wettbewerb fördern. Die Preisangabe kann durch Aufkleber an der

Ware oder durch ein in unmittelbarer Nähe angebrachtes Schild erfolgen. Gewerbebetriebe und Gaststätten müssen Preisverzeichnisse z. B. im Schaufenster oder Schaukasten anbringen.

Freiwillige Warenkennzeichnung

Die freiwillige Warenkennzeichnung wird von den Unternehmen verwandt, um z. B. auf Qualität, Sicherheit, Umweltverträglichkeit ihrer Ware hinzuweisen. Es sind vor allem Güte- und Prüfzeichen, mit denen die Waren versehen werden. Bei Textilien findet man außerdem Pflegekennzeichen. Gütezeichen sollen dem Verbraucher eine vorgeschriebene Qualität garantieren. Für die Vorgabe der Qualitätsanforderungen haben sich Gütegemeinschaften gebildet. Die Gütesicherung wird von verschiedenen Instituten überwacht.

Deutsches Institut für Gütesicherung und Kennzeichnung e.V.

Das Institut ist für die Anerkennung und Überwachung des Gütezeichens RAL (abgeleitet vom ursprünglichen Reichsausschuß für Lieferbedingungen und Gütesicherung) zuständig.

Deutsches Institut für Normung

Das Institut ist verantwortlich für DIN-Normen. Etwa 20000 DIN-Normen haben dazu beigetragen, die Typenvielfalt einzudämmen.

- genormte Waren: Schreibpapier, Hefte (z. B. Din A4), Schrauben, Nägel, Flaschen, Gläser, Artikel der Elektrotechnik und Elektronik
  - Das internationale Wollsiegel besitzt Weltgeltung. Es ist in über 100 Ländern als Warenzeichen geschützt. Nur mit dem Zusatz „reine" Schurwolle ist gewährleistet, daß keine bereits einmal verarbeitete Wolle verwendet wurde.
  - Gütezeichen für Normgerechte Werkzeuge aus bestgehärtetem Material (RAL)
  - Gütezeichen für ausgewählte Nahrungsmittel (CMN)

WOLLSIEGEL

REINE SCHURWOLLE

Gütezeichen Dreipilz RAL Deutsche Werkzeuge

GÜTEZEICHEN-RAL Marken-qualität aus deutschen Landen STÄNDIG NEUTRAL KONTROLLIERT

Weitere Institutionen der Gütesicherung und -überwachung:
- Verband Deutscher Elektrotechniker (VDE)
- Technischer Überwachungsverein (TÜV)
- Arbeitsgemeinschaft Pflegekennzeichen für Textilien
  Sie hat z. B. folgende Symbole festgelegt:

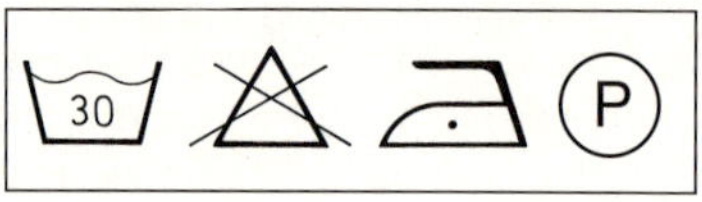

Waschen bei 30° C
keine chlorhaltigen Waschmittel verwenden
nicht heiß bügeln
chemisch reinigen mit Perchlorethylen

Prüfzeichen

Umweltzeichen. Das Zeichen verweist auf die Umweltverträglichkeit des Produkts. Es wird von einer Jury vergeben. Dieses Zeichen tragen u. a. Spraydosen ohne FCKW, Mehrwegflaschen, ausgewählte Papiersorten.

Umweltgütezeichen der EU. Dieses Zeichen wird nur für Produkte vergeben, die insgesamt umweltverträglich sind. Also nicht nur für die Verpackung. Der Inhalt muß biologisch abbaubar sein. Bei der Herstellung dürfen keine gefährlichen Abgase, Abwässer und Abfälle entstehen.

Geprüfte Sicherheit (GS). Die Hersteller technischer Geräte haben die Möglichkeit, freiwillige Überprüfungen ihrer Erzeugnisse durch amtliche Prüfer vornehmen zu lassen. Bei erfolgreicher Sicherheitsprüfung wird das Prüfzeichen GS vergeben.

Verbände und Institutionen der Verbraucherarbeit

Bundesweit und regional gibt es zahlreiche Arbeitsgemeinschaften, Vereine, Stiftungen u. a. m., die den Verbraucher informieren, beraten und auch rechtlich vertreten.

Die Arbeitsgemeinschaft der Verbraucherverbände (AgV)
Dachverband von etwa 40 Mitgliedsorganisationen

Stiftung Warentest Verbraucherschutzverein	Deutscher Hausfrauenbund Stiftung Verbraucherinstitut	Verbraucherzentrale Verbraucherinitiative

Arbeitsgemeinschaft Verbraucherverbände

Ist ein Zusammenschluß von Verbänden, Organisationen und Institutionen, die sich den Schutz und die Hilfe für den Verbraucher als Ziel gesetzt haben. Ihr gehören bundesweit sowohl die Verbraucherzentralen der alten und seit 1990 auch der neuen Bundesländer und zahlreiche andere Vereine und Stiftungen an.

Die vordringliche Aufgabe dieser Arbeitsgemeinschaft besteht darin, „sich bei den für die Gesetzgebung und Verwaltung zuständigen Stellen sowie behördlichen und privaten Wirtschaftorganisationen für die Interessen der Verbraucher (Verbraucherpolitik, Verbrauchervertretung) einzusetzen“. Zugleich fördert und koordiniert sie die Tätigkeit ihrer Mitgliederverbände und leistet eigene Beiträge zur Beratung und Information der Verbraucher, z. B. mit der monatlichen Herausgabe der „Verbraucher Rundschau“.

Sie informiert z. B. über solche Themen „Konsum will gelernt sein“, „Sparen, Kredit, Versicherungen in Europa“.

Stiftung Warentest

Die Stiftung Warentest verfolgt das Ziel, den Markt für den Verbraucher übersichtlich zu machen. Zu diesem Zweck werden Waren und Dienstleistungen verschiedener Anbieter nach objektivierbaren Kriterien (technische und ökonomische Parameter) verglichen und die Ergebnisse dieser Untersuchungen in der monatlich erscheinenden Zeitschrift „test" der Öffentlichkeit zugänglich gemacht. Darüber hinaus wird der sogenannte „test"-Kompaß in über 200 Zeitungen und Zeitschriften abgedruckt. Speziell zu Finanzproblemen, wie Geldanlagen, Versicherungen, Steuern u. a., gibt die Stiftung Warentest seit 1990 die Zeitschrift „Finanztest" heraus.

6

STIFTUNG WARENTEST test KOMPASS — **BODENSTAUBSAUGER**

test-Ausgabe 4/1993

	Mittlerer Preis in DM	Preis nach Markterhebung in DM	Saugeigenschaften	Technische Prüfung	Umweltverträglichkeit	Sicherheitsprüfung	Handhabung	test-Qualitätsurteil
Gewichtung			40 %	15 %	10 %	10 %	25 %	
AEG Vampyr 825 i Electronic	379,—	369,— bis 399,—	+	+	+	+	+	**gut**
AEG Vampyr 828 i Electronic	379,—		baugleich mit AEG Vampyr 825 i					**gut**
AEG Vampyr 821 i Electronic	379,—	349,— bis 379,—	+	+	+	+	+	**gut**
Fakir S 15 Super Electronic Art.-Nr. 2155003	398,—	359,— bis 449,—	+	++	+	++	+	**gut**
Quelle Privileg Best.-Nr. 065.206 1)	398,—		+	+	++	+	+	**gut**
Rowenta RS 550 S	398,—	370,— bis 399,—	+	++	+	+	+	**gut**
Moulinex Compact Metal 400 Auto Clean Art.-Nr. C99.2D	399,—		+	+	+	+	+	**gut**

Preis-Leistungs-Vergleich der Stiftung Warentest

Verbraucherschutzverein

Der Verbraucherschutzverein nimmt durch Aufklärung und Beratung die Interessen der Verbraucher wahr. Schwerpunkt seiner Tätigkeit ist die Bekämpfung von Verstößen gegen die allgemeinen Geschäftbedingungen. Bei irreführender Werbung, bei unrechtmäßigen Verträgen u. a. m. kann sich der Verbraucher an den Verein wenden, der gerichtlich gegen den Gesetzesverletzer vorgeht.

Deutscher Hausfrauenbund

Der Deutsche Hausfrauenbund vertritt die Interessen der Hausfrauen und der in der Hauswirtschaft Tätigen. Dabei geht es vor allem um Information, Beratung und Weiterbildung auf hauswirtschaftlichem und verbraucherpolitischem Gebiet sowie um die stärkere öffentliche Anerkennung der Hausfrauenarbeit.

Verbraucherinitiative

Die Verbraucherinitiative ist eine Organisation, die aus persönlichen Mitgliedern besteht, also kein Zusammenschluß von Verbänden und Institutionen. Der Schwerpunkt ihrer Arbeit ist der ökologische Verbraucherschutz. In Broschüren und Vorträgen informiert und berät die Verbraucherinitiative zu Themen wie „Gesunde Ernährung", „Umweltschutz", „Bio- und Gentechnologie". Die Verbraucherinitiative ist ein eingetragener Verein, der durch Mitgliedsbeiträge und Spenden finanziert wird.

Veröffentlichungen der Verbraucherverbände und -institutionen

Stiftung Verbraucherinstitut

Die Stiftung Verbraucherinstitut wurde gegründet, um Grundsätze, Modelle und Materialien für die Verbraucherbildung zu erarbeiten. Die Stiftung wendet sich nicht direkt an den Verbraucher, sondern an Führungskräfte und das Beratungspersonal der Verbraucherarbeit. Sie stellt diesem Personenkreis und auch Lehrern aller Schultypen Konzepte, Informationsmaterial sowie Lehr- und Lernmittel zur Verfügung.

Verbraucherzentrale

Die Verbraucherzentralen, die es in allen Bundesländern gibt, vertreten die Verbraucherinteressen auf Landesebene. Sie setzen sich für den Verbraucherschutz sowie für die wirksame Kontrolle und Durchsetzung bestehender Gesetze und Verordnungen ein. Jede Verbraucherzentrale unterhält örtliche Verbraucherberatungsstellen. An sie kann man sich wenden, wenn man sich über seine Rechte als Verbraucher informieren oder bei Kaufentscheidungen beraten lassen will.

KAUFVERHALTEN DER VERBRAUCHER

Arten des Kaufverhaltens

Impulsives Kaufen

Das Kaufverhalten wird durch Gefühle und momentane Stimmungen beherrscht. Man kauft, was gerade gefällt oder was im Angebot besonders günstig erscheint. Der Einkauf ist weder geplant noch gründlich überlegt. Im Extremfall kommt es beim Bummel durch mehrere Warenhäuser, zu Zeiten von Sonderkäufen (z. B. Winter- und Sommerschlußverkauf) oder wenn die Kataloge der Versandhäuser neu erscheinen zu einem regelrechten Kaufrausch. Dabei werden häufig Kleidungsstücke gekauft, die man nicht oder nur einmal anzieht bzw. es werden Gebrauchsgegenstände erworben, die man dann aber nicht benutzt.

Gewohnheitsmäßiges Kaufen

Das Kaufverhalten wird durch Tradition und Routine bestimmt. Man kauft, was man kennt und wo man immer kauft. Das gilt vor allem für Einkäufe, die wiederholt zu tätigen sind. Dieses Kaufverhalten spart Zeit und mindert das Risiko. Es wird meistens nur geändert, wenn man einen Reinfall erlebt hat.

Sozialabhängiges Kaufen

Damit ist ein Kaufverhalten gemeint, bei dem man sich maßgeblich nach anderen Personen richtet. Es werden Dinge gekauft, die andere auch haben. Sei es nun, um es ihnen gleich zu tun oder um sie zu übertrumpfen. Dieses Kaufverhalten ist in unserer Gesellschaft weit verbreitet und auch bei jugendlichen Verbrauchern zum Teil sehr ausgeprägt.

Rationales Kaufen

Kennzeichnend für dieses Kaufverhalten sind gründliches Überlegen und Abwägen. Man holt Informationen ein, vergleicht Preis, Qualität und Leistung und trifft dann die Kaufentscheidung. Besonders wichtig ist dieses Kaufverhalten bei größeren Anschaffungen. Einsparungen von mehreren hundert DM sind beim Kauf von Möbeln, Fernsehern, Radios, Waschmaschinen, Kühlschränken u. a. möglich, wenn man die Preise mehrerer Anbieter vorher vergleicht.

6

Bewußte Kaufentscheidung

Wer Geld sparen, gute Qualität haben und mit dem begrenzten finanziellen Mitteln möglichst viele Bedürfnisse befriedigen will, sollte nicht einfach drauflos kaufen, sondern muß die Kaufentscheidung gut vorbereiten bzw. bestimmte Regeln befolgen.

Informationen beschaffen

Eine wichtige Voraussetzung für bewußte Kaufentscheidungen besteht darin, einen Überblick über Angebote und Anbieter der gesuchten Ware zu besitzen. Bekanntlich gibt es in der Marktwirtschaft bei allen Erzeugnissen – von hochwertigen Konsumgütern bis zu Nahrungs- und Genußmitteln – mehrere Hersteller und Händler, was sich zum Teil in erheblichen Leistungs-, Qualitäts- und Preisunterschieden niederschlägt. Informationen liefern Tageszeitungen, Wirtschaftssendungen, Kataloge, Prospekte (womit hier nicht die Werbung gemeint ist).

Angebote vergleichen

Die eingeholten Informationen sind für die Kaufentscheidung nur von Nutzen, wenn die Angebote verglichen und kritisch bewertet werden. Dabei sollten folgende Faktoren Beachtung finden:

- Der Preis einer Ware allein ist nicht aussagefähig genug, um eine optimale Kaufentscheidung zu treffen. Vielmehr ist es notwendig, noch andere Parameter wie Leistung, Qualität, modische Aktualität in die Entscheidung einzubeziehen.
- Häufig fehlen die Zeit und auch die Erfahrung, um Angebotsvergleiche selbst verläßlich durchzuführen. Weitere Gründe können die verwirrende Vielfalt der Angebote und die fehlende Sachkenntnis des Verbrauchers sein. Hilfen bieten Zeitungen und vor allem Informationsmaterialien der Stiftung Warentest (z. B. „test“-Kompaß) oder der Verbraucherzentralen. ↗ S. 164

CD–Player
Berlin 19.10. – 23.10.1992

Artikel Typenbez.	Niedrigster Preis DM	Höchster Preis DM	Mittlerer Preis DM	Diff. % DM	Geschäftsname u.-anschrift (Billigster Anbieter)
PIONEER PD – 201	329,00	398,00	348,00	21 % 69,00	HERTIE, Quedlinburger Str., Hellersdorf Micha`s Hifi–TV, Hubertusstr. 7, Steglitz Radio-Rading, Rheinstr. 41, Steglitz KaDeWe, Tauentzienstr., Charlottenburg Conrad Electronic, Hasenheide 14-15, Neukölln Radio Firschke, Kottbusser Damm 95, Neukölln Fnac, Meinekestr. 20–24, Charlottenburg

– Bei technisch komplizierten Geräten sind die Leistungsparameter vom Laien nur schwer einzuschätzen. Es ist deshalb ratsam, fachmännischen Rat einzuholen. Den bekommt man im Fachgeschäft. Die Auskünfte werden sich natürlich nur auf die Firmenmarken beziehen, die in dem Geschäft gehandelt werden. Umfassendere Informationen sind in den Verbraucherinstitutionen zu bekommen.
– Bei Erzeugnissen, die vergleichsweise wenig kosten (Obst, Gemüse, Schokolade, Cola u. a.), sind von Geschäft zu Geschäft Preisunterschiede festzustellen. Hier muß man allerdings abwägen, ob Fahrtkosten und Zeitaufwand die Einsparungen beim Preis rechtfertigen. Wer erst mehrere Kilometer fährt, um eine Tafel Schokolade für 0,10 DM billiger zu kaufen, hat nicht gerade „ein gutes Geschäft" gemacht.

Entscheidung treffen

Die Beschaffung von Informationen, die Inanspruchnahme fachmännischer Beratung sowie der Vergleich unterschiedlicher Angebote nehmen dem Käufer die eigene Entscheidung nicht ab. Die gründliche Beschäftigung mit den verschiedenen Erzeugnissen und Anbietern zeigt nämlich, daß jedes Angebot günstige und weniger günstige Parameter aufweist.

Waschvollautomaten

Alle Geräte haben ein Fassungsvermögen von 5 kg, besitzen etwa die gleichen Abmessungen und haben eine Schleuderleistung von max. 1200 U/min. In die engere Wahl kamen vier Waschvollautomaten von unterschiedlichen Herstellern und Anbietern.

Erzeugnis	Verbrauch Wasser	Strom	Preis DM	Sonstiges
I	55 l	1,8 kWh	1 999,00	sehr leise
II	60 l	1,9 kWh	1 799,00	
III	75 l	2,0 kWh	1 399,00	
IV	53 l	1,8 kWh	1 899,00	3-Stufen-Einspülung

Wie soll man sich entscheiden? Aus der Sicht des Kaufpreises wäre dem Erzeugnis III der Vorrang zu geben. Die erzielte Einsparung wird aber mit der Zeit durch die höheren Wasser- und Stromkosten aufgezehrt. Besser ist sicher die Entscheidung für das Erzeugnis IV. Es liegt zwar vom Kaufpreis an zweiter Stelle, hat aber den niedrigsten Wasserverbrauch. Im Interesse der Umwelt sollte beim Kauf von Waschmaschinen und Waschautomaten der Wasser- und Energieverbrauch eine große Rolle spielen.

KAUFVERTRAG

Rechtliche Grundlagen

Der Abschluß eines Kaufvertrages und andere Rechtsgeschäfte setzen die Rechts- und Geschäftsfähigkeit der Vertragsschließenden voraus.

Rechtsfähigkeit

Darunter wird die Fähigkeit verstanden, Träger von Rechten und Pflichten zu sein, z. B. Erbrecht, Steuerpflicht. Die Rechtsfähigkeit beginnt mit der Geburt und endet mit dem Tod. Da ein Kleinkind aber nicht in der Lage ist, seine Rechte wahrzunehmen und seine Pflichten zu erfüllen, handelt an seiner Stelle der gesetzliche Vertreter. Das sind meistens die Eltern oder ein Vormund.

Geschäftsfähigkeit

Damit ist die Fähigkeit gemeint, Rechtsgeschäfte selbständig und mit voller Gültigkeit abzuschließen, z. B. Kaufvertrag, Mietvertrag. Die Geschäftsfähigkeit umfaßt 3 Stufen.

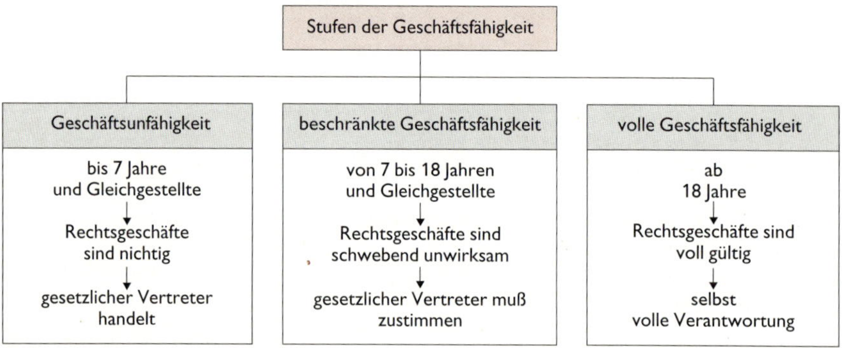

Geschäftsunfähig sind Kinder unter 7 Jahren oder ständig Geisteskranke.

■ Ein 5jähriger Junge kauft sich eine Kassette. Der Kaufvertrag ist ungültig (nichtig), da ein 5jähriger geschäftsunfähig ist.

Beschränkt geschäftsfähig sind Minderjährige zwischen 7 und 18 Jahren sowie Personen, die entmündigt wurden. Gründe können Geistesschwäche, Trunksucht, Rauschgiftabhängigkeit u. a. sein.

■ Ein 14jähriges Mädchen schließt ohne Wissen ihres gesetzlichen Vertreters einen Kaufvertrag ab. Dieses Geschäft ist schwebend unwirksam. Es wird nur nach Zustimmung der Eltern bzw. des Vormundes voll wirksam. In einigen Fällen können beschränkt Geschäftsfähige wie voll Geschäftsfähige handeln:
- Geschäfte, die mit dem Taschengeld bezahlt werden. Ausgenommen sind Ratenkäufe.
- Geschäfte, die nur rechtliche Vorteile bringen und mit keinen Verpflichtungen verbunden sind, wie das z. B. bei Geschenken der Fall ist.

Voll geschäftsfähig sind alle übrigen volljährigen Personen. Sie dürfen selbständig Rechtsgeschäfte abschließen und tragen für ihr Handeln die volle Verantwortung.

Zustandekommen eines Kaufvertrages

Übereinstimmende Willenserklärung

Ein Kaufvertrag kommt zustande, wenn
- ein Käufer eine Bestellung abgibt und diese durch den Verkäufer angenommen wird, oder
- ein Verkäufer ein Angebot unterbreitet, das vom Käufer angenommen wird.

Für den Abschluß eines Kaufvertrages müssen also zwei oder mehrere inhaltlich völlig übereinstimmende Willenserklärungen vorliegen. Das muß nicht unbedingt schriftlich erfolgen, denn wenn jemand z. B. beim Bäcker Brot kauft und damit den geforderten Preis akzeptiert, ist die inhaltlich völlig übereinstimmende Willenserklärung gegeben.

Inhalt eines Kaufvertrages

Unabhängig davon, ob ein Kaufvertrag mündlich oder schriftlich abgeschlossen wird, sollten nachfolgende Punkte genau vereinbart werden:
- Art, Güte und Beschaffenheit der Ware, z.B. genaue Bezeichnung des Artikels, Farbe, Größe
- Liefermenge
- Preis pro Mengeneinheit und Gesamtpreis
- Zahlungsbedingungen
  - Zahlungsart und Zahlungstermin
  - Rabatt, z. B. beim Kauf größerer Mengen
  - Skonto, z. B. bei Zahlung innerhalb einer festgelegten Frist
- Lieferbedingungen
  - Liefertermin
  - Transportkosten (↗ S. 81)

Pflichten der Vertragspartner

Pflichten des Verkäufers	Pflichten des Käufers
Einwandfreie und termingerechte Übergabe der Ware Verschaffung des Eigentums, z. B. die Übergabe entsprechender Dokumente (Kfz-Brief)	Abnahme der bestellten Ware, wenn die vereinbarten Bedingungen eingehalten werden Pünktliche Bezahlung des vertraglich festgelegten Preises

Abzahlungs-, Haustür- und Versandhausgeschäfte

Abzahlungsgeschäfte

Bei Abzahlungsgeschäften (Ratenkäufen) bezahlt der Käufer den Kaufpreis über einen längeren Zeitraum in Teilbeträgen. Der Vorteil solcher Geschäfte besteht in der sofortigen Nutzungsmöglichkeit der Ware, auch dann, wenn der Kaufpreis nicht sofort aufgebracht werden kann. Nachteilig wirken die längerfristige finanzielle Belastung sowie erhöhte Kosten durch Zinsen und Gebühren. ↗ Zinsen, S. 63

Im Abzahlungsvertrag, der schriftlich abzufassen ist und von dem der Käufer eine Durchschrift oder Kopie erhält, müssen festgelegt sein:

6

- der Barzahlungspreis,
- der Teilzahlungspreis,
- der Betrag, die Anzahl und die Fälligkeit der einzelnen Raten,
- die Angabe des effektiven Jahreszins,
- die Kosten einer Versicherung und
- der Eigentumsvorbehalt bzw. Kreditsicherheiten.

Haustürgeschäfte

Von Haustürgeschäften spricht man, wenn der Vertrag z. B. durch einen Werber
- in der privaten Wohnung (an der Haustür),
- am Arbeitsplatz,
- auf der Straße oder in öffentlichen Verkehrsmitteln,
- bei Veranstaltungen (Werbefahrt)

abgeschlossen wird.

Abzahlungs- und Haustürgeschäfte werden durch das Verbraucherkreditgesetz vom 1. 1. 1991 geregelt. Danach hat der Käufer das Recht, derartige Verträge innerhalb einer Woche schriftlich zu widerrufen.

> Diese Bestellung wird erst wirksam, wenn ich nicht innerhalb 1 Woche von heute an bei der für die Werbung verantwortliche Werbefirma
> Name der Firma, Anschrift
> schriftlich (zweckmäßigerweise per Einschreiben) widerrufe. Zur Wahrung der Frist genügt die rechtzeitige Absendung des Widerrufs.

6

Versandhausgeschäfte

Viele Einkäufe werden in der heutigen Zeit über den Versandhandel getätigt. Anhand des Katalogs wählt der Kunde das Gewünschte in Ruhe zu Hause aus, spart sich Lauferei und Zeit, indem er die Ware schriftlich oder telefonisch bestellt.

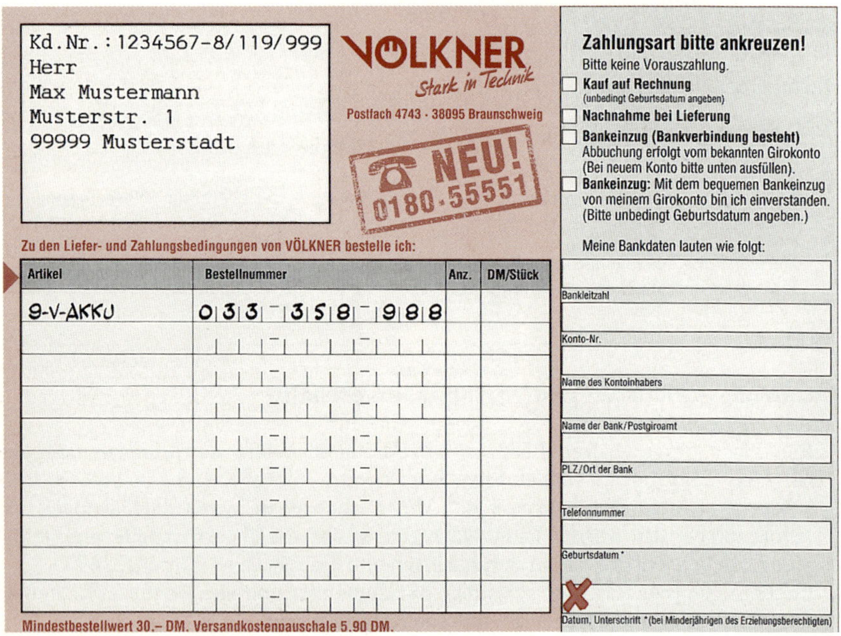

Die Art der Bezahlung der Ware kann weitestgehend selbst entschieden werden.
Da dem Käufer ein uneingeschränktes Rückgaberecht eingeräumt wird, was ebenfalls auf dem Verbraucherkreditgesetz beruht, kann er die Ware, wenn sie z. B. nicht paßt oder nicht gefällt, innerhalb von 14 Tagen zurücksenden.
Der Kauf beim Versandhandel hat aber nicht ausschließlich positive Seiten.

Ich zahle (bitte ankreuzen) ...
gegen Rechnung

1	innerhalb 14 Tagen nach Erhalt der Ware	9	in **9** Monatsbeträgen (ab 450,- DM)
3	in **3** Monatsbeträgen (ab 150,- DM)	12	in **12** Monatsbeträgen (ab 600,- DM)
6	in **6** Monatsbeträgen (ab 300,- DM)	0	in einem Betrag direkt an den Zusteller

Rückgaberecht: Wir garantieren Ihnen ein uneingeschränktes Rückgaberecht – 14 Tage lang nach Erhalt der Ware. Diese Frist wird gewahrt durch fristgerechtes Absenden Ihres schriftlichen Rücknahmeverlangens an die oben genannte Anschrift oder durch fristgerechtes Rücksenden postpaketfähiger Ware an uns. Der Kaufvertrag wird erst nach Ablauf der 14-tägigen Rückgabefrist wirksam.

Von der Bestellung der Ware bis zu ihrer Lieferung vergeht einige Zeit. Zahlreiche Versandhäuser haben durch den 24-Stunden-Service diese Zeit jetzt zwar wesentlich verkürzt, verlangen dafür aber einen entsprechenden Aufpreis. Die meisten Waren sind – die Versandkosten eingerechnet – ohnehin etwas teurer. Schließlich fällt die gelieferte Ware nicht immer so gut aus, wie es im Katalog den Anschein hatte.

Störungen bei der Kaufvertragserfüllung

6

Die Nichteinhaltung der in einem abgeschlossenen Kaufvertrag festgelegten Verpflichtungen werden als Kaufvertragsstörungen bezeichnet. Sie können durch beide Vertragspartner verursacht werden.

Mangelhafte Lieferung

Liegt vor, wenn keine einwandfreie Ware geliefert wurde. Der Käufer muß die Ware prüfen und Mängel dem Lieferer schriftlich mitteilen. Je nach Mangel kann der Käufer wahlweise verlangen:

- Wandlung, d. h. Rückgängigmachen des Kaufvertrages;
- Minderung, d. h. Herabsetzung des Kaufpreises;
- Ersatzlieferung, d. h. Umtausch der Ware;
- Nachbesserung, d. h. Reparatur der Ware;
- Schadensersatz, wenn die zugesicherten Eigenschaften fehlen, Abweichungen vom Muster vorliegen, der Käufer arglistig getäuscht wurde.

Lieferverzug

Liegt vor, wenn der Verkäufer trotz Fälligkeit der Ware und Mahnung schuldhaft nicht liefern kann. Wurde ein genauer Termin vereinbart (Geburtstag, Hochzeitstag oder anderes), gerät der Verkäufer sofort in Lieferverzug. Auch bei dieser Art der Kaufvertragsstörung kann der Käufer vom Kaufvertrag zurücktreten oder Schadensersatz verlangen.

Zahlungsverzug

Zahlt der Käufer den vereinbarten Kaufpreis nicht oder nicht rechtzeitig, so gerät er in Zahlungsverzug. Dieser tritt an dem Tag ein, an dem der Betrag spätestens zu bezahlen war. Ist der Zahlungstermin nicht genau festgelegt, muß der Verkäufer

(Gläubiger) den Käufer (Schuldner) mahnen. Der Verkäufer hat wahlweise folgende Rechte, wenn der Käufer nicht bezahlt:
- die Forderung von Verzugszinsen,
- das Zurückfordern der Ware und das eventuelle Verlangen eines Schadensersatzes,
- das gerichtliche Vorgehen gegen den Schuldner.

Zunächst wird der Verkäufer sicher versuchen, sich mit dem Käufer gütlich zu einigen. Gelingt das nicht, so wird er das zuständige Gericht einschalten. Es folgt dann ein Mahnbescheid seitens des Gerichts. Bezahlt der Schuldner, so ist die Angelegenheit damit erledigt. Bezahlt er aber weiterhin nicht, so erläßt das Gericht einen Vollstreckungsbescheid. Wird auch dieser nicht befolgt, dann führt der Gerichtsvollzieher die Zwangsvollstreckung durch, d. h. er pfändet.

Wirtschaften im privaten Haushalt

HAUSHALT UND HAUSHALTSFÜHRUNG

Privater Haushalt

Einordnung

Der Begriff Haushalt wird in verschiedenen Zusammenhängen gebraucht. Man unterscheidet öffentliche (Staatshaushalt, Haushalt der Kommune u. a.) und private Haushalte. Eine spezifische Form sind Anstaltshaushalte, wie Kinderheime, SOS-Kinderdörfer, Heilanstalten u. a.).

Begriffsbestimmung

Der private Haushalt ist eine Lebens-, Wohn-, Konsum- und Wirtschaftseinheit, in der ein einzelner Mensch, meistens aber eine Gruppe von Menschen (z. B. eine Familie) lebt. In der Landwirtschaft und im Handwerk ist der Haushalt darüber hinaus manchmal auch noch Produktionseinheit, weil die Haushaltsmitglieder Produkte herstellen. Der Haushalt bietet seinen Mitgliedern Unterkunft und lebenswichtige Einrichtungen zum Kochen, Essen, Waschen, Schlafen und zur Entspannung. Die benötigten finanziellen Mittel werden von einem oder mehreren Haushaltsmitgliedern erwirtschaftet.

Merkmale

Viele Leistungen des privaten Haushalts, wie z. B. waschen, putzen, nähen und kochen, werden auch von gewerblichen Unternehmen angeboten. Wohnen, schlafen und essen kann man auch in einem Hotel. Kennzeichnend für den privaten Haushalt ist jedoch sein individueller und privater Charakter.

Aufgaben

Die Aufgaben des privaten Haushalts lassen sich wie folgt zusammenfassen:

- Regeneration der körperlichen und geistigen Kräfte
  Der Hauhalt ist in der Regel der Ort, wo man sich ausruht, entspannt und damit neue Kraft für die Arbeit, die Schule und andere Aufgabenbereiche sammelt.
- Befriedigung materieller und geistig-kultureller Bedürfnisse
  Im Haushalt werden lebenswichtige Bedürfnisse befriedigt. Dort erfolgt ein großer Teil der individuellen Versorgung.
- Sozialisation der heranwachsenden Generation
  Kinder und Jugendliche wachsen im Haushalt heran. Sie werden mit Werten und Normen vertraut gemacht, lernen selbständig zu werden und sich in die Gesellschaft einzufügen.
- Bewahrung von Traditionen
  Haushalte bewahren bestimmte Traditionen und Bräuche und entwickeln Formen von Wohnkultur, Eßkultur u. a.

Haushaltarten und -größen

Je nach Anzahl der im Haushalt lebenden Personen wird zwischen 1-Personen-, 2-Personen-, 3-Personen- usw. Haushalt unterschieden. Der Haushalt umfaßt in der Regel die Eltern und die Kinder. Aber auch andere Personen (z. B. Verwandte) gehören zum Haushalt, wenn sie in die Lebens-, Wohn-, Konsum- und Wirtschaftseinheit integriert sind.

In Deutschland ist heute im Gegensatz zu früher die Kleinfamilie typisch. Stark zugenommen haben in den letzten Jahren die 1-Personen-Haushalte.

Haushalttypen

Bei statistischen Betrachtungen ist häufig von Haushalttypen 1 bis 3 die Rede. Damit ist folgende Einteilung gemeint:

Haushalttyp 1	Haushalttyp 2	Haushalttyp 3
2-Personen-Haushalt mit geringem Einkommen	4-Personen-Arbeitnehmerhaushalt mit mittlerem Einkommen des Ehemanns	4-Personen-Haushalt von Beamten und Angestellten mit höherem Einkommen

Haushaltsführung

Ziele

In einem Haushalt geht es in erster Linie darum, daß seine Mitglieder gut versorgt werden, Entspannung und Erholung finden, ihren Interessen und Neigungen nachgehen können sowie sich wohl und geborgen fühlen.

Das alles ergibt sich nicht von allein, sondern erfordert gute Haushaltsführung und -organisation.

Aufgabenbereiche

Die Führung eines Haushalts ist eine komplexe und anspruchvolle Aufgabe, die Fähigkeiten, Fertigkeiten, Einsatzbereitschaft und viel Zeit erfordert.

Zur Haushaltsführung gehören u. a.:
- Sicherung und Verwaltung des Haushaltseinkommens,
- Beschaffung und Zubereitung von Nahrung,
- Wohnungsplanung, -gestaltung und -pflege,
- Kauf und Pflege von Gebrauchsgütern und Kleidung,
- Gestaltung des Zusammenlebens und der Freizeit,
- Förderung von Umweltbewußtsein und gesunder Lebensweise,
- Vorsorge für Notfälle treffen.

Voraussetzungen zur Haushaltsführung

Die umfangreichen und sehr unterschiedlichen Aufgaben der Haushaltsführung stellen hohe Anforderungen an das Wissen und Können. Haushaltsführung muß man deshalb lernen. Aus diesem Grunde wird es auch als Unterrichtsfach in der Schule angeboten. Man muß z. B. in der Lage sein,
- vorausschauend zu denken und zu handeln,
- Ziele festzulegen und konsequent zu verwirklichen,

- die Haushaltmittel zweckmäßig und sparsam einzusetzen,
- Informationen einzuholen, Realisierungsmöglichkeiten zu entwickeln und Entscheidungen zu treffen,
- Verantwortung zu tragen.

Hausarbeit

Die Hausarbeit ist der umfangreichste und aufwendigste Teil der Haushaltsführung. In einem 4-Personen-Haushalt erfordert sie etwa soviel Zeit, wie ein Erwerbstätiger an seinem Arbeitsplatz tätig ist. Natürlich ist der tatsächliche Aufwand für diesen Aufgabenbereich von Haushalt zu Haushalt verschieden. Das hängt z. B. davon ab, wie groß die Wohnung ist, mit welchem Aufwand gekocht, geputzt und gewaschen wird, ob auf Fertiggerichte zurückgegriffen wird und welche Haushaltgeräte eingesetzt werden.

Hausfrau - Hausmann. Die Führung des Haushalts obliegt meistens noch der Frau (Hausfrau), wird aber heute auch zunehmend vom Mann (Hausmann) wahrgenommen. Wichtig für einen gut funktionierenden Haushalt ist jedoch, daß alle Mitglieder sich an der Gestaltung des häuslichen Bereichs beteiligen, zum harmonischen Zusammenleben beitragen und auch bestimmte Aufgaben und Pflichten erfüllen. Die Beteiligung an der Hausarbeit ist vor allem dann unerläßlich, wenn derjenige, der den Haushalt führt, selbst erwerbstätig ist.

Planvolle Haushaltsführung. Durch eine gut durchdachte und geplante Haushaltsführung lassen sich die anfallenden Aufgaben zeit-, kraft- und geldsparend bewältigen. Gute Haushaltsführung trägt dazu bei, mit den vorhandenen Mitteln möglichst viele Bedürfnisse zu befriedigen. Sie sorgt für geregelte Tagesabläufe, klar bestimmte Aufgabenzuweisungen und regt die Haushaltmitglieder zur Mitverantwortung an. Bei planvoller Haushaltführung können die Mitglieder des Haushalts ihre Lebensvorstellungen ausgewogen verwirklichen.

Langfristige Planung. Im Haushalt gibt es eine Vielzahl immer wiederkehrender Aufgaben. Darunter sind solche, die täglich anfallen und andere, die nur in mehr oder weniger langen Zeitabständen zu erledigen sind. Dies ist eine gute Grundlage für die Planung, wenn man sich dieser Aufgaben bewußt ist und sie übersichtlich festhält.

Regelmäßig wiederkehrende Aufgaben im Haushalt				
täglich	kurzfristig verschiebbar	wöchentlich	termingebunden/ saisonbedingt	2 bis 3 mal jährlich
– Abwaschen – Abtrocknen – Essen einkaufen und zubereiten	– Wäsche bügeln – Staubsaugen – Staubwischen – Fenster putzen	– Großeinkauf – Wohnung aufräumen	– Mülleimer für Müllabfuhr – Sperrmüll – Sondermüll – Vorratshaltung – Gartenarbeit	– Gardinen waschen – Keller und Garage aufräumen

7

Wochenplanung. Für die Haushaltmitglieder hat stets die berufliche Arbeitszeit den Vorrang. Bei Kindern und Jugendlichen ist es die Schul- bzw. Ausbildungszeit. Erst die verbleibende Zeit kann für Hausarbeit, gesellschaftliche Verpflichtungen und für Freizeit verwendet werden.

■ In einem 3-Personen-Haushalt ist der Vater ganztags und die Mutter halbtags berufstätig. Die 12jährige Tochter besucht die Gesamtschule. Die übersichtliche Darstellung der sich daraus ergebenden zeitlichen Verpflichtungen machen deutlich, welche Zeiten für Hausarbeiten und Freizeit zur Verfügung stehen.

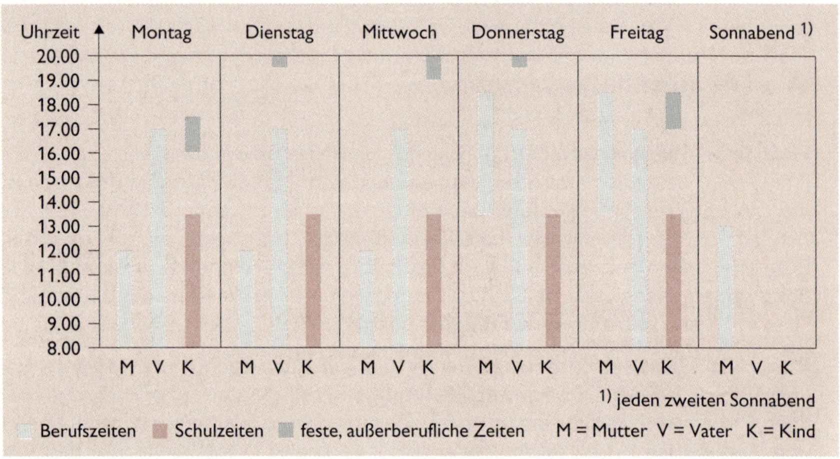

Organisation der Hausarbeit mit Hilfe eines Zeitplanes

Stellenwert der Hausarbeit

Wenngleich der Erwerbstätigkeit bzw. der Schule oder Ausbildung der Vorrang gebührt, ist die Hausarbeit in mehrfacher Hinsicht nicht zu unterschätzen. Einmal erfordert sie viel Zeit und schafft zum anderen beträchtliche Werte. So haben z. B. die täglich in den privaten Haushalten hergestellten Mahlzeiten in Geld ausgedrückt einen höheren Wert als alle in Gaststätten, Restaurants und dgl. verkauften Speisen. Enorme Werte verkörpert auch all das, was durch Heimwerkertätigkeit (z. B. Malerarbeiten, Reparaturen) entsteht. Auch was an Dienstleistungen in privaten Haushalten erbracht wird, übertrifft die Leistungen entsprechender Unternehmen bei weitem.
↗ Private Haushalte, S. 11
Leider wird die Hausarbeit von vielen noch immer unterschätzt, was sich u. a. in Äußerungen wie „das bißchen Hausarbeit“, „das ist Frauensache“, „das ist notwendiges Übel und keine richtige Arbeit“ usw. ausdrückt.

RATIONALISIERUNG DER HAUSARBEIT

Überblick

Die Arbeit im Haushalt hat in den letzten Jahrzehnten einen starken Wandel erfahren. Für die meisten Hausarbeiten gibt es heute technische Geräte, die die Arbeit nicht nur erleichtern, sondern auch Zeit sparen. Halbfertige bzw. fertige Gerichte verringern die Zeit beim Kochen und Backen oder machen dies ganz überflüssig. Die Wäsche kann man in eine Wäscherei geben und auch für das Putzen Fremdleistungen in Anspruch nehmen. Ein rationeller Bewegungsablauf bei der Hausarbeit, eine kraftsparende Körperhaltung oder die zweckmäßig eingerichtete Küche, können auch wesentliche Arbeitserleichterungen bringen.

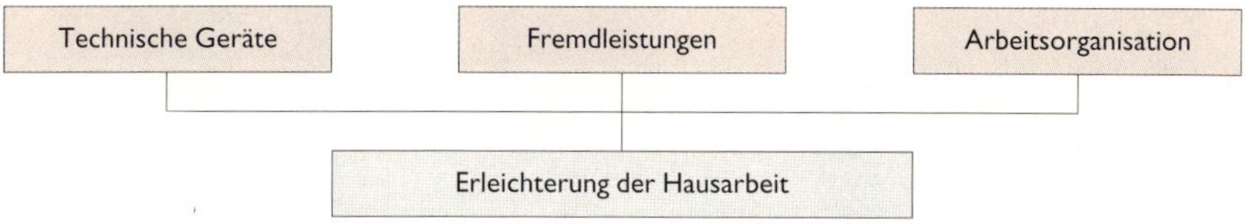

Einsatz technischer Geräte

Geräteangebot

Heute findet man kaum noch einen Bereich im Haushalt, für den es keine Maschinen und technische Geräte gibt.

Nahrungszubereitung	Küchenmaschine, Allesschneider, Tee-/Kaffeeautomat, Eierkocher, Toaster, Mixer, Mikrowelle, Schnellkochtopf, Küchenherd mit zahlreichen automatischen Funktionen
Nahrungsaufbewahrung	Kühl- und Gefrierschrank
Wäschepflege	Waschmaschine/Waschautomat/Wäschetrockner, Dampfbügeleisen, Bügelmaschine, Wäschemangel
Möbel- und Bodenpflege	Staubsauger
Nähen/Ausbessern/Stricken	Nähmaschine, Strickmaschine

Arbeitsentlastung und -erleichterung

Der Einsatz von Maschinen und technischen Geräten im Haushalt befreit den Menschen von vielen Arbeiten oder erleichtert diese. So muß z. B. bei der Benutzung eines Geschirrspülers das Geschirr nur noch in das Gerät und später in den Schrank gestellt werden. Das Abwaschen und Abtrocknen entfällt. Der gesamte Vorgang läuft ohne menschliches Zutun ab, denn die Steuerung erfolgt elektronisch. Der Mensch kann während dieser Zeit etwas anderes tun, er braucht nicht ständig aufpassen, denn das Gerät schaltet nach Beendigung des Vorgangs automatisch ab.

Der Wandel in bestimmten Bereichen der Hausarbeit zeigt sich besonders deutlich am Beispiel der Wäschepflege.

- Unsere Urgroßmutter hatte als einziges Hilfsmittel das Waschbrett, über das sie mit hohem Kraftaufwand die Wäsche hin und her rubbeln mußte. Die Wäsche in den Kessel geben, nach dem Kochen heiß und naß herausnehmen, von Hand waschen, spülen und auswringen und schließlich zum Trocknen auf die Leine hängen, war körperlich schwere, zeitaufwendige Arbeit.

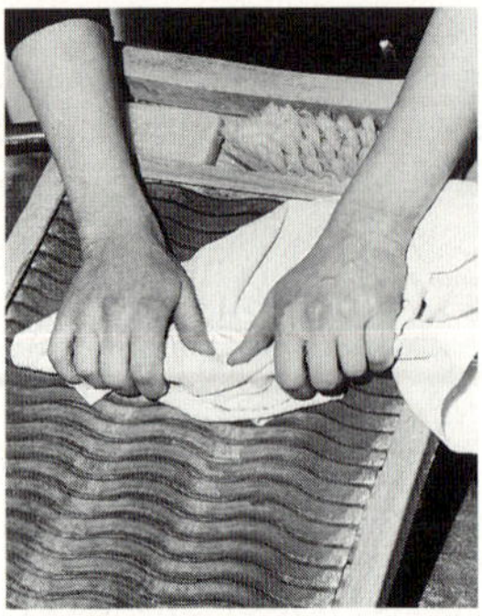
Waschen mit Waschbrett

Waschmaschine aus Holz

Waschautomat

Die Waschmaschine in Form eines Holzbottichs, in der ein „Quirl" – von Hand und später von einem Motor angetrieben – die Wäsche in der Waschlauge hin und her bewegt und die manuelle Wringmaschine brachten erste spürbare Arbeitserleichterungen.
Der Durchbruch wurde mit den elektrisch betriebenen Waschmaschinen erzielt, so wie wir sie heute noch kennen. Dazu kam zunächst die separate, später die integrierte Wäscheschleuder. Heute benutzen viele Haushalte bereits die Wasch-Trocken-Automaten. Nur die schmutzige Wäsche hineingeben und später trocken herausnehmen, ist von der einst mühevollen Arbeit übriggeblieben.

7 Ausstattung mit Geräten

Vom Entwicklungsstand und von dem riesigen Angebot an Maschinen und Geräten her betrachtet, wäre eine weitestgehende Technisierung des Haushalts möglich. Es fragt sich jedoch, inwieweit das notwendig und sinnvoll ist. Deshalb sollten vor der Anschaffung vor allem die Kosten (Anschaffungs- und Betriebskosten), die mögliche Auslastung (Größe der Wohnung und der Familie) sowie die Belastung der Umwelt gründlich bedacht werden.

Anschaffungskosten. Die Kosten für die Anschaffung von Haushaltgeräten sind in Abhängigkeit vom technischen Niveau und Leistungsvermögen sehr unterschiedlich. Neueste Entwicklungen mit vielen technischen Raffinessen sind erheblich teurer, als herkömmliche Geräte.

■ Einfacher Herd
- 4 gußeiserne Kochplatten, davon eine Blitzkochplatte
- emaillierte Kochmulde
- beleuchteter Backofen, Ober- und Unterhitze, Sichtfenster
- einfachste Bedienung

Preis: etwa 500,00 DM

Moderner Elektroherd
- Glaskeramik-Kochfeld mit 4 Kochzonen, einschließlich Blitzkoch- und Brätzone
- Restwärmeanzeige
- Backofen: Ober-/Unterhitze, Heißluft
- Umluftgrill
- Zeitschaltautomatik
- katalytische Selbstreinigung
- kompliziertere Bedienung

Preis: ab 2500,00 DM

Dazwischen gibt es bezüglich Ausstattung und Preis eine Vielzahl anderer Angebote.

Die Kaufentscheidung ist immer im Einzelfall zu treffen. Eine wichtige Rolle spielt dabei, wieviel und wie oft gekocht und gebacken wird, ob man sich Zeit nehmen kann oder nicht, welche Funktionen und technischen Raffinessen den eigenen Ansprüchen entsprechen und natürlich die finanzielle Situation. ↗ Kaufentscheidung, S. 166

Auslastung der Technik. Vor dem Kauf eines neuen Gerätes sollte unbedingt bedacht werden, ob seine Leistungsfähigkeit den im Haushalt anfallenden Arbeiten angemessen ist.
Küchenmaschinen sind z. B. bei der Nahrungszubereitung eine große Hilfe. Mit ihnen kann man mixen, raspeln, reiben, zerkleinern, rühren und kneten. Die am weitesten entwickelten sind mit elektronischer Steuerung ausgerüstet. Sie kosten aber auch 200,00 bis 300,00 DM. Wer viel vorgefertigte Nahrungsmittel verwendet, Schlagsahne in der Sprühdose kauft, den Orangensaft nicht selbst auspreßt und nur selten Kuchen bäckt, der wird eine solche Maschine wenig nutzen. Gibt es doch einmal etwas zu zerkleinern oder zu mixen, dann reicht auch ein Schnellzerkleinerer zum Preis von etwa 50,00 DM.
Ähnliche Überlegungen sollten auch vor dem Kauf einer Waschmaschine, eines Geschirrspülers oder einer Kühl-Gefrier-Kombination bezüglich ihres Fassungsvermögens angestellt werden.

Umweltbelastung. Beim Kauf von Waschmaschinen, Geschirrspülern, Kühl- und Gefrierschränken u. a. gewinnen Fragen der Umweltbelastung immer mehr an Bedeutung.
Wer einen Kühl- oder Gefrierschrank kauft, achtet sicher darauf, daß er frei von FCKM und FKW ist. Bei Waschmaschinen und Geschirrspülern findet niedriger Wasser- und Energieverbrauch immer stärkere Beachtung. Das ist nicht nur gut für den eigenen Geldbeutel, sondern schont auch die Umwelt. Auf längere Zeit macht es einen beträchtlichen Unterschied, ob vergleichbare Waschmaschinen 62 oder 70 Liter Wasser verbrauchen. Anbieter machen mit dem „ÖKO-Aufkleber" auf sparsamen Wasser- und Stromverbrauch aufmerksam.

ÖKO
weil sparsam im Energieverbrauch
nur 0,73 kWh/24 Std.

FCKW-frei
FKW frei

ÖKO
weil sparsam im Wasserverbrauch nur 62 Liter

Stromverbrauch nur 1,8 kWh

Fremdleistungen

Überblick

Fremdleistungen tragen wesentlich zur Einsparung und Erleichterung von Hausarbeit bei. Ursprünglich im Haushalt zu erledigende Arbeiten (z. B. Gemüse putzen, Essen kochen, Kuchen backen) übernimmt die Lebensmittelindustrie oder das Dienstleistungsgewerbe. Wäsche kann man in eine Wäscherei oder Reinigung geben, Fenster putzen lassen. Was und wieviel von dem breiten Angebot in Anspruch genommen wird, muß jeder selbst entscheiden und vor allem auch bezahlen können. Jede Fremdleistung hat ihren Preis.

Halbfertige und fertige Gerichte

Halbfertige Gerichte, wie Obst, Gemüse und andere Lebensmittel sind soweit vorbereitet, daß sie nur noch gekocht oder gebraten und je nach Geschmack gewürzt werden müssen. Das aufwendige Putzen, Schälen, Zerkleinern usw. entfällt. Kuchen muß nur noch fertig gebacken werden, der Teig ist zubereitet, vorgebacken und

Beispiele für halbfertige Gerichte und Fertiggerichte

Fertiggerichte sind soweit zubereitet, daß sie vor dem Verzehr nur noch erwärmt (z. B. Eintöpfe), in der Mikrowelle erhitzt (z. B. Menüs) oder aufgetaut (z. B. Sahnetorten) werden.
Fertiggerichte bringen beträchtliche Arbeits- und Zeiteinsparungen für den Haushalt. Sie sind aber teurer als halbfertige oder selbst zubereitete Speisen. Fertiggerichte sind auch nicht jedermanns Geschmack.

7

Dienstleistungen

Zur Einsparung von Hausarbeit bieten zahlreiche Gewerbe Dienstleistungen an. Wäschereien holen die schmutzige Wäsche ab und liefern sie schrankfertig wieder. Firmen säubern Wohnungen und Geschäftsräume, putzen Fenster u. a. m.
Für die Party oder Familienfeiern kann man nicht nur kalte oder warme Buffets bestellen, sondern bekommt auf Wunsch auch Gläser, Geschirr, Bestecke, Tischschmuck und Personal zur Bedienung. Die Buffets sind fachmännisch vorbereitet und gestaltet, aber auch entsprechend teuer. Wer mehr die persönliche Note liebt, bereitet alles selbst vor. Das ist zwar billiger, aber mit einem enormen Zeitaufwand verbunden. Dazu gehört auch eine Menge Geschick.

Haushaltshilfen

Zur Erledigung häuslicher Arbeiten, wie Reinigen der Wohnung, Putzen der Fenster, Einkaufen, das Baby versorgen u. a. m., können Personen herangezogen werden, die diese Arbeiten gegen Bezahlung erledigen. Solche Haushaltshilfen werden vor allem bei großen, aufwendigen Haushalten, starker beruflicher Belastung, Krankheit, körperlichen Gebrechen und hohem Alter in Anspruch genommen.
Auch hier gilt: Manches würde man selbst vielleicht etwas anders machen, und man muß es sich finanziell leisten können.

PARTY-SERVICE
Delicatessen aus aller Herren Länder auf Platten geschmackvoll angerichtet. Direkt zu Ihnen auf den Tisch!

Kinder aller Altersgruppen werden von 2 Pädagigikstudenntinnen stundenweise zu Hause betreut.

Änderungsschneiderei
morgens gebracht – abends gemacht!

Fensterputzen
mit Rahmen und auf Wunsch mit Gardinenwaschen sowie Teppich-, Büro-, Praxis u. Treppenhausreinigung. Preiswert und zuverlässig!

Fremdleistungen – Pro und Contra

Pro	Contra
– sparen viel Zeit und Arbeit im Haushalt – sind sehr bequem – schaffen mehr Zeit für Beruf und Hobby – eigenes Können reicht nicht, der Fachmann kann es besser	– sind teuer – ihre Qualität genügt nicht dem eigenen Anspruch – der individuelle Charakter des Haushalts geht verloren

Arbeitsorganisation

Zeit und Kraft können bei der Hausarbeit gespart werden, wenn die Arbeitsabläufe gut organisiert, unnütze Wege vermieden und kraftsparende Körperhaltungen eingenommen werden.

Arbeitsabläufe planen

In einem Haushalt sind viele Aufgaben zu erledigen, bei denen man Zeit und überflüssige Wege spart, wenn der Arbeitsablauf gut geplant und vorbereitet wurde.
Die Zubereitung einer Mahlzeit zum Beispiel erfordert Zutaten, Arbeitsmittel, eine abgestimmte Reihenfolge bestimmter Arbeitsschritte und einen Zeitplan. Wer unüberlegt drauflos arbeitet, sich Stück für Stück holt, wenn er es gerade braucht und nicht bedenkt, wie lange etwas kocht oder brät, hetzt manchmal hin und her und muß dann wieder warten, bis ein Vorgang abgeschlossen ist. Ein Arbeitsablaufplan ist deshalb eine nützliche Hilfe.

■ Pfannkuchen mit Heidelbeerfüllung backen

1. Rezept lesen
2. Arbeitsgeräte zusammenholenund am Arbeitsplatz abstellen
3. Zutaten holen
4. Zutaten abwiegen und abmessen
5. Teig einrühren
6. Herd anstellen
7. Pfanne einfetten und erhitzen
8. Teig in die Pfanne geben
9. Pfannkuchen backen

Arbeitsplatzgestaltung

Viel Arbeit ist in der Küche zu erledigen, sie ist deshalb der wichtigste Arbeitsplatz im Haushalt. Ihre zweckmäßige Einrichtung kann verhindern, daß mehr hin und her gelaufen werden muß, als unbedingt notwendig ist. Arbeitstisch, Herd und Spüle sollten nach Möglichkeit dicht nebeneinander stehen, denn sie werden am häufigsten benötigt.
Bei der Einrichtung der Schränke lassen sich auch längere Wegstrecken vermeiden, wenn das, was am häufigsten gebraucht wird (Töpfe, Pfannen, Schüsseln, Gewürze u. a.) in der Nähe des Arbeitsplatzes untergebracht ist. Das mag als geringfügige Einsparung erscheinen. Das ist es nur für denjenigen, der nur hin und wieder Küchenarbeit verrichtet.

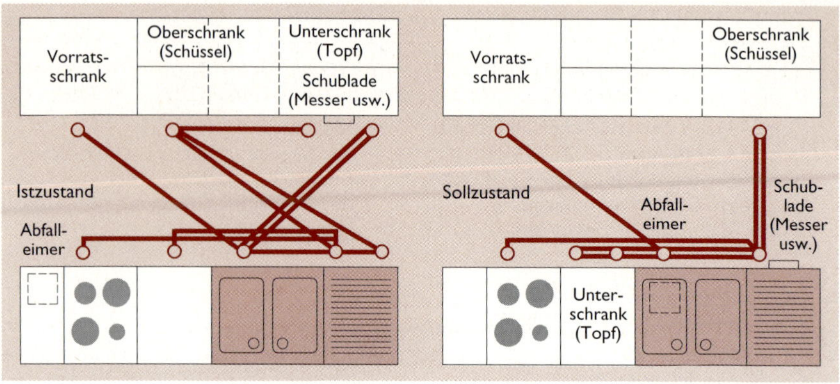

Zwei Varianten von Kücheneinrichtungen

Ordnung am Arbeitsplatz

Ordnung ist in der Küche genauso wichtig wie an jedem anderen Arbeitsplatz. Das erspart das Suchen nach Arbeitsmitteln, Vorräten und dergleichen und damit Zeit. Ordnung ist zugleich auch für die Sicherheit bei der Arbeit wichtig. Immer wieder werden Unfälle durch Unordnung verursacht.

EINNAHMEN UND AUSGABEN IM PRIVATEN HAUSHALT

7

Haushaltseinkommen

Begriffsbestimmung

Zur Erfüllung seiner Aufgaben benötigt jeder Haushalt Einnahmen, auch Einkommen genannt. Das Haushaltseinkommen kann aus Geld und/oder Naturalien bestehen.
Geldeinkommen ist die häufigste Form des Haushaltseinkommens.
Naturaleinkommen ist heute nur noch selten und in wenigen Branchen (z. B. Landwirtschaft, Bergbau) anzutreffen.

Einkommensquellen

Für die Mehrzahl der Haushalte ist das Entgelt für die Erwerbstätigkeit die Haupteinnahmequelle. Formen können sein:

Lohn (Arbeiter, Handwerker)
Gehalt (Angestellte, Beamte)
Honorar (Ärzte, Rechtsanwälte)
Gage (Schauspieler)
Provision (Vertreter)
Gewinn, Ertrag (Unternehmer, Landwirte)

Weitere mögliche Geldeinnahmequellen sind:
- Einkommen aus staatlichen Sozialleistungen und gesetzlicher Rente
  z. B. Kindergeld, Arbeitslosengeld, Arbeitslosenhilfe, Wohngeld, Sozialhilfe, Rente
- Besitzeinkommen
  z. B. Kapitalzinsen, Einnahmen aus Miete und Pacht, Dividende durch Aktien, Grund- und Bodenrente
- Naturaleinkommen
  z. B. Kohle für Beschäftigte im Kohlebergbau, Agrarprodukte in der Landwirtschaft oder Getränke in Brauereien, die zum Arbeitslohn dazu kommen

Einkommensverteilung

Die Einkommen der Haushalte sind nicht gleich hoch. Den Haushalten fließen vielmehr je nach Stellung der Haushaltsmitglieder im Beruf, der allgemeinen wirtschaftlichen Lage, der Größe des Haushalts (mit oder ohne Kinder), der Höhe des ertragbringenden Vermögens und der Zahl der erwerbstätigen Haushaltsmitglieder Einkommen in sehr unterschiedlicher Höhe zu.

Die Verteilung der Einkommen ist ein Gegenstand gesellschaftspolitischer Auseinandersetzungen. Ein Beispiel sind die Tarifverhandlungen zwischen Arbeitnehmern und Arbeitgebern.

Nettoeinkommen (in DM) 1993	Privathaushalte (1000) Anzahl der Person(en) im Haushalt		
	1	2	3 und mehr
unter 1000,00	1 941	157	58
1000,00 bis 1800,00	4 125	1 038	350
1800,00 bis 2 500,00	3 131	2 200	969
2 500,00 bis 3 000,00	1 031	1 509	1 207
3 000,00 bis 4 000,00	887	2 309	2 757
4 000,00 bis 5 000,00	325	1 522	2 245
5 000,00 bis 7 500,00	198	1 271	2 534
7 500,00 und mehr	86	474	986

Verfügbares Einkommen

Bei Vergleichen des Einkommens ist zu beachten, ob es sich um das Brutto- oder Nettoeinkommen handelt. Im Bruttoeinkommen sind noch die Steuern (z. B. Lohn- und Kirchensteuern) und der Arbeitnehmeranteil zur Sozialversicherung (z. B. Beiträge zur Kranken- und Arbeitslosenversicherung) enthalten. Nach Abzug der Steuern und Beiträge und zuzüglich von Transferzahlungen (z. B. Kindergeld, Renten) ergibt sich das verfügbare Einkommen. 7

Nettoeinkommen der privaten Haushalte 1992. Die folgende Tabelle zeigt, wie sich das Nettoeinkommen auf die privaten Haushalte in Deutschland – unterschieden nach der sozialen Stellung – verteilte.

von … bis unter … DM	Erwerbstätige insgesamt	Selbständige	Beamte, Richter in %	Angestellte	Arbeiter
unter 600,00	7,1	5,0	7,0	6,0	8,8
600,00 bis 1 000,00	8,7	5,5	2,3	9,5	9,5
1 000,00 bis 1 800,00	25,5	15,3	8,8	26,7	28,7
1 800,00 bis 2200,00	15,2	9,4	9,4	14,7	18,0
2200,00 bis 3000,00	22,9	17,5	23,4	20,2	26,9
3 000,00 und mehr	20,6	43,3	49,2	22,7	8,0

Einkommensverwendung

Grundsätze

In der Mehrheit der Haushalte ist das verfügbare Einkommen begrenzt, deshalb muß man mit ihm „haushalten“ oder anders ausgedrückt, wirtschaftlich und sparsam umgehen. Auch für den privaten Haushalt gilt das ökonomische Prinzip, d. h. mit den vorhandenen Mitteln einen möglichst großen Nutzen zu erzielen.
Einnahmen und Ausgaben müssen das Gleichgewicht halten. Sind die Ausgaben höher als die Einnahmen, wird über die Verhältnisse gelebt, was häufig zur Verschuldung führt.

Konsumtive und nichtkonsumtive Einkommensverwendung

Das verfügbare Einkommen der privaten Haushalte kann entweder ausgegeben oder gespart werden. In der Fachsprache heißt das konsumtive oder nichtkonsumtive Einkommensverwendung. Den Prozentsatz des verfügbaren Einkommens, der konsumiert wird, bezeichnet man als Konsumquote, den Teil, der gespart wird, als Sparquote. Konsumquote und Sparquote ergeben zusammen 100 %.
↗ Ausgabenverteilung, S. 184

Ausgabearten

Die Ausgaben für die Befriedigung der Bedürfnisse sind breit gefächert und von Haushalt zu Haushalt sehr unterschiedlich. Damit sich die Ausgaben der privaten Haushalte in der Bundesrepublik Deutschland vergleichen lassen, wurden vom Statistischen Bundesamt in Wiesbaden nachstehende Gruppen gebildet:

7

- Miete, Heizung, Energie, Wasser
- Auto, Verkehrsmittel, Post, Telefon
- Bildung, Unterhaltung, Freizeit
- Kleidung, Schuhe
- Gesundheit, Körperpflege
- Nahrungs- und Genußmittel
- Versicherungen, Kfz-Steuer
- Möbel, Hausrat
- Dienstleistungen, Reisen
- Sonstiges

Ausgabenverteilung

Die privaten Haushalte in Deutschland geben für die einzelnen Ausgabenarten unterschiedlich viel Geld aus.

Ausgaben mittlerer Arbeitnehmerhaushalte mit zwei Kindern Stand 1993	Alte Länder (in %)	Neue Länder (in %)
Wohnen, Heizung, Strom	20,6	14,9
Nahrungs- und Genußmittel	16,9	19,6
Auto, Verkehr, Post, Telefon	12,9	15,8
Versicherungen, Kfz-Steuer	10,6	6,8
Bildung,Unterhaltung, Freizeit	8,5	9,5
Möbel, Hausrat	6,3	7,8
Kleidung, Schuhe	5,9	6,3
Dienstleistungen, Reisen	3,0	2,4
Gesundheit, Körperpflege	2,7	2,5
Sparen	12,7	14,3

Solche statistischen Berechnungen ermöglichen Vergleiche zwischen einzelnen Bundesländern oder verschiedenen sozialen Bevölkerungsgruppen und geben Hinweise für politische Entscheidungen u. a. m.
Für den eigenen Haushalt können derartige Durchschnittswerte nur Anhaltspunkte für die persönliche Haushaltführung sein.

Haushaltsausgaben

Fixe Ausgaben

In jedem Haushalt gibt es fixe (feststehende) Ausgaben, die in gleicher Höhe monatlich oder zu anderen feststehenden Terminen fällig sind. Dazu gehören Miete, Pacht, Abschlagszahlungen für Strom, Gas, Wasser, Fernseh- und Rundfunkgebühren, Raten, Versicherungen, Beiträge u. a. Da sie in feststehender Höhe – keine Preissteigerung vorausgesetzt – zu entrichten sind, lassen sie sich gut planen.

Variable Ausgaben

Die zweite Gruppe von Ausgaben sind variabel oder veränderlich, d. h., ihre Höhe ist von Monat zu Monat unterschiedlich. Hierzu gehören die Ausgaben für Nahrungs- und Genußmittel, Wasch- und Putzmittel, für den Kauf von Kleidung, Schuhen, Hausrat sowie für Kultur, Freizeit, Sport und Erholung. Die Planung der variablen Ausgaben ist aufwendiger und schwieriger, denn es gilt zu rechnen, abzuwägen und zu entscheiden.

Haushaltbuch

Zur Planung und Kontrolle der Einnahmen und Ausgaben hat sich in vielen Familien das Haushaltbuch gut bewährt. In ihm werden das Einkommen und die Ausgaben eingetragen und gegenübergestellt.

In der Monatsübersicht werden von den Einnahmen zunächst die feststehenden (fixen) Ausgaben abgezogen. Es verbleibt ein verfügbarer Betrag für die veränderlichen (variablen) Ausgaben des Monats. Die veränderlichen Ausgaben werden täglich nach einem vorgegebenen Muster erfaßt und summiert. So ergibt sich ein genauer Überblick, wofür wieviel Geld ausgegeben wurde und man weiß, welcher Betrag noch zur Verfügung steht.

Die Führung des Haushaltbuches ist zweifellos mit etwas Arbeit verbunden und erfordert, exakt zu bilanzieren, wo das Geld geblieben ist. Hilfreich ist dieser Aufwand allemal, denn es wird sichtbar, wieviel Geld für immer wiederkehrende Ausgabenposten (Ernährung, Wasch- und Reinigungsmittel, Fahrgeld u. a.) einzuplanen ist. Die Übersicht zeigt aber auch auf, wo Einsparungen möglich sind, wenn sich der verfügbare Betrag verringert, die Preise gestiegen sind oder für größere Anschaffungen gespart werden soll.

Einnahmen- und Ausgabenveränderung

Die Einnahmen und Ausgaben eines Haushalts sind Veränderungen unterworfen und machen Überprüfungen und gegebenenfalls eine Neuplanung erforderlich. Die Einnahmen können sich durch Gehaltserhöhungen, Zuwendungen, Nebenverdienst u. a. erhöhen. Die Ausgaben lassen sich durch verschiedene Sparmaßnahmen oder Billigeinkäufe senken.

Die andere Seite sind Einkommensverluste und Ausgabenerhöhungen.

Einnahmen verringern sich, wenn z. B.

- ein Haushaltsmitglied die Erwerbsarbeit verkürzt oder ganz aufgibt,
- jemand aus der Familie zu Kurzarbeit gezwungen ist,
- durch längere Krankheit es zum Arbeitsausfall kommt,
- durch Arbeitslosigkeit das Einkommen geschmälert ist.

Ausgaben erhöhen sich, wenn z. B.
- die Preise steigen,
- durch Unfall oder Krankheit Geldausgaben anfallen,
- eine neue, gößere Wohnung bezogen oder ein Haus gekauft wird.

Kaufentscheidungen

Die Begrenztheit der finanziellen Mittel in den meisten Haushalten zwingt die Familie, Entscheidungen über Kauf oder Verzicht zu treffen. Das geht nicht ohne Konflikte ab, da jeder Bedürfnisse hat, die er befriedigen möchte. Alle Familienmitglieder sollten deshalb an den notwendigen Entscheidungen beteiligt sein, damit die Wünsche aller gehört werden. Erst nach dem Abwägen des Für und Wider sollte über die Verwendung des Geldes entschieden werden. Grundsätzlich sollte nur gekauft werden, wofür das notwendige Geld vorhanden ist. ↗ Bewußte Kaufentscheidung, S. 166

Sparsames Wirtschaften

In einem Haushalt gibt es viele Möglichkeiten, weniger Geld auszugeben, ohne daß die Lebensqualität darunter leidet. Dazu einige Tips.

Einkaufen
- Auf preiswerte Hausmarken achten.
- Lose Ware immer nachwiegen. Oft stimmt das ausgezeichnete Gewicht nicht.
- Obst möglichst in der Saison kaufen. z. B. sind Erdbeeren im Juli viel billiger als im Dezember.
- Auf Wochenmärkten gibt es kurz vor Schluß die preiswerteste Frischware.
- Einmal in der Woche einen Großeinkauf in einem preiswerten Discount-Markt machen.
- Einkaufsliste aufstellen. Nur das kaufen, was auf der Liste steht.
- Getränke im Kasten kaufen. Das ist billiger als flaschenweise oder in Dosen.
- Mini-Portionspackungen vermeiden. Hier zahlt man das meiste für die Verpackung.
- Zum Einkauf Tüten, Netze mitnehmen. Das spart Geld für die Plastiktüte.

Energie/Wasser/Telefon
- Heizung nicht zu hoch drehen. Jedes Grad weniger spart etwa 6 % Heizkosten.
- Energiesparlampen verwenden. Sie halten länger und sparen Stromkosten.
- Beim Zähneputzen den Wasserhahn nicht laufen lassen.
  Ein tropfender Wasserhahn vergeudet pro Jahr bis zu 2000 Liter Wasser.
- Nicht unnötig Licht brennen lassen in Räumen, in denen man sich nicht aufhält.
- Stand-by-Taste von Fernseher, Videorecorder, Stereoanlage nachts und im Urlaub immer ausschalten.
- Bereits 2 mm Eis im Kühlschrank erhöhen die Stromkosten um 10 %.
- Telefongepräche möglichst in preiswerten Zeitzonen führen.

Küche
- Geschirr nicht unter fließendem Wasser, sondern im Spülbecken reinigen.
- Geschirrspüler und Waschmaschinen immer voll beladen.
- Elektroherde und Backöfen vor Ende der Zubereitungszeit abschalten.
- Auf Vorrat kochen, Essen einfrieren.
- Putz-, Wasch- und Spülmittel sparsam dosieren.

- Anstelle von Backofenspray Seifenlauge und Salz verwenden.
- Billige Essigessenz spart den Entkalker und eignet sich auch zum Fensterputzen sowie als Bad- und WC-Reiniger.
- Nur Töpfe mit ebenem Boden benutzen, beim Kochen den Deckel auflegen. Spart Energie und Zeit.

Risikoreiches Wirtschaften

Nicht in allen Haushalten wird nur das gekauft, wofür auch das Geld vorhanden ist. „Wünsche muß man nicht lange warten lassen", „Kaufe jetzt, zahle später", „Autokauf ohne Anzahlung", „Sofort Bargeld", sind nur einige der Werbespots, die manchen verleiten, über seine Verhältnisse zu leben. Einkaufen, ohne das notwendige Geld zu haben ist möglich, weil das Auto, die Möbel, langlebige Haushaltsgüter, die Urlaubsreise und vieles andere mehr auf Kredit von der Bank oder Ratenzahlung vom Händler zu haben sind. Das bedeutet, diese Waren bzw. Leistungen werden genutzt, ohne daß sie bezahlt sind. Da sie aber bezahlt werden müssen, bevor sie in das Eigentum des Käufers übergehen, sind monatlichen Rückzahlungen und Zinsen fällig. Diese finanziellen Verpflichtungen schmälern nicht nur das frei verfügbare Haushaltsgeld für den Monat, sondern stellen auch immer ein Risiko dar, weil sich die finanzielle Lage, durch Arbeitslosigkeit, Kurzarbeit, längere Krankheit, plötzlich verschlechtern kann.

Verschuldung. Viele private Haushalte oder Einzelpersonen leben auf Kredit oder kaufen auf Raten. Diese Tendenz ist steigend, so daß viele Haushalte in der Bundesrepublik Deutschland verschuldet sind. Solange das monatliche Einkommen reicht, um sowohl die fixen als auch die variablen Ausgaben bezahlen zu können, kann man damit leben. Probleme gibt es dann, wenn die finanziellen Verpflichtungen nicht mehr eingehalten werden können.

7

Überschuldung. Als überschuldet wird der Zustand eines privaten Haushalts bezeichnet, wenn die monatlichen finanziellen Verpflichtungen (Miete, Energie, Raten, Zinsen usw.) so hoch sind, daß das Geld nicht mehr ausreicht, um alles zu bezahlen. Wer sich hoch verschuldet hat und dann durch Arbeitslosigkeit, Krankheit, Ehescheidung oder andere Gründe Einkommensverluste hinnehmen muß, kann sehr schnell in diese Lage geraten. Die einen zahlen dann keine Miete mehr, was die Kündigung der Wohnung zur Folge hat, andere bleiben Raten und Zinsen schuldig, was zunächst zu Mahngebühren und höheren Zinsen führt. Schließlich werden die nicht bzw. nur teilweise bezahlten Waren gepfändet. Dieser Weg, der zum sozialen Abstieg führt, läßt sich verhindern, wenn rechtzeitig die Hilfe von einer Schuldnerberatungsstelle oder einer anderen Institution in Anspruch genommen wird.

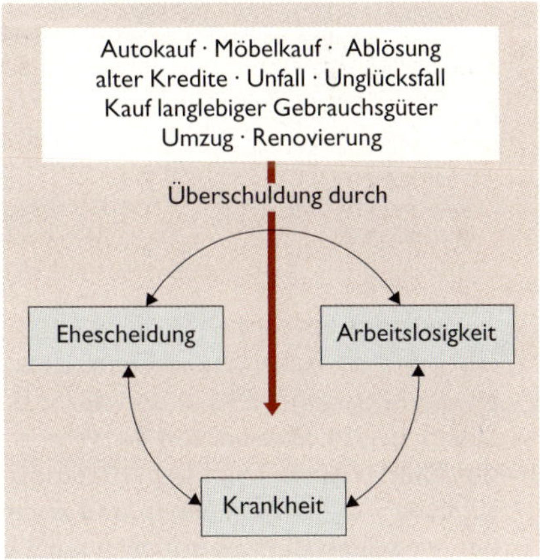

Hauptursachen für Überschuldung

SPAREN – GELDANLAGE – VERMÖGENSBILDUNG

Grundlagen

Sparen – Geldanlage

In den meisten Familien wird nicht das gesamte Haushalteinkommen sofort ausgegeben, sondern ein Teil davon gespart. Sparen heißt demnach, auf den sofortigen Verbrauch eines Teils des Einkommens zu verzichten und das Geld für einen bestimmten Zeitraum anzusammeln bzw. in Wertpapieren, Wertgegenständen, Gold oder anderes anzulegen. ↗ Geldeinlagen, S. 43

Sparziele

Gespart wird, um gößere Anschaffungen zu tätigen (Zwecksparen), Vorsorge für Notfälle oder die Zukunft zu treffen (Vorsorgesparen) und um Vermögen zu bilden (Vermögensbildung). Diese Ziele sind jedoch nicht starr voneinander zu trennen.

Zwecksparen ist vor allem für größere Anschaffungen gedacht, die nicht aus dem laufenden Einkommen finanziert werden können.

■ Auto, Wohnungseinrichtung, Urlaubsreise

Vorsorgesparen erfolgt mit dem Ziel, in wirtschaftlichen und sozialen Notsituationen (Arbeitslosigkeit, längere Krankheit, Unfall) abgesichert zu sein. Hierzu gehört auch das langfristige Ansparen für die eigene Ausbildung oder die der Kinder sowie für die Altersversorgung.

Vermögensbildung dient der Hebung des Lebensstandards, dem Schaffen von Wohlstand.

7 ■ Geldanlagen, Kauf von Wertgegenständen oder Immobilien.

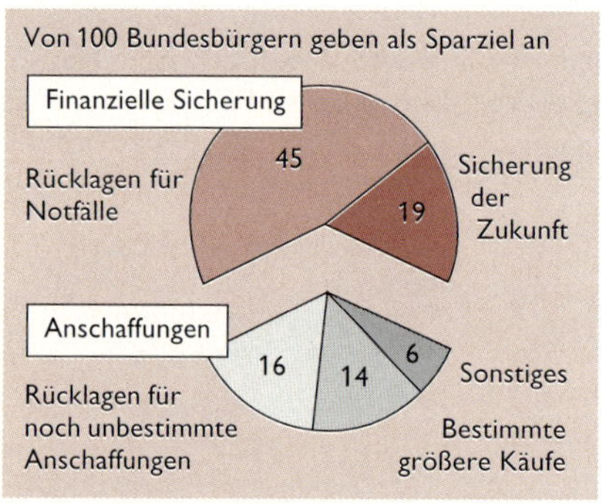

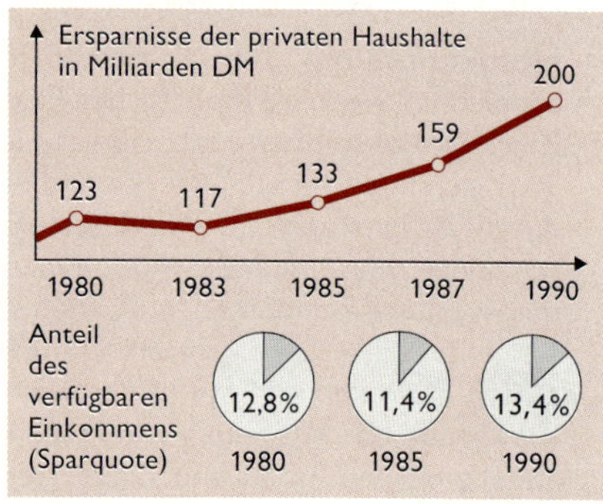

Bedeutung des Sparens

Die privaten Haushalte in Deutschland sparen von Jahr zu Jahr beträchtliche Beträge. So betrugen 1990 in den alten Bundesländern die gesamten Spareinlagen über 200 Mrd. DM. Wieviel von dem einzelnen Haushalt gespart wird, hängt von der Höhe des Einkommens, vom Lebensstandard, vom Vertrauen in die Wirtschaft, den persönlichen Zielvorstellungen und anderen Faktoren ab. Sparen ist aber nicht nur für den einzelnen Bürger, sondern auch volkswirtschaftlich von großer Bedeutung. Die Geldinstitute häufen das gesparte Geld nicht an, sondern vergeben Kredite. ↗ S. 88

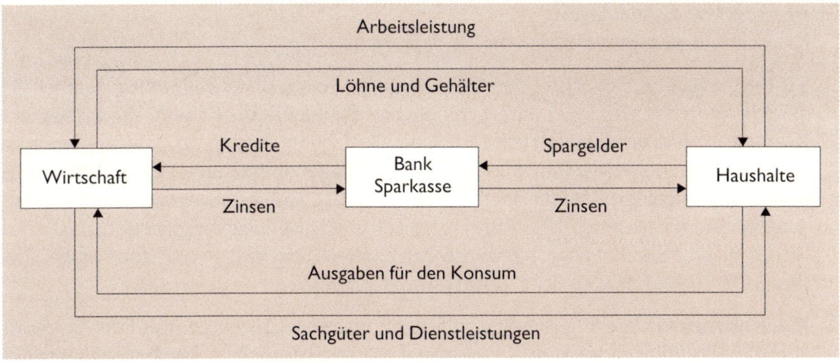

Vereinfachter Wirtschaftskreislauf

Sparförderung

Der Staat fördert das Sparen, weil
- Ersparnisse für Investitionen und damit für Wirtschaftswachstum verfügbar sind;
- Ersparnisse der zusätzlichen Altersversorgung dienen oder bei persönlichen Notfällen eingesetzt werden können;
- Arbeitnehmer auch mit kleinen und mittleren Einkommen an der Vermögensbildung teilhaben sollen.

Sparförderung im Überblick

Für alle Steuerzahler unabhängig von der Einkommenshöhe:
- Sonderausgabenabzug
  50 % der Bausparbeiträge können als Sonderausgaben bei der Einkommenssteuer im Rahmen des Höchstbeitrages für Vorsorgeaufwendungen geltend gemacht werden.
- Sparerfreibetrag
  Jeder Sparer kann steuerlich 6100,00 DM (Ledige) bzw. 1200,00 DM (Verheiratete) als Steuerfreibetrag pro Jahr geltend machen.
- Steuerbegünstigung
  Erhält ein Arbeitnehmer Zuwendungen seines Arbeitgebers in Form kostenloser oder verbilligter Vermögensbeteiligungen (z. B. Aktien, Geschäftsanteile), so bleiben bis zu 500,00 DM im Jahr steuerfrei.

Für Sparer mit einem zu versteuernden Jahreseinkommen unter 50000,00 DM für Ledige und unter 100000,00 DM für Verheiratete:
- Wohnungsbauprämie
  Wer Beiträge auf einen Bausparvertrag einzahlt, kann nach dem Wohnungsbau-Prämiengesetz eine Prämie von 10 % auf seine Sparleistungen erhalten. Diese Prämie ist in der Höhe begrenzt.
- Arbeitnehmersparzulage
  Nach dem 5.Vermögensbildungsgesetz (936,00-Mark-Gesetz) erhalten Arbeitnehmer ein Sparzulage für vermögenswirksame Leistungen von höchstens 936,00 DM. Der Prozentsatz der Sparzulage beträgt beim Bausparen 10 % und verdoppelt sich beim Beteiligungssparen (z. B. Aktien, Arbeitnehmer-Darlehen) auf 20 %.

Bewertung von Geldanlagen

Kriterien für die Bewertung von Geldanlagen sind:

Sicherheit. Die Sicherheit der Geldanlage ist von großer Bedeutung. Je nach Anlageform kann das Geld von unterschiedlichen Risiken bedroht sein. Zum Beispiel von Kurs- und Wertänderungsrisiken bei der Anlage in Aktien, Investmentfonds oder auch Immobilien, von Währungsrisiken bei Anlagen in fremder Währung. Allzu häufig werden angelegte Gelder auch durch unseriöse Anbieter veruntreut. Vorsicht bei Angeboten mit mehr als 10 % Rendite. Je höher das Renditeversprechen, desto höher ist das Risiko. Bei den Sparangeboten der Banken, Sparkassen und der Postbank wird das Geld durch Einlagensicherungssysteme geschützt.

Verfügbarkeit. Verfügbarkeit heißt, nach welcher Zeit wieder auf die Ersparnisse zurückgegriffen werden kann. Die Anlageform muß deshalb in Abhängigkeit vom Sparziel gewählt werden. Wird das Geld kurzfristig (z. B. für Anschaffungen) wieder benötigt, scheiden langfristige Anlagen natürlich aus. Anders sieht es aus, wenn für die Altersvorsorge gespart wird. In der Regel müssen finanzielle Einbußen in Kauf genommen werden, falls früher als vereinbart über das Geld verfügt werden soll. Bei einigen Anlageformen ist ein vorzeitiges Verfügen ganz ausgeschlossen.

Rendite. Die Rendite ist der Gesamterfolg einer Geldanlage pro Jahr. Die Vermehrung des angelegten Kapitals durch Zinsen oder Kursgewinne wird in Prozentwerten ausgedrückt. Bezugsgröße ist das eingesetzte Kapital. „Rendite 7 %“ bedeutet z. B., daß aus einem eingesetzten Kapital von 10 000,00 DM nach einem Jahr 10 700,00 DM werden. Um beurteilen zu können, ob sich eine bestimmte Geldanlage lohnt, müssen neben der Rendite auch die Inflationsrate, steuerliche Auswirkungen sowie die bei verschiedenen Anlageformen anfallenden Kosten und Gebühren berücksichtigt werden. ↗ Zinsen, S. 63

Keine Anlagenform erfüllt alle Kriterien gleichermaßen optimal. Jederzeit über das Geld zu verfügen, ohne Risiko und eine möglichst zweistellige Rendite, das ist unmöglich. Es müssen Kompromisse eingegangen werden. Vor allem Kleinanleger sollten besonderen Wert auf den Sicherheitsaspekt legen.

Spar- und Anlageformen

Überblick

Zum Sparen bzw. Anlegen von Geld gibt es eine Vielzahl von Möglichkeiten, die auch noch von Geldinstitut zu Geldinstitut variieren. Vergleichen und sich beraten lassen ist daher dringend geboten. Spar- und Anlageformen sind z. B. Sparbücher mit unterschiedlichen Kündigungsfristen und Zinsen, Sparbriefe, Festgelder, Obligationen und Schuldverschreibungen sowie Wertpapiere.

Sparbücher

Gespart wird auf einem Konto, deshalb auch Kontensparen genannt. Einzahlungen, Abhebungen und Zinsen werden vom Geldinstitut in ein Sparbuch eingetragen. Sparbücher sind die verbreitetste Form des Sparens. Sie haben eine lange Tradition und sind eine sichere, leicht überschaubare Sparform. Ein Sparbuch kann man bei Banken, Sparkassen und bei der Post einrichten. Angeboten werden Sparbücher mit gesetzlicher und vereinbarter Kündigungsfrist sowie mit vereinbartem Festzins.

Auf **Sparbücher mit normaler Kündigungsfrist** kann man jederzeit einzahlen und innerhalb von 30 Tagen bis zu 3000,00 DM abheben. Damit ist zumindestens ein Teil des Geldes schneller verfügbar, als bei fest angelegtem Geld. Höhere Beiträge müssen drei Monate vorher gekündigt werden. Der Zinssatz ist bei dieser Sparform mit etwa 2 bis 3 % sehr niedrig.

Das **Sparbuch mit vereinbarter Kündigungsfrist** bringt höhere Zinsen. Dafür gelten Kündigungsfristen zwischen 12 und 48 Monaten. Das Geld ist also erst nach der vereinbarten Kündigungsfrist wieder verfügbar.

Für **Sparbücher mit vereinbartem Festzins** gilt die normale Kündigungsfrist von drei Monaten. In den Genuß des vereinbarten Festzins kommt aber nur, wer diese gesetzliche Kündigungszeit während eines bestimmten Zeitraums nicht in Anspruch nimmt und auch sonst nicht über das Geld verfügen will.

Bausparen

Der Bau eines Hauses, der Kauf einer Eigentumswohnung oder größere Modernisierungen an Haus und Wohnung kosten sehr viel Geld. Zur Finanzierung solcher Vorhaben empfiehlt sich der Abschluß eines Bausparvertrages.
Ein Teil der Bausparsumme (in der Regel 40 %) muß angezahlt und eine Wartefrist von mindestens 18 Monaten nach Vertragsabschluß eingehalten werden. Durch die Einzahlung auf einen Bausparvertrag erwirbt der Sparer Anspruch auf ein Baudarlehen zu einem relativ niedrigen Zinssatz. Außerdem fördert der Staat das Bausparen mit einer Wohnungsbauprämie. Anspruch auf diese Prämie besteht jedoch nur bis zu einer bestimmten Einkommenshöhe (Ledige 50000,00 DM, Verheiratete 100000,00 DM steuerpflichtiges Einkommen).

Versicherungssparen

Eine andere Form des Sparens, die der Absicherung bzw. zusätzlichen Absicherung bei Erwerbsunfähigkeit, Krankheit und Alter dient oder nach dem Tod den Hinterbliebenen zufällt, ist das Versicherungssparen. ↗ Soziale Sicherung, S. 146

Wertpapiere

Eine wichtige Form der Geldanlage ist der Kauf von Wertpapieren. Wertpapiere sind vermögensrechtliche Urkunden, mit denen sich private und öffentliche Körperschaften finanzielle Mittel zur Deckung ihrer Ausgaben beschaffen. Zinssatz, Ausgabe- und Rückgabekurs sowie Laufzeit werden so gestaltet, daß der Erwerb dieser Papiere eine attraktive Anlagemöglichkeit für Sparer darstellt. Unterschieden werden dabei zwei Arten von Wertpapieren.

Sparbriefe. Gibt es bei Banken und Sparkassen. Sie werden in der Regel mit einer Laufzeit von 3 bis 7 Jahren angeboten, sind sicher und bieten eine recht gute Verzinsung (rund 8 %). Spesen und Gebühren werden nicht verlangt. Über das Geld kann nicht vorzeitig verfügt werden.

Termingelder. Werden in der Regel nur für 1 bis 6 Monate angelegt und erzielen trotzdem eine gute Rendite. Es muß aber ein festgelegter Mindestbetrag (z. B. 5000,00 DM) angelegt werden. Vorzeitige Verfügung ist nicht möglich. Die Zinsrate gilt nur für den vereinbarten Zeitraum.

Grundarten von Wertpapieren	
festverzinsliche Wertpapiere = Gläubigerpapiere	Aktien = Teilhaberpapiere
Anspruch auf regelmäßige Zinszahlung (in gleichbleibender Höhe = festverzinslich) unabhängig von der Ertragskraft der ausgebenden Körperschaft Anspruch auf Rückzahlung gemäß Anleihebedingungen (in der Regel zum Nennwert), vorheriger Verkauf an der Börse zum Kurswert möglich Käufer wird Gläubiger des Unternehmens. Das dem Unternehmen zufließende Geld stellt Fremdkapital dar	Anspruch auf Gewinnanteil (= Dividende) je nach Wirtschaftslage des Unternehmens Keine Rückgabemöglichkeit an die Firma, höchstens Verkauf an der Börse zum momentan gültigen Kurswert Käufer wird Miteigentümer des Unternehmens. Das dem Unternehmen zufließende Geld stellt Eigenkapital dar Aus dem Mitgliedschaftsrecht ergibt sich ein Stimmrecht in der Hauptversammlung und Bezugsrecht bei der Ausgabe neuer Aktien

Obligationen und Schuldverschreibungen. Können von Banken und Sparkassen sowie vom Bund erworben werden. Sie bieten eine feste Verzinsung und volle Sicherheit. Die Rendite kann durch verschiedene Kosten und Gebühren geschmälert werden. Im Gegensatz zu Sparbriefen lassen sich diese Geldanlagen vorzeitig wieder in Bargeld verwandeln. Das ist jedoch mit Kursrisiken verbunden.

Festverzinsliche Wertpapiere. Werden ohne Kursrisiko (Bundesschatzbriefe und Finanzierungsschätze des Bundes) und mit Kursrisiko (Bundesanleihen und Bundesobligationen) angeboten.

Bundesschatzbriefe. Werden vom Bundesfinanzministerium ausgegeben, nicht an der Börse gehandelt. Sie laufen sechs bis sieben Jahre, unterliegen keinen Kursrisiken und bieten eine Verzinsung von 6 % und mehr.

Finanzierungsschätze des Bundes. Bieten hohe Zinsen von über 4 %. Der Mindest-Anlagebetrag ist 1 000,00 DM. Bei der Anlage wird jedoch ein geringer Betrag als beispielsweise diese 1 000,00 DM gezahlt. Nach Ablauf der ein- oder zweijährigen Laufzeit wird der volle Betrag, also 1 000,00 DM ausgezahlt, die Zinsen erhält man gewissermaßen im voraus.

Bundesanleihen. Haben meist eine Laufzeit von zehn Jahren. Zahlungstermine von Zinsen und Kapitalrückzahlung stehen von Anfang an fest. Sie werden an der Börse „notiert“ und damit verändert sich ihr Wert beständig in Abhängigkeit von den Zinsschwankungen am Kapitalmarkt. Kein Risiko besteht, wenn die Anleihe bis zu Fälligkeitstermin behalten wird. Andererseits besteht die Möglichkeit, das Papier jederzeit zum an der Börse festgestellten Tageskurs zu verkaufen.

Bundesobligationen. Unterscheiden sich von den Bundesanleihen durch die kürzere Laufzeit von fünf Jahren. Ständig werden neue Bundesobligationen auf den Markt gebracht. In den Wirtschaftsteilen der Tageszeitungen sind die Kursangaben aktuell gehandelter Bundesobligationen zu finden.

Aktien. Sind eine profitable, aber auch mit Risiken verbundene Geldanlage. Eine Aktie ist ein Wertpapier, das seinen Inhaber (Aktionär) einen Anteil am Gesamtvermögen einer Aktiengesellschaft verbrieft. Mit dem Besitz der Aktie sind bestimmte Rechte verbunden, die durch das Aktiengesetz geschützt sind. Dazu gehören der Anspruch auf Gewinnbeteiligung (Dividende) und die Bezugsrechte neuer Aktien. Aktien sind aber im Gegensatz zu beispielsweise Sparkonten mit dem Risiko verbunden, daß das Unternehmen keinen Gewinn erwirtschaftet oder sogar Konkurs anmelden muß. In solchen Fällen verliert die Aktie an Wert. Der Anleger sollte eine angemessene Vermögensbasis haben und gewisse Grundkenntnisse und Erfahrungen im Umgang mit Wertpapiergeschäften besitzen, damit es bei Marktveränderungen nicht zu schädlichen Kurzschlußreaktionen kommt. Der Erwerb und die Verwahrung von Aktien sind mit Kosten verbunden.

Geldanlage in Sachwerten

Geld kann nicht nur auf Sparkonten oder in Wertpapieren, sondern auch in Sachwerten angelegt werden. Dazu gehören Grundstücke, Häuser, Eigentumswohnungen, Edelmetalle, Kunstschätze und anderes mehr. Für viele Menschen ist der Erwerb eines Grundstücks und der Kauf oder Bau eines Eigenheims ein dominierendes Sparziel. Neben dem Traum vom eigenen Häuschen mit Garten spielt aber auch das Verlangen nach Sicherheit der Geldanlage und nach Vorsorge für das Alter eine große Rolle.

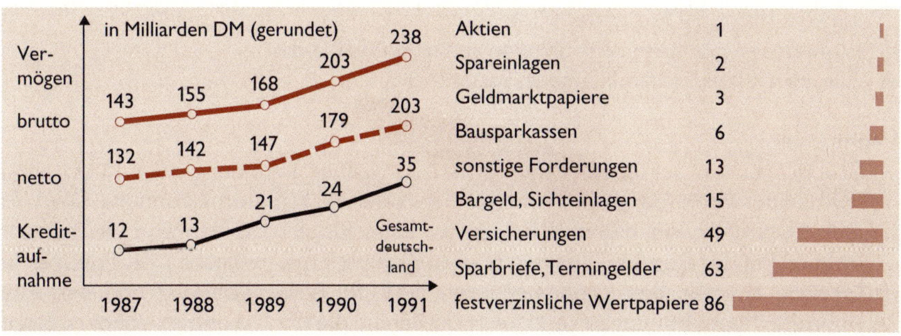

Vermögensbildung privater Haushalte in Geld

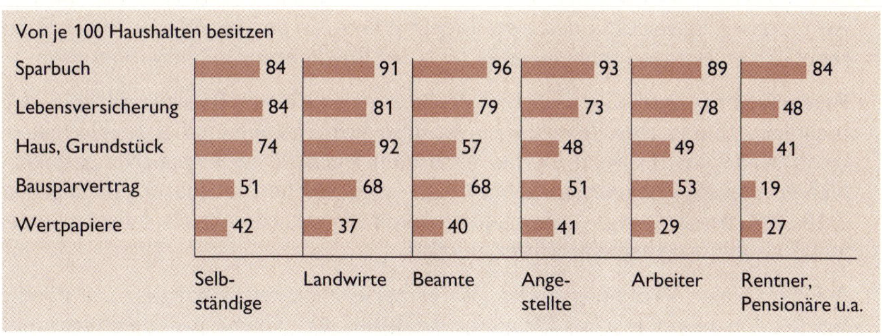

Vermögensverteilung nach sozialen Gruppen

HAUSHALT UND WOHNEN

Wohnen und Wohnungsbeschaffung

Wohnbedürfnis

Eine Wohnung zu haben, ist ein Grundbedürfnis der Menschen. Sie bietet den Mitgliedern des Haushalts vor allem Schutz vor Witterungseinflüssen sowie die Möglichkeit zur Entspannung und Erholung. Dabei haben die Menschen allgemein und manchmal auch die Mitglieder einer Familie recht unterschiedliche Wohnbedürfnisse. Das betrifft die Wohnungsgröße, die Wohnlage, die Einrichtung u. a. m. Der Wunsch vieler Familien sind „die eigenen vier Wände".

Wohnlage und Wohngebäude

Die Wohnlage beschreibt z. B., ob sich die Wohnung in zentraler, verkehrsgünstiger oder in ruhiger Lage befindet. Daran stellen die Menschen recht unterschiedliche Ansprüche. Die einen möchten im Stadtzentrum wohnen, um Geschäfte, kulturelle Einrichtungen, Sportstätten u. a. bequem zu erreichen. Andere ziehen das Wohnen im Grünen vor, obwohl es von dort weiter zur Arbeitsstelle, zu den Einkaufsmöglichkeiten oder zum Theater ist. Auch bezüglich des Wohnens in Alt- oder Neubauten gibt es unterschiedliche Wünsche. Während die einen hohe, geräumige Wohnungen lieben, wie sie noch in Altbauten zu finden sind, ziehen andere den Neubau mit dem meist größeren Komfort vor. Allerdings klaffen bei dem herrschenden Wohnungsmangel Wunsch und Realität oft weit auseinander. Die Wohnlage bestimmt in starkem Maße die Höhe der Miete mit.

Wohnungen gibt es in sehr unterschiedlichen Gebäuden.

■ Villa, Hochhaus, Einfamilienhaus, Bauernhof

Wohnarten

Grundsätzlich unterscheidet man zwischen eigener Wohnung oder Mietwohnung. Formen des Wohneigentums sind das Haus oder die Eigentumswohnung. Der Unterschied besteht darin, daß man im eigenen Haus für sich ist, während die Eigentumswohnung in der Regel in einem größeren Komplex mit mehreren Wohnungen liegt. Spezielle Formen des Wohneigentums sind die Ferienwohnung und der Alterswohnsitz. Mietwohnungen gehören nicht denen, die darin wohnen, sondern Eigentümer ist jemand anders. Das können Privatpersonen, Wohnungsbaugesellschaften oder -genossenschaften sein. Der Eigentümer überläßt die Wohnung einem Mieter zur Nutzung, dieser zahlt dafür ein Entgelt (Miete) an den Vermieter. In der Bundesrepublik Deutschland wohnen etwa 60 % der Bevölkerung in Mietwohnungen.

Privatwohnungen. Gemeint sind Wohnungen, die einem Besitzer gehören, der im rechtlichen Sinne eine Privatperson ist (also keine Wohnungsbaugesellschaft oder -genossenschaft). Es wird hierbei auch vom freien Wohnungsmarkt gesprochen. Neben älteren Wohnungen zählen dazu auch solche Neubauten, die nach dem 2. 10. 1990 bezugsfertig wurden und nicht mit öffentlichen Mitteln oder besonderen Steuervergünstigungen errichtet wurden.

Auf dem freien Wohnungsmarkt gibt es keine Mietpreisbindungen. Die Miethöhe legt der Vermieter fest, als Orientierung gelten die ortsüblichen Vergleichsmieten. Die Mieten sind um ein Vielfaches höher als bei anderen Wohnungen. Zuweisungen oder Bescheinigungen des Wohnungsamtes bedarf es nicht. Man muß sich nur leisten können, z. B. für eine 1-Zimmer-Wohnung (warm) monatlich etwa 1000,00 DM zu zahlen.

Öffentlich geförderte Wohnungen

Viele ältere, aber auch neu entstehende Wohnungen wurden bzw. werden mit staatlichen Zuschüssen oder mit Steuervergünstigungen gebaut. Sie unterliegen einer Mietpreisbindung. Damit will der Staat erreichen, daß Wohnungen für Menschen mit niedrigem und mittlerem Einkommen bezahlbar bleiben. Gegenwärtig betragen die Durchschnittsmieten etwa ein Viertel bis ein Drittel von dem, was auf dem freien Wohnungsmarkt bezahlt werden muß. Für den Bezug ist allerdings ein Wohnberechtigungsschein vom Wohnungsamt erforderlich. Es gibt jedoch viel mehr Wohnungssuchende als freie Wohnungen, so daß längere Wartezeiten bestehen.

Genossenschaftswohnungen

Wohnungsbaugenossenschaften bewirtschaften Wohnungen in allen mietpreisrechtlichen Formen. Um eine Wohnung zu bekommen muß man Mitglied der Genossenschaft sein und die satzungsmäßigen Geschäftsanteile erwerben. Sie liegen je nach Unternehmen zwischen 3000,00 und 5000,00 DM. Auch bei den Genossenschaften gibt es mehr Wohnungssuchende als Wohnungen, so daß längere Wartezeiten auftreten. Wohnungen von Genossenschaften sind begehrt, weil der vertragstreue Mieter durch den Dauernutzungsvertrag faktisch nicht gekündigt werden kann. Darüber hinaus ist die Mietpreispolitik in der Regel an den sozialen Belangen der Mitglieder orientiert. Als Mitglied einer Genossenschaft kann man aktiv in den Gremien (Mitgliederversammlung, Beirat, Aufsichtsrat) mitarbeiten.

Wohnberechtigungsschein

Vorraussetzung für den Bezug einer öffentlich geförderten Wohnung ist ein Wohnberechtigungsschein. Ihn kann jeder volljährige Bürger für sich und seine Familie beim zuständigen Wohnungsamt beantragen. Den Wohnberechtigungsschein mit Dringlichkeitsvermerk erhalten u. a.:

- Familien mit mindestens einem Kind, ohne Wohnung oder mit räumlich unzureichendem Wohnraum,
- Schwerbehinderte, wenn die derzeitigen Wohnverhältnisse wegen des anerkannten Leidens für sie objektiv ungeeignet sind,
- Alleinstehende psychisch Kranke ohne eigene Wohnung,
- Wohnungssuchende, die aus städtebaulichen Gründen ihre bisherige Wohnung aufgeben müssen.

Wohnungssuche

Möglichkeiten, eine (neue) Wohnung zu finden:

- in der Zeitung inserieren,
- auf eine Anzeige in der Zeitung reagieren,
- in besonderen „Anzeigeblättern“ am Ort informieren,
- Makler aufsuchen,
- bei Wohnungsunternehmen nachfragen,
- Verwandte und Bekannte einschalten.

Vermieter und Mieter

Wohnmöglichkeiten

Die Suche nach Wohnraum – eine Situation, in die früher oder später fast jeder kommt – beginnt mit der Entscheidung für eine der unterschiedlichen Wohnmöglichkeiten. Solche sind: Möbiliertes Zimmer, Leerzimmer, Zimmer in einer Wohngemeinschaft, Kleinwohnung/Apartment, Mehr-Zimmer-Wohnung oder eigenes Haus. Die Entscheidung wird beeinflußt von der Lage auf dem Wohnungsmarkt, den finanziellen Möglichkeiten, dem Familienstand (ledig, verheiratet, mit oder ohne Kind), der Dringlichkeit, den Ansprüchen an die Wohnlage und -qualität.

Mietvertrag

Der Mietvertrag ist Grundlage für das Mietverhältnis. Darin verpflichtet sich der Vermieter, dem Mieter die Wohnung zur Benutzung zu überlassen. Der Mieter verpflichtet sich, dafür einen bestimmten Preis zu zahlen. Form und Umfang der Mietverträge sind unterschiedlich. Meistens werden jedoch entsprechende Formulare verwendet. In einem Mietvertrag sollte unbedingt stehen:

- Name des Mieters und des Vermieters
- Lage der Wohnung, z. B. Ort, Straße , Stockwerk
- Umfang der Wohnung, z. B. Zimmer, Küche, Bad, Balkon
- Miethöhe
- Beginn des Mietverhältnisses

Darüber hinaus werden oft noch eine Reihe von Klauseln in den Vertrag aufgenommen, z. B. zur Haltung von Tieren, zur Benutzung des Gartens, zur Hausordnung. Dabei kommt es immer wieder einmal vor, daß der Vermieter mehr in den Vertrag aufnehmen möchte, als die gesetzlichen Regelungen erlauben.

Miete

Die Miete ist das Entgelt, das als Gegenleistung für das Überlassen der Wohnung an den Vermieter gezahlt wird. Man unterscheidet zwischen Grundmiete und Betriebs- oder Nebenkosten.

Grundmiete. Diese bringt bei entsprechender Höhe dem Vermieter das eingesetzte Kapital mit Gewinn zurück. Sie dient ferner der Bezahlung notwendiger Reparaturen und Erneuerungen, denn die Wohnung unterliegt der Alterung und Abnutzung.

Betriebs- oder Nebenkosten. Sie decken den Aufwand, der dem Eigentümer durch Grundsteuer, Versicherung, Wasserversorgung und Entwässerung, Heizung, Straßenreinigung, Müllabfuhr, Gartenpflege, Schornsteinreinigung u. a. entstehen. Diese Kosten werden anteilmäßig auf die Mieter umgelegt.

Mieterhöhung

Da Kosten und Preise allgemein steigen, sind auch die Mieten von Erhöhungen nicht ausgeschlossen. Besonders betroffen waren in den letzten Jahren die Bürger in den neuen Bundesländern, da zu DDR-Zeiten extrem niedrige Mieten gezahlt wurden, was nur durch staatliche Subventionen möglich war. Mit der Übertragung des Vergleichsmietensystems ab 1. 7. 1995 wurde ein weiterer Schritt zur Angleichung der Systeme in Ost und West getan.

Generell gilt, daß die Grundmiete in bestimmten Zeitabständen erhöht werden kann. Sie darf angehoben werden, wenn sie seit mindestens einem Jahr unverändert ist. Bei durchgeführten Modernisierungsmaßahmen gelten Ausnahmen. Innerhalb von 3 Jahren darf die Miete bei Wohnungen, die vor dem 1.1.1981 fertiggestellt wurden, um 20 % und bei den später gebauten Wohnungen um 30 % erhöht werden.

Mietminderung

Immer dann, wenn die Wohnung nicht mehr in einem ordnungsgemäßen Zustand ist, wenn technische Anlagen in der Wohnung oder im Haus nicht mehr funktionieren, liegt ein Mangel vor. Typische Mängel sind undichte Fenster, Feuchtigkeitsschäden, defekte Heizung, Ausfall der Warmwasserversorgung oder verstopfte Abflüsse.
Liegt ein solcher Fall vor, kann der Mieter die Miete mindern. Das heißt, er zahlt so lange weniger, bis der Vermieter den Mangel beseitigt hat. Die Miete darf nicht bei kleinsten Mängeln gemindert werden. Bei einer defekten Lampe im Flur zum Beispiel, kann zwar Abhilfe verlangt, nicht aber die Miete gekürzt werden. War der Mangel (z. B. undichte Fenster, schlecht schließende Türen) bei Abschluß des Mietvertrages bekannt, scheidet eine Mietminderung ebenfalls aus.

Vergleichsmiete

Die Höhe der Miete, die in einer Gemeinde, einem Ortsteil oder einer Stadt üblicherweise für einen bestimmten Wohntyp gilt, dient als Grundlage für die Festlegung von Vergleichsmieten. Kriterien sind Lage, Baujahr und Ausstattung. Kommune, Hauseigentümerverband, Mieterverein, Wohnungsunternehmen und Gutachter urteilen und legen dann in einem „Mietspiegel“ die ortsübliche Vergleichsmiete fest. Daran müssen sich die Vermieter orientieren.

7

Mietkaution

Diese Kaution ist ein Betrag (etwa in Höhe von drei Monatsmieten), die der Vermieter nach Vereinbarung vom Mieter fordern kann. Sie dient seiner Sicherheit, wenn der Mieter seine Verpflichtungen (z. B. Zahlungen) nicht erfüllt. Die Kaution ist vom Vermieter zu einem für Spareinlagen mit gesetzlicher Kündigungsfrist üblichen Satz zu verzinsen. Nach ordnungsgemäßer Beendigung des Mietverhältnisses hat der Vermieter die Kaution nebst Zinsen wieder auszuzahlen.

Abstandszahlung

Ein Mieter ist berechtigt, mit seinem Nachmieter eine Ausgleichszahlung für geleistete Aufwendungen in der Wohnung (Fliesen in Bad und Küche, Holzverkleidungen u. a.) zu vereinbaren. Kommt keine Vereinbarung zustande, muß in der Regel der ehemalige Zustand wieder hergestellt werden. Die Abstandszahlung ist eine Kaufhandlung und hat mit dem Mietvertrag nichts zu tun. Anders ist die Situation, wenn ein bestimmter Betrag gewissermaßen nur für das Freimachen der Wohnung verlangt wird. In diesem Fall wird versucht, aus der Wohnungsknappheit Kapital zu schlagen. Das ist laut Wohnraumvermittlungsgesetz verboten.

Rechte und Pflichten

Vermieter und Mieter haben bestimmte Rechte und Pflichten, die zum großen Teil gesetzlich geregelt oder im Mietvertrag festgelegt sind. Immer wieder versuchen jedoch beide Seiten, Regelungen zu umgehen oder zu mißachten. Mit daraus resultierenden Streitigkeiten sind die Gerichte beschäftigt. Die Möglichkeiten für Konflikte sind außerordentlich groß, aber vieles ist eindeutig.

So ist beispielsweise die Zustimmung des Vermieters unbedingt erfoderlich für:
- bauliche Veränderungen (Wanddurchbrüche, Umbauten, Veränderungen an der Fassade usw.),
- Anbringung von Antennen für Fernsehen und Funk,
- Untervermietung,
- teilgewerbliche Nutzung von Wohnraum (betrifft nicht das Arbeitszimmer),
- Tierhaltung (meistens im Mietvertrag geregelt).

Der Mieter hat zum Beispiel das Recht:
- Jederzeit Gäste zu empfangen. Das ist an keine Uhrzeit gebunden. Besuch darf 6 bis 8 Tage bleiben. Anders ist die Situation, wenn nach 22 Uhr laut gefeiert wird oder Mieter bzw. Gäste im Haus randalieren.
- Kinderwagen im Hausflur abzustellen, wenn dadurch die gefahrlose Benutzung des Flures nicht beeinträchtigt wird.
- Den Balkon zum Wäsche trocknen, sonnen oder feiern zu nutzen. Andere Mieter dürfen jedoch nicht (z. B. durch Grillen oder Lärmen) belästigt werden.
- Haustiere zu halten.
  Es gibt kein totales Haustierverbot. Zierfische, Hamster oder Wellensittiche dürfen immer gehalten werden, denn sie stören keinen Nachbarn.
  Die Hunde- oder Katzenhaltung kann jedoch im Mietvertrag untersagt sein.

7 Reparaturen

Nach dem Gesetz (BGB § 536) ist es die Pflicht des Vermieters, Haus und Wohnung in gutem baulichen Zustand zu halten und alle dafür notwendigen Reparaturarbeiten durchzuführen.
Falsch ist die Meinung, der Vermieter müsse alles außerhalb, der Mieter innerhalb der Wohnung reparieren. Laut Gesetz ist der Vermieter für alle Reparaturen zuständig, wobei im Mietvertrag andere Festlegungen getroffen werden können.
Der Mieter ist prinzipiell zuständig für:
- selbstverschuldete Schäden,
- Schönheitsreparaturen (Renovierung),
- Bagatellschäden (BGB § 536).

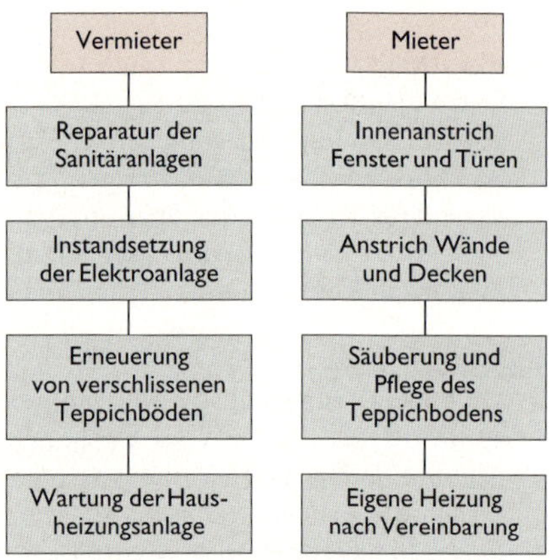

Zuständigkeit von Vermieter und Mieter

Hausverwalter

Ein vom Vermieter eingesetzter Hausverwalter ist berechtigt, alle Rechtsgeschäfte abzuschließen, die mit der Verwaltung eines Hausgrundstückes verbunden sind. Er kann Kündigungen aussprechen, freie Wohnungen vermieten, die Miete einziehen und den erforderlichen Geschäftsverkehr führen.

Mietzahlung

Die Miete kann bar bezahlt, überwiesen oder auf der Grundlage einer Einzugsermächtigung vom Konto des Mieters abgebucht werden. Die Abbuchung ist bequem und der Zahlungstermin wird nicht vergessen. Andererseits kann der Vermieter immer an das Konto des Mieters, der allerdings die Einzugsermächtigung jederzeit widerrufen kann. Das könnte z. B. eintreten, wenn die Miete aufgrund erheblicher Wohnungsmängel herabgesetzt werden müßte, der Vermieter aber weiterhin den vollen Betrag einzieht. ↗ Überweisungen, S. 47

Wohngeld

Wohnraum ist sehr teuer. Damit dennoch keiner auf ihn verzichten muß, zahlt der Staat einen Zuschuß – das Wohngeld. Das Geld gibt es nur auf Antrag. Er muß bei der zuständigen kommunalen Wohngeldstelle gestellt werden.

Wohngeld ist kein Almosen, es besteht darauf sogar ein Rechtsanspruch. Wieviel gezahlt wird, ist von der Familiengröße, dem Familieneinkommen, der Miethöhe und dem Wohnort abhängig.

Einkommen in DM	480 bis 520	520 bis 560	560 bis 600	600 bis 640	640 bis 680	680 bis 720
2000 bis 2100	179	202	226	249	273	296
1900 bis 2000	196	220	245	269	294	318
1800 bis 1900	213	239	264	289	315	340
1700 bis 1800	231	257	283	309	336	362
1600 bis 1700	248	275	302	329	357	384
1500 bis 1600	265	293	321	349	377	405
1400 bis 1500	283	312	341	369	398	427
1300 bis 1400	300	330	360	389	419	449
1200 bis 1300	317	348	379	409	440	471
1100 bis 1200	335	366	398	429	461	492

Miete in DM

Monatliches Wohngeld für einen 4-Personen-Haushalt

Kündigung

Ein Mietvertrag kann sowohl vom Vermieter als auch vom Mieter gekündigt werden. Dafür gibt es die verschiedensten Gründe. Es wird zwischen ordentlichen, fristgerechten und fristlosen Kündigungen unterschieden.

Eigenbedarf ist der häufigste Kündigungsgrund. Das heißt, daß der Vermieter oder seine Angehörigen wollen die Wohnung für sich selbst haben. Will der Mieter nicht ausziehen, muß der Vermieter seinen Anspruch gerichtlich durchsetzen. Der bloße Wunsch, in den eigenen vier Wänden zu wohnen, reicht dafür aber nicht aus.

In Härtefällen kann sich der Mieter auf die Sozialklausel (BGB § 556 a) berufen. Solche Fälle liegen vor, wenn der Mieter in der Wohnung bereits sehr lange wohnt oder über 70 Jahre alt bzw. krank und gebrechlich ist oder keine angemessene Ersatzwohnung findet. Allerdings wird der Vermieter auf vielfältige Weise versuchen, die Wohnung frei zu bekommen.

Fristgemäße oder sogar fristlose Kündigungen können erfolgen, wenn der Mieter wiederholt oder schwerwiegend gegen die Vereinbarungen im Mietvertrag verstößt. Solche Gründe sind vor allem Mietrückstände, Nutzung der Wohnung zu gewerblichen Zwecken, unerlaubte Weitervermietung oder Überbelegung, Störung des Hausfriedens oder Zerstörung der Wohnung (vgl. dazu BGB, §§ 553, 554, und 554 a). Selbstverständlich kann auch der Mieter den Vertrag kündigen. Fristlos zum Beispiel, wenn die Wohnung erhebliche Mängel hat, die der Vermieter trotz Aufforderung nicht beseitigen läßt. Gründe für fristgemäße Kündigungen sind der Wunsch nach einer größeren oder kleineren Wohnung, der Wechsel der Arbeitsstelle u. a. Den Grund braucht er jedoch nicht anzugeben, aber die festgelegten Kündigungsfristen müssen eingehalten werden.

Kündigungsfristen für unbefristete Mietverhältnisse (BGB § 565, Abs. 2):

Mietdauer	Kündigunsfrist
bis 5 Jahre	3 Monate
über 5 Jahre	6 Monate
über 8 Jahre	9 Monate
über 10 Jahre	12 Monate

Abweichungen von diesen Fristen sind möglich, wenn sofort ein Nachmieter da ist oder wenn zwischen Vermieter und Mieter eine einvernehmliche Regelung (Aufhebungsvertrag) gefunden wird.

Aufhebungsvertrag

Im Einvernehmen von Vermieter und Mieter kann der Mietvertrag durch einen sogenannten Aufhebungsvertrag beendet werden. Voraussetzung ist, daß beide Seiten Einigung darüber erzielen, zu welchem Zeitpunkt und zu welchen Bedingungen die Vertragsauflösung erfolgen soll.

Auszug

Wer aus einer Wohnung auszieht, sollte ein Übergabeprotokoll mit dem Vermieter oder Hausverwalter anfertigen und sich Zählerstände (Gas, Strom, Wasser) und Übergabe der Wohnungsschlüssel bestätigen lassen. Beim Auszug muß die Wohnung in einem ordentlichen, leergeräumten Zustand sein. Nennenswerte Schäden müssen beseitigt und die Fristen für Renovierungen eingehalten worden sein. Es besteht jedoch keine Verpflichtung, die Wohnung renoviert zu übergeben, wenn das nicht ausdrücklich im Mietvertrag vereinbart ist.

Mieterbund

Der Deutsche Mieterbund (1900 gegründet) setzt sich für eine soziale Wohnungs- und Mietpolitik sowie für besseren Schutz der Mieter und angemessene Versorgung mit Wohnraum ein. Juristen beraten, wenn es um Mieterhöhungen, Mängel in der Wohnung, Streitigkeiten mit dem Vermieter oder Nachbarn geht. Sie vertreten den Mieter gegebenenfalls auch vor Gericht. Bedingung ist, man muß Mitglied sein. Der Beitrag kostet zwischen 60,00 und 100,00 DM jährlich. In Deutschland gibt es rund 450 örtliche Beratungsstellen.

Register

D

E

F

K

L

Q

R

S

T

U

V

W

Z

Quellennachweis der Abbildungen

Bundesversicherungsanstalt für Angestellte, Berlin: S. 130;
BILDART PHOTOS, Hohen Neuendorf: S. 156, 158, 165, 178, 180
Dresdner Bank AG, Frankfurt am Main: S. 50;
Europäische Kommission, Berlin: S. 163;
Landesbank Berlin, Berlin: S. 51, 52;
Miele & Cie GmbH & Co. KG, Gütersloh: S.178;
RAL Deutsches Institut für Gütesicherung und Kennzeichnung e.V., Sankt Augustin: S. 162;
Stiftung Warentest, Berlin: S. 164
TONY STONE BILDERWELTEN (Andy Whale), Hamburg: Einband;
Völkner Electronic GmbH & Co. KG, Braunschweig: S. 80, 170